古今对话 传承创新

小学实施中华优秀传统文化典型课例研究

许培军 周金萍◎主编

九州出版社

JIUZHOUPRESS

图书在版编目（CIP）数据

古今对话 传承创新：小学实施中华优秀传统文化
典型课例研究 / 许培军，周金萍主编. —北京：九州
出版社，2021.9

ISBN 978-7-5225-0497-1

Ⅰ.①古… Ⅱ.①许… ②周… Ⅲ.①中华文化—教
学研究—小学 Ⅳ.①G623.202

中国版本图书馆CIP数据核字（2021）第190565号

古今对话 传承创新：小学实施中华优秀传统文化典型课例研究

作　　者	许培军　周金萍　主编
责任编辑	安　安
出版发行	九州出版社
地　　址	北京市西城区阜外大街甲35号（100037）
发行电话	（010）68992190/3/5/6
网　　址	www.jiuzhoupress.com
印　　刷	天津中印联印务有限公司
开　　本	710毫米×1000毫米　16开
印　　张	21.5
字　　数	339千字
版　　次	2021年9月第1版
印　　次	2021年9月第1次印刷
书　　号	ISBN 978-7-5225-0497-1
定　　价	69.00元

主　　编：许培军　周金萍

副 主 编：李　群　孟桂民

编　　委：周金萍　孟桂民　李　红

　　　　　何桂兰　贾雪芳　常景凤

　　　　　赵乐林　王　虹　王　朋

　　　　　朱景毅　霍　靖　张媛媛

　　　　　王　怡　闫　姈　于立君

　　　　　孙秋生　周丛岭　洪晓雪

序

"一个国家、一个民族的强盛，总是以文化兴盛为支撑的……"文化的生命在于传承中发展、创新，并使其成为其政治清明、社会文明、经济发展的原动力。这需要我们将传统文化与现代文明、传统的尚礼与现代的规则、人性的温婉与个性的创新、竞争的角逐与团队的协作、传统的人文精神滋养和发达的科学技术创新等自然融合，继续发扬和优化中华优秀文化。

小学生尤其需要优秀传统文化的积累和滋养，在他们稚嫩的心田播下种子，成为人生发展明亮的底色，奠定健康人格的基础，这就需要优秀传统文化教育进行聚焦人格的培养。立足于学生人格精神、生存智慧、系统知识、纯熟技艺的融合，通过相关课程的学习和活动的开展，学生可以积累知识、获得技能、富有情趣、涵养气质、正道立德。但就目前小学教育的某些方面来说，内容构建、认知规律、策略方法等层面缺乏结构化、体系化，这需要一个较长阶段的发展过程，循序渐进才能发展成熟。而就单项内容来说，我们发现学校传统文化的教育，表面活动多，精神涵养少；知识积累多，情趣激发少；碎片理解多，循序渐进少；理解记忆多，生活勾连少；局限传统多，现代创新少。比如，虽然各学校均有传统文化相关课程，如民乐、面塑、书法、国画、剪纸等，但是重技艺培养，轻精神涵养。有的则以昙花一现的热闹活动代替，如传统节日活动内容仅仅是包饺子、做月饼、读读诗，最后活动结束，学生什么记忆点也没有留下，还浪费了时间。对其形式与内涵的关系，其内容对人格的影响，其实践对情感的作用等，浮于表面，缺乏深入研究，自然达不到传统文化精神的继承和创新。

我们需要立足于帮助学生解决问题、树立三观价值、修身养性来学习传统文化，这就需要系统地研究诸多课例，研究如何将积累知识、获得技能、富有情趣、涵养气质、正道立德融为一体，使传统文化教育价值最大化。从这一目的出发，我们成立了课题组，进行中华优秀传统文化的持续培训，并根据中华优秀传统文化的不同类型，不断进行专题研究，对传统文化的教育定位、目标确立、内容选择、课型打造、策略方法有了深入的思考与实践。近几年来，我们研究了不同方面的诸多课例，这些课例都是研究团队集体备课，经历了课堂实践、专家指导、深入反思后提炼总结出来的，相信不同类型的课例会给读者带来诸多方面的启迪。

正是基于对中华优秀传统文化的理论与现代教育实践融汇的深入研究，我们不但了解了传统，更知晓了未来方向，从而达到古今对话，传承创新的研究目标。正因如此，我们的课例不断在海淀区、北京市和全国研究传统文化教育的诸多学校传播，其中就包括本书提到的北京翠微小学，但基本是课堂教学和活动的实录，没有提炼成可操作的经验、策略和方法。为了整理成值得推广的课例，我们将大量课例进行了归类、梳理、提炼，有贯穿各年级的项目学习类的，有综合实践类的，有技艺技巧学习类的，有主题思想熏陶类的，有诗文吟诵积累类的内容，广泛而深入。课例内容包括指导思想、教材分析、学情分析、教学策略、教学目标、活动设计及意图、教学反思等。

这本书的内容大多是我们市课程中心课题组三年以来在翠微小学研究的成果提炼。它以课题报告开篇引领，继而是课堂教学和校园活动的具体实践课例，分为"思想智慧""诗文积累""语言文史""艺术技艺""综合实践"五个方面，最后还收录了几篇实践经验总结和中华优秀传统文化的阅读感受。相信这些来自实践，经过提炼又高于实践的内容以及经典阅读感受，会对中小学传统文化教育起到一定的启迪作用。

总之，中华优秀传统文化的价值在我们的研究中不断得到发掘，我们不断发现它无与伦比的价值。在中小学进行中华优秀传统文化教育，将为个人发展、家庭幸福、家族兴旺、民族振兴、国家富强打下基础，铺设道路，增强中华民族文化自信和价值观自信，为中华民族的伟大复兴创设良好社会氛围，奠定人才培养的基础。

北京市教育科学研究院基础教育课程教材发展研究中心　李　群

2021 年 2 月

目 录

CONTENTS

"小学中华优秀传统文化多方融合课程的实施策略研究"课题研究报告

一、问题提出

（一）研究背景

首先我们看到，当今中国和诸多西方国家在科学技术迅速发展，经济建设高度发达之时，也产生了以下问题，诸多有识之士开始寻找文明的源头，发掘和发现中国传统文化经典，破解现代社会发展中的文明冲突，找到解决问题的良方。这需要提升人们的认知水准，大体体现在以下几个方面：

从人类发展看，整个世界在文明推进的过程中，存在发展中的诸多问题，这些问题的解决，需要追溯中国优秀传统文化思想的精髓，利用它能部分的破解这些问题，使人类能够获得和谐的发展。

问题分类	当今世界发展问题	优秀传统文化思想	传统文化经典之语
价值利益	利字当头	重义轻利，义利合一。	君子爱财，取之有道。 正其谊不谋其利，明其道不计其功。
人与自然	过度开发	道法自然，天人合一。	人要"与天地相应，与四时相符"。
人道伦常	矛盾激化	礼制秩序，和而不同。	五伦关系和谐：夫唱妇随、父慈子孝、兄友弟恭、君礼臣忠、朋友有信。
人与自我	心行冲突	恬淡中和，修身养性。	修身、齐家、治国、平天下。 知人者智，自知者明。

其次我们看到，大多数中国人身上除了以上四个方面的问题外，还缺乏一种审美情趣，体现在精神追求、文化涵养、生活品位上。因此提升人们的审美情趣，加强传统文化精神认知，温柔敦厚的诗教与艺术技能的传承便成为需要。

解决这些问题的基础工程，一在社会文化氛围的构建，二在家庭家教家风的建设，三在学校传统文化课程的实施。就学校教育而言，如果将这些内容融入学校课程里，无疑将会对培育儿童和谐健康的人格打下坚实根基。就北京市海淀区翠微小学目前来说，对应上面国际社会和中国社会发展中出现的问题，反思我校传统文化课程的实施过程，应该说有优势，有不足，优势在于我们有成熟的传统技艺课程，并形成一系列校本教材，孩子们喜欢；不足在于我们重视了某些传统文化技能的学习，但因传统文化知识的匮乏，忽略了传统文化思想和审美情趣对人格的培育，具体表现在：

1. 精神涵养不足。虽然我们有传统文化相关课程，如民乐、面塑、书法、国画、剪纸、传统体育游戏等学科教学，但往往重视技艺培养，忽略内在的专注执着、精益求精、生活诗意、审美意趣的精神感悟，其精神内涵的体会、挖掘、感悟均不充分。

2. 诗性教育缺失。如很多小学经典传统诗文教学局限于每学期课文中的几首，数量不足，自然用于诗教的时间就比较局促，很难达成诗歌熏陶、寄托情思、表达自我、润化心性的目的。

3. 认知水平不够。传统文化的学习内容不足，且时间零碎，因此学生体会不到其中的博大精深，体会不到其中蕴含的精神气息和智慧哲理：重义轻利，义利合一；道法自然，天人合一；礼制秩序，和而不同；恬淡中和，修身养性。自然也难以与自我勾连，难以与当下的生活勾连，热爱传承与创新中华传统文化更无从谈起。

我们需要进一步拓展和深化中华优秀传统教育，研究在现代教育体系中如何融入中华优秀传统文化教育，构建相关课程，形成体系；需要研究具体实践中的推进思路和策略，让中华优秀传统文化精神真正促进人类高尚的精神追求、文化涵养、生活品位，推进人类文明进步的长远发展。

（二）目的意义

1. 丰富小学中华传统文化课程的实践经验，积累知识，获得技能，富有情趣、涵养气质、正道扬德，并能针对当今社会问题，引导学生树立正确的价值观，处理好这些方面的关系（自身与自然的关系、外在追求与内在心性的关系，明白和坚持人道伦常中做人做事的原则），智慧和幸福地生活，为落实"立德树人"的教育目标提供立足点和思路、策略和方法。

2.探索传统文化和现代教育课程以及学校核心文化理念融合的实践模式，改善德育、美育和管理工作，促进学校整体教育质量的提升。立足于学生修身养性、人格培育、审美情趣，学习传统文化，结合我校"明德至翠，笃行于微"的校训和"培养明德笃行、自觉自为的阳光少年"的培养目标，传承和创新学校传统文化课程，提供丰富的课例，弥补现代教育对孩子人格培育方面的不足。

二、文献综述

利用中国知网，通过搜索关键词"传统文化课程"和"小学"，共搜索出2550篇文献。因为内容繁杂，我们粗略地依据标题和关键词进行大致分类。分类如下：

1.理论研究。将"传统文化课程"作为一种研究视域，从必要性和重要性等维度分析中小学构建传统文化教育课程的应然追求，即应该学习什么。但呈现的只是零星的观点，没有系统的多维度优秀传统文化思想和系统课程的匹配。

2.实践研究。多基于课堂教学需渗透传统文化这一基本理念前提下，研究相关的项目实践，有一些具体零星的案例。从众多案例的实践分析看，小学传统文化的实践研究大多以三种型态存在。第一，学科教学渗透；第二，主题课堂教学；第三，传统文化活动。

查阅出来的文献大多围绕"校本课程"展开研究，但不同的课程型态特点及其教学实施策略，彼此独立又互相关联的操作实施则缺乏系统，零散细碎。因此，在本次研究中我们不断借鉴和创新，确定课程内容和课程型态，探究策略和方法，使之相互关联，形成系列，渐次深入，达成良好效果。

三、研究目标与内容

（一）概念界定

中华优秀传统文化地涉及面很广，本次研究中心我们聚焦于价值利益、人与自然、人道伦常、人与自我等几方面积极的文化精神来进行课程学习：重义轻利，义利合一；道法自然，天人合一；礼制秩序，和而不同；知行合一，内外平衡等。

校本课程：依据前面的分析，我们采用特长能力类、专题知识类、主题探究类、项目学习类四种课程型态，进行体艺技能学习、优秀诗文积累、国学精神认知、文化综合实践等内容，系统地构建和实施，包括课程目标、具体内容、实施策略、课时安排，多元评价等。学科渗透类不纳入此课题研究，它属于国家课程范畴，由各学科教研组进行。

实施策略：具体指向以上四类课程型态的高品质课例研究，从中梳理和提炼思路、内容、策略、办法。

（二）研究假设

它是针对学校现代教育课程的一种补充，要围绕"立德树人"构建系统的教育内容，要准确地定位传统文化对学生成长价值，针对存在的问题，选择精要的内容，采用合适的方式，建立丰富的课例，建设配套的资源，安排适当的课时，便于教师的教和学生的学。成为学习的常态，传统文化课程才能落地生根，解决以上问题。

（三）研究目标

1. 聚焦传统文化精神，构建具有我校特色的传统文化教育系列课程课例，丰富学生相关知识，提升相关技能和传统文化素养，陶冶情操，修养人格。

2. 以课例的形式，探究不同课程型态特点及其教学实施策略，获得举一反三的教学方法，为系统的课程构建打下基础。

（四）研究内容

1. 构建系统学习内容，发掘传承传统文化精神

本书中的课程包括市级课程、中华书局课程和本校开发课程。课程内容上要整体安排，专题知识类的优秀诗文学习要系列化，贯穿小学6年，大量积累并能吟诵；艺术技能学习要与美术学科整合，分种类安排到合适的年级，初步了解和掌握；主题探究类要开设国学精神认知课程，理解精神内涵，提升认知水平；项目学习整合要融入生活实践审美，获得真实体验和喜爱。这些课程内容最核心的是要从价值利益、人与自然、人道伦常、人与自我四个方面，挖掘和传承传统文化精神，并与我校"爱心、责任、尊重、勇敢、诚信、勤奋"的六德结合起来，获得精神滋养，培育良好人格。

2.课程型态中不同教学策略的课例探究

根据课程内容进行课程型态的划分，设置特长能力类、专题知识类、主题探究类、项目学习类的课程型态，研究具体课例，研究实施策略，循序渐进，形成课程型态上的一脉相承，便于学生"身入""心入""情入"，修身养性，完善自我，真正落实"立德树人"。

四、研究方法与过程

（一）研究设计

本研究主要属于行动研究的范畴。针对翠微小学一到六年级的全体学生，利用四类课程型态，研究相应课例。具体行动思路：明确教育价值—确认问题或任务—制定行动举措—实施举措—阶段反思—修改举措—再次实施—问题解决。

在行动研究中，我们主要采用文献法和案例研究法。它们贯穿研究的全过程。利用文献法解决研究中关于传统文化精髓的理论诉求，如传统文化价值的解读、研究视角的选取、校本课程内容的构建等。

案例法主要通过实践中系列课例研究、实践、分析和改进，从局部到整体，以小见大，归纳和梳理出小学传统文化课程的不同课程型态的特点及关系，实施策略和方法。两种研究法交织进行，互为促进。

每一类课程都需要定位传统文化教育价值，选择合适的主题内容，确定每个系列不同课程型态的实施，设计课例。

每一类课程型态建立相关研究团队，根据学校情况，分为四大研究团队——特长能力类、专题知识类、主题探究类、项目学习类。如语文研究团队攻坚传统文化专题知识类课程；美术、体育研究团队攻坚特长能力类课程等；主题探究类、项目学习类则需要各团队联合研究。各学科整合性学习，每个团队任务各有侧重。

（二）研究过程

1.资源梳理，盘活课程。首先各团队对我校传统文化教育的相关课程做了梳理，总结出有哪些好的基础和经验，指出有哪些问题和需要改进的地方，如原有的传统艺术课程，我们将它归入特长能力类课程，并从兴趣小组的学习进入学校整体课程，排入课表。不仅排入课表，还要发掘其中的传统文化精神，并研究采用什么样的策略和方法融入单纯的技艺学习中，让精神滋养、知识获得、能力提高融为一体。这时候课程型态和模块的思考就进入了我们的视野。比如，面塑原来只是特长技能的学习，现在我们补充了专题知识的学习探究，了解其文化发展的脉络；活动体验的项目学习也融入面塑的技能和知识。特长能力类、专题知识类、主题探究类、项目学习类四个模块学习也是四种课程型态，根据学情交织进行。

主题	人物面塑		
目标	了解人物面塑的类型、技法，人物面塑里寄托的创作者的情感，学会用技法模仿和创作一个你最喜欢的人物，用你的技法展现这个人物特点。专注聚心、虚心求教、精益求精，不断完善作品，在塑造人物时能融入自己对人物的情感。		
模块	人物面塑类型 知识学习，主题探究	人物面塑技法 技能学习	人物面塑创作 项目学习，春节活动体验
内容教学环节	1. 作品展示，激发学生兴趣。 2. 比较发现一，按年代，你发现什么？为什么？（体会继承和创新） 3. 比较发现二，物面塑类型，你发现什么？为什么？（寄托人们美好愿望的福禄寿喜，弘扬正能量的正义、孝敬等） 4. 你想创作哪一个人物？为什么？	1. 聚焦4个人物，分小组观察发现，每一部分怎么捏出来的？看你能否演示出来。 2. 小组汇报，人物面塑分部分演示，互评。 3. 教师有针对性演示，纠错与肯定。 4. 学生练习技法及技法的变异如何体会人物特点和对人物的情感。	1. 春节快要到了你想创作什么人物？为什么？ 2. 构思：人物分几部分，各用什么样的技法？哪一部分要突出什么，注意什么？为什么？ 3. 汇报、互评。 4. 作品创作。 5. 回家继续观察，用心完成，不断完善作品。 6. 春节后展示，介绍自己的构思和创作过程，还有自己的创作感受。
实施教学方式	引用资料，展示、比较、发现，了解人物面塑的传统文化。	小组合作，观察发现，动手操作，获得技法的知识和技能。	创设真实的创作情境，任务驱动，走进人物观察、资料查阅与整合，互动思考，表达展示。

2. 开发拓展，构建体系。针对学生诗性教育不够的问题，我们需要系统构建校本课程；针对学生国学知识缺失，认知水平不高的问题，我们根据传统文化对人格培育的精神影响，选取精要内容，进行主题探究，形成系列典型课例，深耕细作研究，提炼策略方法，举一反三；针对原有的项目学习，我们

融入了传统文化的主题，形成系列典型课例，获得真实的学科融合和活动体验，如节日类的春节、元宵灯谜；生活情趣类的饺子文化；家国情怀的家园主题等。

如诗词吟诵积累。我们知道优秀的古诗文教导中国人具有积极的人生观，即如何看待宇宙、世界、自然、生活的价值观，由此而生出的一种仁爱、悲悯的情怀。富有诗意、富有情怀的生活将使学生拥有一种健康的生活方式。但目前面临的问题是师资缺，涵养浅；碎片化，不系统；兴趣淡，重知识；课时紧，难安排；有活动，不持久；家校分，不整合。我们多方研讨，有了破解办法，用三年的时间，家长、教师、专家、文化公司通力合作，围绕人与自然、家国情怀、人伦五常编写制作了一到六年级系列诗文积累的读本、配套的吟诵音频、朗诵视频。其中关于诗词吟诵的研究，我们采用了三种方式：吟诵贯穿法对应诗词全方位的情感体验；吟诵突破法对应诗词理解的难点；吟诵感受法对应诗词整体格调的把握。

我们确定了短课诵读，插空零星时间，延伸家庭课外等多种方式，现在早晨、课前诵读，放学路队背诵，微信群里打卡背诵诗文，各种场合展示已成为我校诗词学习积累的亮丽风景和特色文化。我们开发设计了高年级"小博士"、中年级"小硕士"、低年级"小学士"的获奖证书，以此评价促进和激发学生。每一种证书分为上下两个学期，每学期应该掌握的诗文目录都呈现证书上，证书制作精美，值得收藏。每个校区每学期都有诗词展示和证书颁发的仪式，已经成为翠微小学的教学常态。

3. 发掘精神，研究策略。优秀传统文化，我们需要继承和创新，主要是它的内在精神，不能只局限于知识和技能的学习，要发掘背后的思想内涵、思维方式，与现代社会、学生生活接轨，分析解决当下问题，探究在现代社会如何发扬光大传统文化精神。我们梳理了小学生需要了解的传统文化精神，在内容的选择和知识的探究中，和它形成对接。这样教师的教学能直面问题，对接自己的教学内容，对接传统文化思想的价值。比如语文教材中对"岁寒三友"的学习，学生将感受人与自然的关系，感受蕴含"岁寒三友"特征的君子人格——达则兼济天下，穷则独善其身。

主题	岁寒三友		
目标	了解题画诗，感知"岁寒三友"寄托的情怀，体会托物言志的表达方法，通过多种途径和方法建立诗、书、画之间的关系，体会诗人、艺术家的人格，并受到感染，渗透"物我合一""天人合一"中华传统文化精神和哲学思想，体会君子人格特征。		
模块	墨竹图题诗 知识学习、主题探究（认知）基础类	郑板桥书画艺术 技法学习（能力） 拓展类	"岁寒三友"综合实践 项目学习（综合实践） 探究类
内容教学环节	1. 借助注释和诗画欣赏理解诗意，体会郑板桥关爱百姓的人格。 2. 品味语言，从哪些字词体会出这种情感的，你联想到什么？（悲悯和担当） 3. 他笔下的墨竹有什么特点？为什么？ 4. 朗读背诵，体会表达方法。	1. 从已有学习中感知郑板桥的人格。 2. 名画赏析，体会人格（中锋用笔，刚正不阿；荆棘共生，包容大度） 3. 书法赏析，解读"怪"意，章法布局，乱石铺街；用笔结字，六分半书。体会传承中的创新和独特的个性。	1. "岁寒三友"的植物耐寒原因，引申的品质。 2. 运用体验观察、对比整合、思考表达、自主合作等学习方式探究"岁寒三友"各自被人称颂的方式。 3. 阅读其传记，怎样看待郑板桥？（君子人格） 4. 中国人还通过哪些植物寄托自己的情感，体会到什么？（"物我合一""天人合一"）
实施教学方式	品味语言，朗读联想，引用资料。	小组合作，观察发现，动手操作，建立人格与画风、书法间的关系。	问题引领，走进自然观察、资料查阅与整合，互动思考，表达展示。

　　还有我们开发的"工匠精神""中庸之道""日行一善""比德于玉""实用主义""义利之辨""敬以直内"等针对现实问题的解决，开发的传统文化课例，其课程型态基本是：发现身边的问题及产生原因，认知理解回溯传统文化——解决办法的多元视角，儒释道三学经典整合——具体情境的灵活运用，继承与创新的全纳视角。如"身边的矛盾冲突"，包括人与人、人与自然、人与社会、人与自我的冲突，冲突产生的原因多个方面，有人伦关系、有义利关系，有家国关系，有知行关系，如何看清这些关系，需要传统文化的经典论述，以期明白事理的本质，据此直面当下的问题，分析原因和对策，孕育继承与创新。

五、研究发现

（一）研究成效

我们大体按传统文化课程型态：特长技能类、专题知识类、学科渗透类、活动体验类，分类对结果和效果进行梳理。但其实多数时候有融合和整合。只是为了说清楚，我们以表格的方式进行了归纳。

	一年级	二年级	三年级	四年级	五年级	六年级
特长技能		面塑	纸艺	篆刻	国画	
	书法贯穿六个年级					
	跳绳贯穿六个年级（白家疃校区）					
专题知识	诗词吟诵和积累贯穿六个年级（每首诗词视频、音频资源库、证书）					
主题探究					国学精神认知年级每月大课（五、六年级）	
项目学习	节日文化（春节、清明节、端午节、中秋节）、主题文化（家、灯谜、水），以项目学习的方式进行，全校一到六年级推进，目前进行了春节、家、灯谜、饺子有关传统文化的项目学习。					

面塑、纸艺、篆刻这三门艺术类特长技能培养，分别落实在了二、三、四年级，每个孩子都能不同程度地拥有自己的作品，至少喜欢其中一门课程。书法落实在全校每个学生身上，每学期对每个班采用推荐和抽签监控结合的方式考察，汉字的规范书写有了大幅度的提升。每个年级都有学生获全国、市级奖励或展示。跳绳技能的提高反映在了北部校区每一个学生身上，95%的学生喜欢跳绳，每个学生一分钟能跳100个以上，50%的学生学会了花样跳绳，花样跳神校队在海淀区的展示中夺得冠军，成为一道亮丽的风景。

诗词诵读贯穿一到六年级，有相应的校本课程，还有小学要求学习的全部诗词的视频、音频资源库，75%的学生能够将校本课程里相应年级的诗词内容内化成自己的，每学期能以不同的形式展示，这已经成为我校学生精神文化生活的一部分。学生的气质和状态有了不同程度的改观，在海淀区传统文化现场会上一致得到高度赞誉。国学精神认知成为五、六年级学生最喜欢的大课，28个课例在海淀区、北京市获得奖项和展示。我们学校有8位教师荣幸被中华书局聘请为编辑，参与编写山东、江西的传统文化教材，拥有了一支传统文化教育的专业团队。

（二）研究结论

课程建构系列化。无论从课程价值的梳理定位，还是课程型态的层次安排，无论是课型的中观构建，还是课例的微观设计，无不贯彻价值、策略、方法、评价等，它们在研究中不断匹配，达成完美整合，形成上下贯通，左右逢源，通透融合，落地生根，真正避免了大而空洞，小而局促的不当。在实践和理论的研究学习中，我们做了这样的梳理和架构：

特长 技能类	科目	面塑、书法、纸艺、篆刻等。
	价值	它让学生专注精心，身心进入空灵状态，沉浸于艺术的创造和身心的陶冶，精益求精，追求完美，包含着中国传统的工匠精神，也包含着学生应具有的六德"爱心、责任、尊重、勇敢、诚信、勤奋"培养。
	管理方法	由于课时问题、学生年龄阶段问题，它需要和美术学科融合，需要在不同年级进入。书法贯穿一到六年级，面塑二年级、纸艺三年级、篆刻四年级。
	策略	感知吸引、技法学习、模仿制作、创作发明、改进完善。
	评价	从作品和介绍两方面评价。
主题 探究类	科目	国学积淀、传统知识介绍等。
	价值	它让学生有深厚的文化底蕴、深刻的社会认知。这些包含着我校提倡的学生"六德"：爱心、责任、尊重、勇敢、诚信、勤奋。
	管理方法	由于课时问题、学生年龄阶段问题，它需要和语文学科融合，与班队会融合，与年级大课融合。国学积淀、传统知识侧重五、六年级。
	策略	（国学知识）知晓知识，准确理解、生活对接，辨析体验。
	评价	从名言积累、知识理解与生活中的运用三个方面评价。
专题 知识类	科目	诗词积累诵读。
	价值	注重积累和诵读，加强诗教，育心养性，为培养温柔敦厚的君子奠定基础。
	管理方法	持久性：贯穿六年，各有任务。 趣味性：配套视频、音频，开展活动。 参与性：人人参加，可以根据能力有不同要求。
	策略	读经，熟读成诵；育情，吟咏想象； 养德，感悟主旨；践行，关联生活。
	评价	每学期展示和检查，颁发证书；阶段性情趣性活动展示。

续表

项目 学习类	属类	节日文化（春节、清明节、端午节、中秋节等）。 项目学习（家、灯谜等）。 综合实践（黄河、水、岁寒三友等）。
	价值	它让学生在节日的典故、风俗中，在主题学习中展开综合性学习，体味中国人美好的情感与生活。强调人的现实生活与精神生活的融合，现世的岁月静好、未来的积极进取。
	管理方法	1.有的项目学习适合全校一到六年级学生全员参与、各学科整合在一起，我们将它放到了寒假和暑假，作为实践性作业，进行统一的时间里的学习和展示。 2.有的项目学习需要比较强的综合能力，将在五、六年级的综合性学习里呈现，跟语文教材里的单元学习结合，并融入多学科的学习。
	策略	学科有机整合，形成难度阶梯，参与体验探究，作品创作介绍，体现过程方法，多元评价验证。
	评价	小组学习评价量规、层级评价细目表。

比如"工匠精神"这一优秀传统文化精神有特长技能类的学习，也有学科渗透中做事态度的领悟，还有专题知识探究体会，并在综合实践活动中体验感受，学贯古今，视通万里。整个设计尊重学生的认知规律，由浅入深、由易到难安排课程型态活动内容和方法的层级设计，采用跨学科、跨年级的管理办法。

主题	大国工匠精神		
目标	在各年级、各学科学习中渗透，由浅入深，由易到难，最后形成清晰的认知，并能初步知道、做到知行合一，奠定做人做事的态度和能力的基础。		
	低年级	中年级	高年级
年级要求	在实践中感知， 在行动中学习。	在实践中感知， 在反思中行动。	在实践中感知， 有清晰的认知， 努力知行合一。
课型	特长技能类	专题知识类、特长技能类	特长技能类、专题渗透类 主题探究类、项目学习类
教学方式	做中学	做中学，总结反思，获得粗浅认知。	做中学，专题学习，活动体验，多种方式结合。
评价	从知识和技能角度评价	小组学习评价量规	层级评价细目表

（三）分析和讨论——对研究发现进行评述

中华优秀传统文化课程的实施中，我们聚焦课例研究，目的是使课程落地生根，让教师在教学中有例可循，能举一反三，着眼于价值定位和实施策略的探究上，使得传统文化思想的熏陶能有步骤地展开。在实践策略研究中，我们有以下的深切体会：

1.通古贯今，传承创新传统文化。寻找到传统文化和现代文明结合点，通常采用的策略是：

聚焦问题，查阅史料，梳理整合，获得启示；

现实透视，古今比较，体会思想，感悟创新；

创设情境，分析问题，回归自我，获得启示。

通过教学环节具体落实传承和创新传统文化。达成明确价值，知晓知识，操作参与，活动体验，行为呈现，使学生未来既是谦谦君子，情趣高雅脱俗，又能积极入世，承担社会责任，仁心仁行，爱满天下。

2.知行合一，构建课程型态体系。四种课程型态依据学生学习的规律形成内在的逻辑，就是为了知行的合一，综合其策略是：

聚焦思想，确定模块；确定视角，内容整理；

知识积累，兴趣激发；认知训练，思维提升；

操作实践，获得方法；综合运用，生活体验。

四种校本课程型态中各得其所，各有作用，各美其美。有时分阶段，相互交融，有时按学科内部的逻辑、按学生年级的特点有序安排，形成系列。通过以上策略，一以贯之，既完成传统文化课的目标，又能落实我校的育人目标——"培养明德笃行、自觉自为的阳光少年。"

3.方式多样，呈现多元深度学习。四种课程型态需要不同的学习方式和策略，方能达成目标。它包括：

自主研究学习：聚焦问题，查阅资料；整合信息，形成结论；

合作分享碰撞：展示观点，依据充分；倾听分析，补充修正；

操作实践改善：实际操作，过程体验；感知方法，反思改进；

群学深入探究：对接当下，发现问题；小组讨论，商讨办法；

过程回顾总结：提炼方法，获得启示；提出问题、延展课外；

综合策略融合：聚焦一点，多维视角；搭建台阶，实现目标。

以上方式或根据课程型态，选其几种，或按课程型态之间的逻辑，循环往复，或根据学情，课程型态融合，灵活组合。总之达到深度学习的效果。

4.评价展示，落实过程方法效果。效果的检验不只是看学生有什么成果，更重要的是他们是否真实参与，是否内化。因此评价需要依据过程，过程中的方法，多维度评价。我们通常从以下六个维度去评价：学习兴趣、知识获得、理解感悟、操作参与、活动体验、问题解决，它既伴随了四种课程型态进展，也包含了学习的过程，又考虑了评价者的角度（自我感受、组员评价、教师、家长评价），融合了我校的校训，获得效果反馈，不断改进教与学的方式。

如传统文化项目学习就体现了上述的论述，并融入四种课型，专题知识类、特长能力类、学科渗透类、体验活动类。学校在大课程观的理念下，挖掘各学科的文化内涵，将传统文化核心价值与现代教育的知识、情感、技能、行为融会贯通，有项目学习的价值、项目学习的流程、项目学习课程内容结构、项目学习层级任务索引、项目学习课程评价机制等。

六、主要成果

1.《经典诗文吟诵积累》校本教材及配套的音频视频资源课程资源库建成。

2.16篇课例获得海淀区传统文化案例评选奖项，32节传统文化课在北京市和海淀区现场会上展示，并获得市区证书。

3.项目学习课程获得2017年北京市课程成果一等奖。

七、问题与思考

反思此课题的研究缺陷，我们的课例还不够丰富，还没有依据四类课程型态系列化，这还需要两三年时间。

根据研究发现获得的启示：将课程内容和课程型态、文化精神和实施策略完整结合起来，建立一个完全融合通透的课程系统，以此增强修养、培育人格、提升能力、获得智慧，真正落实立德树人。课程型态不孤立，分阶段融通，可分模块进行。如就"人道伦常"这一传统文化思想来说，它有传承、革新和发展，需要有不同的课程形态、课程内容、策略方法去实施，也需要多维的评价去考查实施效果。比如"人道伦常"，渗透什么样的优秀文化思想，摒弃怎样的糟粕？与学校的"明德笃行"如何融合？需要哪些课程型态一脉相承，持续推进，真正落实？每种课程型态又选择什么样的内容，运用什么样的策略方法合适？如何通过言行、作品综合评价学习效果？如下表——

问题分类	文化思想	课程型态	课程内容	策略方法	表现性评价
人道伦常	父慈子孝、兄友弟恭、君礼臣忠、朋友有信。	专题知识类	弟子规	诵读熟悉、感悟理解、判断延展、生活勾连、体会意蕴。	1. 理解判断；2. 积累背诵；3. 行为细节。
		项目学习类	传统节日	创设情境、任务驱动、用法操作、综合学习、体会内蕴。	1. 有兴趣；2. 会操作；3. 有作品。
	学校六德中的爱心、责任、尊重、诚信、勇气、勤奋。	主题探究类	聚焦主题开发内容多维探究	收集资料、整合资料、形成结论、汇报交流、思维碰撞、形成认知。	1. 名句积累；2. 理解判断；3. 行为细节。

这是我们下一步研究的思考和行动，将宏观的系统构建与上述案例的深耕细作结合起来，并将传统文化和现代技术整合，家庭教育和学校教育的融合，使优秀传统文化之根深深植于学生的心田，培育出优秀的基础人才。

北京市海淀区翠微小学传统文化研究课题组执行组长　周金萍

第一章　思想启蒙

中华优秀传统文化是中华民族语言习惯、文化传统、思想观念、情感认同的集中体现，凝聚着中华民族普遍认同和广泛接受的道德规范、思想品格和价值取向，具有极为丰富的思想内涵。中华优秀传统文化思想，是以儒家道德思想为核心，经过儒释道三教争鸣，融合结晶而成的中国传统人生智慧。中华优秀传统文化讲仁爱、重民本、守诚信、崇正义、尚和合、求大同。徜徉其中，和伟大的灵魂触碰，感受那充斥在民族血液里强劲的精神力量，见证那闪现在民族意识中的人性之光。它会帮助我们汲取思想道德的精神，完善人格，熏陶情感，培养高尚情操和树立高远的伟大志向，形成独特的中华气质。

孔子说："少成若天性，习惯成自然。"在小学阶段，要深入挖掘和利用传统文化中的精髓，赋予它新的时代气息，使其成为新时期青少年学习的范本和行为的榜样。在诵读中，在交流中，在碰撞中，让学生潜移默化的领悟中华文化的精神价值与思维模式，进而塑造良好的性格品性与行为方式，达到"习与智长，化与心成"的效果。

根据小学生的认知特点和接受能力，我们选择了具有典范性的思想教育话题：中庸之道、义利之辨、比德于玉、日行一善、敬以直内和大国工匠。采用学生喜欢的形式，贴近学生的生活，在他们心中种下思想智慧传承的种子，有利于自身品性的发展。

"中庸"是儒家的一种道德准则，体现一种自然法律。"过犹不及"是儒家中庸思想的具体表现。《中庸之道》的教学设计中，教师带领学生反复诵读"经典导读"和"经典原文"，初步感受"中庸之道"所涵盖的一般含义。重点环节通过"拓展园地"中的小故事以及生活的各种小事引发学生交流探讨，从而让学生发现"中庸"不是多么高深的学问，生活中处处可以感受到"中庸"的用处及影响，有助于学生从中国文化精神的视角审视指导自己的生活，知道如何去处理好自己、他人、社会各层面的问题，把握"中庸之道"的实质和精髓。

义与利有冲突时如何抉择？《义利之辨》一课，教师以《史记·货殖列传》为经典导读引入人对利与义的思考，内容涵盖孔子、荀子、李白等古代先贤对义利的观点，了解义与利并存和辩证的关系。再博古引今，通过"京味天地"介绍中华老字号"义利"，以及"思考实践"中学生身边的事情，引发学生对义利观的思考。义与利不仅仅是个人的利益选择，它还可能关乎家庭、企业、国家……将义利话题跨越时间和空间，将学生的认知引入更广阔的领域。

玉，国之重器；德，人之贵也。《比德于玉》一课，教师将"玉"字知识为基点，以经典诵读为主线，以不断抛出问题为手段，让学生在欣赏玉石、探索规律、小组合作等形式中，了解到温和莹润的玉器，是中国几千年造物文化的传统，它凝聚着中国人的智慧与情感。再让学生把玉的特质与人的美德联系起来，探讨怎样的美德最能打动自己，使学生明白做人要以美玉为参照，进行自我规范和约束，提高自身的文化素养，养如玉之品行，做如玉之君子。

《周易》一书的内容极其丰富，但内容比较深奥。为了培养学生对中华优秀传统文化的亲近之感与喜爱之情，开展中华经典的启蒙教育，教师选择《敬以直内》一课，在教学中引入大量相关案例帮助学生理解重点词句，同时结合中年级学生特点，采用猜字谜、组词语、举例子、诵名句、讲故事等形式丰富的教学方式，使学生在课堂上进行思考、理解、感知等学习活动，从而逐步了解儒家文化中的交友之道、待人之道的处世方式，提升学生的认知水平。

《日行一善》是佛法禅道的思想，离学生的实际生活较远，理解上相对有些抽象。教师首先创设情境引领学生进入教学活动，再通过"漫谈佛教""什么是善""如何行善""心是善根""一心向善"等环环相扣的教学设计，在课堂中通过不同形式对"善"进行解读，以不断抛出问题为手段让学生在诵读、探索、合作中，从课堂上获得更多知识，既体验了中华优秀传统文化的博大，又懂得了要从日行一善做起，从细微之处培养自己正确的品行。

执着专注、传承创新的匠人精神如何让六年级的小学生领悟到？《大国工匠》就是精心设计的一课。教师充分考虑到高年级学生已具有较强的学习能力，调动学生进行小组合作探究的积极性，通过问卷调查、探究汇报、小组合作交流等方式，并恰当地借助视频资料创设情境，提升学生对工匠精神的理解。使学生体会到本课的主旨——唯有执着专注、精益求精的匠心才能铸就我们的中国梦、强国梦！

承载着祖先智慧的中华优秀传统文化，无不彰显着五千年来华夏民族所颂扬的价值取向，无不凝聚着无数先贤智者所领悟的为人处世之道。六个课例只是引领学生窥见了中华优秀传统文化的皮毛，希望可以激发孩子们的探究意识和学习愿望，让这些珍贵的不可或缺的德行和爱融入孩了们的血液，滋养一代代大国学子的心灵，明德惟馨，永昭万世。

北京市海淀区翠微小学　周金萍

第一节 《中庸之道》教学设计及反思

教学基本信息	
教师	贾雪芳
学段	小学第二学段三年级
教材出处	《中华优秀传统文化》——北京师范大学出版社（2015 年 12 月）

一、指导思想和理论基础

语文课程应通过优秀文化的熏陶感染，促进学生和谐发展，使他们提高思想道德修养和审美情趣，逐步形成良好的个性和健全的人格。本次教学紧紧围绕"中庸之道"的核心思想贯穿课堂，引领学生去感知儒家思想的精神追求，在生活中的现实意义，启迪自己的思考。

"中庸"是儒家的一种道德准则，体现一种自然法律。"致中和，天地位焉，万物育焉"，就是在讲儒家认识到的中庸是"天人合一"的至真至诚；表达了中华民族几千年人与人、人与社会、人与自然的处世哲学：在隐微之时戒惧，保持意念之正，天道和人道本为一体，极尽"中和"之道；达到最理想的中和境界时，天心与人心便会合而为一，天地则运行有常，万物则生生不息的思想理念。

二、教学背景分析

教材分析：

本课选自思想篇"儒家义理"主题下的第二模块——"中庸之道"，讲解了儒家思想的精神追求和人性修养的最高境界，与前文"天人合一"有承接作用。

"过犹不及"是儒家中庸思想的具体表现，通过孔子与学生的一个小故事，深入浅出地阐述了"时中"的表现，它不是多么高深的学问，而是在生活中处处可以感受到"中庸"的用处及影响。感受"中庸"不仅仅传承中国优秀的传统文化，更有助于师生从中国文化精神的视角审视指导自己的生活，知道如何去处理好自己、他人、社会各层面的问题，把握"中庸之道"的实质和精髓。

学生情况分析：

1. 经过课前学情调研，三年级学生对儒家义理了解不多，只略微了解孔子、孟子这些名字，本课对于孩子来说具有难度。因此，课前布置学生对于自己感兴趣的内容查阅相关资料，进行"思考实践"的调查，对概念形成一些初步感知。

2. 文言文对三年级学生还是比较陌生的语言文字。课堂中在学生理解水平的基础上，引用一些小视频，或给出译文，贴近学生生活，深入浅出，以达到学习目标。

三、教学目标（含重、难点）

教学目标：

1. 学习"经典原文"，赏析"日积月累"，了解"中庸之道"的内涵。

2. 学习"拓展园地"《过犹不及》，讨论"思考实践"，知道如何处理好自己、他人、社会各层面的问题，把握"中庸之道"的实质和精髓。

续表

3. 了解"汉字寻根"中"中"字的演变，积累相关名言。

教学重点：以小组的形式采用自主、合作探究的学习方式，感受"中庸之道"在生活中的影响和意义，引发自己对为人处世的思考。

教学难点：初步了解"中庸之道"的内涵。

四、教学流程

教学流程图：

课前谈话：《好好先生》和《登徒子好色赋》

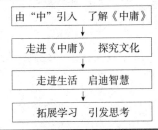

《中庸之道》教学过程

课前谈话：

1.《好好先生》一文：你如何评价这位"好好先生"？

2.《登徒子好色赋》一文：这个女子美在哪？（学生畅所欲言，各抒己见）

【设计意图：激发兴趣，营造氛围；渗透做事要坚持原则、恰到好处的中国审美哲学。】

一、由"中"引入，了解《中庸》

1. 形象感知"中"的字体演变。

【中】象形字。甲骨文的字形像一根旗杆，上面迎风飘着长条的旗帜，旗杆正中竖立，表示中间、中央的意思。

2. 了解《中庸》基本情况。

（1）四书：《大学》《中庸》《论语》《孟子》四种儒家经典。

（2）了解作者及含义。

作中庸，子思笔。中不偏，庸不易。

——《三字经》

（3）从"日积月累"引出作者，自读"经典导读"，摘录感知"中庸"的含义。（适度）

　　"中庸"是儒家的一种道德准则，体现一种自然法律。"中"即"中正"，不偏不倚；"庸"是"普通"，平平常常。就是说人生行事，应该把握一个"度"，既不过分，也无不及，平常人平常心。也有人认为"中"即"中和"，"庸"即"用"，"中庸"就是"中和之为用"，不偏激，不走极端，不浮躁冒进，以中为贵。"中"不是几何学上的中点，也不是统计学上的平均值，更不是和（huò）稀泥搞折中，而是适中、适度，恰到好处。

（4）自读自画：到底"中"和"庸"做何解释呢？默读"经典导读"，标画文中的解读，交流。

【设计意图：通过感知文字，引发学生求知欲，层层深入，进入学习的重点。】

二、走进《中庸》，探究文化

1. 学习经典原文，了解《中庸》宗旨。

（1）先指名读一遍原文，两人对读，一人读原文，一人读译文，能说说你读懂了什么？

（2）"中"与"和"的关系：文中提到两次"中"与"和"，有什么不同？（把人与自然对等起来）

（3）这段文字是整个中庸思想的总领,谁可以再读一读。能不能背一背呢?

 经典原文

　　喜怒哀乐之未发,谓之中;发而皆中节,谓之和。中也者,天下之大本也;和也者,天下之达道也。致中和,天地位焉,万物育焉。

　　　　　　　　　　　　　　　　　　——《中庸》

【简析】

　　喜怒哀乐没有表现出来的时候,叫作"中";表现出来以后符合节度,叫作"和"。"中",是世界万物的本性;"和",是万物遵循的原则。达到"中和"的境界,天地便各在其位了,万物便生长发育了。

2.简要了解《中庸》倡导的内涵。

《中庸》的道中,孔子把"中庸"看成是一个最高的道德标准,也是他解决一切问题的最高智慧。(自我修养,天人合一)

3.孔子心目中"中庸"的重要性。

子曰:"中庸其至矣乎! 民鲜能久矣! "

子曰:"道之不行也,我知之矣,知者过之,愚者不及也。道之不明也,我知之矣:贤者过之,不肖者不及也。人莫不饮食也,鲜能知味也。"

【设计意图:由浅入深,了解《中庸》,文言文的朗读及理解,感受"中庸之道"所涵盖的一般含义。】

三、走进生活,启迪智慧

1.引入"过犹不及"的含义出处。

成语出自《论语·先进》:"子贡问:'师与商也孰贤?'子曰:'师也过,商也不及。'曰:'然则师愈与?'子曰:'过犹不及。'"

（1）说说"过"与"不及"的关系:做过了和做不到效果是一样的,过和不及是事情结果的两个极端,我们要"执两取中"。

（2）阅读"拓展园地",同样是做好事,孔子为什么对两人的态度不同?什么就是"适度"呢? (不断提高修养,用自己的德行推动社会公德有益发展。)

2.对待自己的标准。

子张曰:"何谓五美?"子曰:"君子惠而不费,劳而不怨,欲而不贪,泰而不骄,威而不猛。"

3. 补充故事。

了解"过犹不及"不仅仅应用在生活中，在治国之道上也能得以很好的体现。补充《孟子·告子章句下》中小故事。

4. 学为己用。

小组讨论、发言，在实际生活中"中庸之道"的应用。

（1）小视频《请客》，探究小胖为什么哭着不去了？

（2）探讨"思考实践"。

素材一：小明这次考试不够理想，每天学习到晚上十二点，你怎么看？

素材二：小红家里生活困难，大家都来捐物捐钱帮助她，可小红却不想接受，你能理解吗？

素材三：上操时，一位很爱动手打人的同学来晚了，一定要插队站在丁丁前面，丁丁很为难，你替他出个主意？

【设计意图：中庸是要有大局观的，寻求最大的公平，感受"中庸之道"在生活中的指导作用，"中庸"不等于"折中"，而是一种最得当、最符合事物发展的方式，闪现着儒家义理的智慧光芒。】

四、拓展学习，引发思考

1. 中庸之道的主要原则有三条：一是慎独自修；二是忠恕宽容；三是至诚尽性。今天，我们讲的中庸只是皮毛，还有更多的内涵等待大家去体悟。如果你真的对儒家义理有了些兴趣，那这节课上的就很有收获了。

2. 小结作业：搜找《中庸》的小故事或视频深入学习，完成学习单。

【设计意图：中国传统文化博大精深，激发学生研读的兴趣，去传承去实践。】

五、板书设计

中庸之道	
修养人性	对自己
适度	对他人
无过无不及	对社会

《中庸之道》教学反思

"中庸"是儒家的一种道德准则，体现了一种自然法律。"致中和，天地位焉，万物育焉"，就是在讲儒家认识到的中庸是"天人合一"的至真至诚；表达了中华民族几千年人与人、人与社会、人与自然的处世哲学。"中庸之道"被孔子誉为解决一切问题的最高智慧。"过犹不及"是儒家中庸思想的具体表现。这种思想影响了数千年中国人为人处世的方式，渗透在骨血中。有幸接触了《中华优秀传统文化》这套教材，并能在区级传统文化活动中做《中庸之道》一课的展示，可谓受益良多。

一、丰盈的文化底蕴是上好传统文化的底气

开学初，我就接触到《中庸之道》这一课，对薄薄的两页纸并未看重，可以说"无知无畏"。愈走进，愈有一种高山仰止的感觉，愈觉得不知如何入手。短短几千字，无数大儒研究解读。在近三个月中，我搜集了厚厚的关于中庸的解读，聆听了很多大家讲解《中庸之道》，经历了"从薄到厚，从厚到薄"的内化历程。每天看看听听，我不断丰富着自己的积累，了解着古人先贤的智慧解读，一股脑地灌入。什么是中庸？中庸之道指什么？如何达到中庸？"经典原文"中短短的两句话，不同版本解读不同，可圈可点的地方太多，有很多地方自己都要细细琢磨才能明白。思考再思考，忽然有一天顿悟，原来如此。在传统文化中自己不断地学习、积累，直到站在讲台上，我还觉得自己只是学到了皮毛，对《中庸之道》是粗浅的认识。在这堂课中，我精心筛选了不少对"中庸"解读的名言或者事例，这些都是在无数次选取、否定、再比较、选取后才确定的。过程是痛苦的，收获也是丰厚的。这堂课是让我走进传统文化自修的动力，只有不断丰盈自身的修养，才敢站在学生面前。

二、研读教材，选择好课堂站位，把握关键点

不同的时代，对于文化的理解和定位不同。同样，一堂课的定位也至关重要。在讲"过犹不及"，关键是"适度"。试讲时，我在课堂上强调"适度"。

课下，周校长问我，你说怎样做是适度呢？一句话，就点到了课堂的核心，我们一起探讨，一起挖掘"适度"的内涵。最后的课堂上学生真正明白了"时中"的关键，才会有现在的层次：适度不仅是对自己、对他人、更是对社会，让每个人都感到舒适，能有最好的发展，去找到最大公平的那个点才是"适度"的体现。这样就把抽象的一个概念，变成了具化、可以操作和调控的表现，把关键点的教学落到了实处。

备课中，我一头扎进教材，带着我对《中庸》的崇拜，极力要把这种感觉传递给孩子们。李红主任语重心长地告诉我，中国文化，博大精深，百家争鸣。我们是要让孩子了解儒家文化，还要接纳其他各家之道，要讲道，而不是要站队。这样的点醒，让我从教材中跳了出来，站在一个审慎、接纳的角度再看《中庸之道》，去筛选、解读文本。我在课堂上的呈现讲解好像更接近了"中庸之道"。例如：在理解"经典原文"时，从最开始的看出处、看视频大段的理解、带领学生分析拓展社会价值，到抓住两个"中"与"和"说不同与融合，清晰明了地突破了关键点，节省了时间可以让孩子们记忆背诵，把一些传统文化内化于心。在整个结课时，我还特意点醒孩子们：我们今天学的"过犹不及"只是皮毛，希望大家回去还能更深入地去体味，去了解儒家义理。当然我们国家是百家争鸣，各有所长，还有许多不同学派的道等着你去了解。

三、传承文化，学以致用

点评专家万福老师的一句话一直印在我的心中：我们要做让学生能够理解的中华传统文化，而不要做让古文大家理解的中华传统文化。不解决这个问题，中华传统文化就不可能持续下去。

经典有"言简意赅、有音韵美"的特点。课堂中，我注重了以学生自学为主的方式。我运用多种方式引导学生不同层次地读，坚持在"经典原文"部分反复诵读，强调学生自读经典，谈出自己的感受。在学生谈感受的基础上，适时引导，可以让学生有不到位的理解，而不是坚持"教材高度"的理解。例如：在对"过犹不及"的理解上，我就采取了三个层次由表层到具化的理解。先让学生试着说一说什么叫过犹不及；再引申成语的出处，从孔子的小故事中感受；然后到课本中的小故事，最后引申到生活中的事例。这样的层次引导不急于得到最终的答案，很好的帮助孩子们在一次次的深化与感悟中明白了内涵。

"重在应用"是"传统文化的教学与古文语文教学的区别，找到了传统文化应用的价值"。这堂课上，我选取了孩子们身边的例子让他们讨论、思考，解决自己的问题。这样去懂得"中庸之道"是解决问题的一种方式，可以让自身、他人、社会选择最恰当的方式健康发展。基于学生的生活，给予他们思想的启迪，才能让孩子们爱上我们的传统文化，自觉地吸纳传承。例如：在讨论素材"小红不接受帮助"这个话题时，孩子们就有很多不同的理解：有人认为不接受不对；有人认为应该接受；还有人从帮助者的角度去谈要尊重小红的感受……在不同声音中，其实是让孩子们多角度去思考"适度"的做法，到底要如何更好地去处理我们每天所遇到的人与事，在提升自我修养的同时关注到他人的感受也是一种修养的体现。

在这样的情感交流中，进入经典，还要跳出经典，学会选择，不断提高自身的修养，才是传统文化课堂的本质所在。

课上完了，反观自己的教学实录，发现在后半程利用事例视频、素材讨论等形式让孩子们探讨身边的"中庸之道"时，孩子们的思维活跃起来，在课堂中有了思维的碰撞，各抒己见，尤其在"站队"这个问题上，教室里沸腾起来，这不才是我们想要的思维的深化与理解吗？这不禁让我思考，传统文化的学习，应是一种创新和传承。四十分钟，应该从孩子们的理解角度去设计教学，更多用他们喜闻乐见的形式去触摸经典、去习得经典，才真正达到传承的目的。

一节课，一次历练，却带给了我和我的孩子们人生的启迪。我都感觉自己的为人处世有了变化。博学之，审问之，慎思之，明辨之，笃行之。坚持传统文化的教学，让我们的孩子"腹有诗书气自华"，让我们的学生成为有修养的"谦谦君子"。

第二节 《义利之辨》教学设计及反思

教学基本信息	
教师	马玲
学段	小学第三学段六年级
教材出处	《中华优秀传统文化》——北京师范大学出版社（2015 年 12 月）

一、指导思想和理论基础

《中国传统道德讲义》一书中指出："义利论、理欲论、公私论、知行论是伦理学的基本问题，在某种程度上甚至可以说热门，是伦理学的核心……义利观不仅是儒家学说的根本，也是很多学派，甚至是整个中国道德思想学说的根本。"教学设计以《完善中华优秀传统文化教育指导纲要》为指导思想，在当下构建社会主义核心价值观的基础上，引导学生构建社会主义义利观，包括信仰价值的追求，伦理道德原则与日常文明的行为规范，适应做现代的社会人。

二、教学背景分析

教材分析：

本套教材共分 8 个单元。其中 3—6 年级"思想篇"单元，分别为："儒家义理""道家玄思""佛法禅道""百家争鸣"。六年级思想篇"百家争鸣"包括"稷下学宫""思想荟萃""义利之辨"和"独尊儒术"四课。本课以《史记·货殖列传》为经典导读引入人对利与义的思考。内容涵盖孔子、荀子等古代先贤对义利的观点。博古引今，通过"京味天地"介绍中华老字号"义利"，以及"思考实践"中学生身边的事情，引发今天人们对义利观的思考。原典内容与语文课程有高度地交融。

学生情况分析：

学生已有知识：经过课前学情调研，组织翠微小学六年级一个班的学生讨论。本年龄段学生自己具有一定的义利观，知道人类对义、利的追求都是应该的。从精神层面认同，以义为先，但面临切身利益时，会经常犹豫不决，无法抉择。

学生可能出现问题：

1. 对义利观仅存在自身认识水平，对中华传统文化中的"义"与"利"，认识尚浅，尤其是对"义"的理解存在片面性、局限性，停留在大而空的精神层面。

2. 在问题不涉及自身利益时，都明白该怎样做，义利观大都停留在说者容易；但一旦涉及自己的利益，就存在做者难的阶段。现实社会的诸多现象，对学生理想层面进行着冲击，让现在的学生更加选择面对现实，认为所谓的"义"是虚无缥缈的理想层面，现实做不到或可以做不到。

教学方式：本课拟以经典原文学习为主，根据原文主题内容，归纳梳理学习先贤的义利观，从古论今，引到学生身边的思考。

教学手段：研读、解析、感受、诵读、辨别、讨论

技术准备：自制教学课件、多媒体教学设备、学生研究资料等

续表

三、教学目标（含重、难点）
教学目标： 　1.学习"经典原文"，了解荀子的义利观，介入"文化雅苑"孔子的观点，充实完善古代传承的思想。 　2.通过三类人物事件的补充，建立正确的义利观。 　3.学习"汉字寻根"，进行"日积月累"，积累"诗词长廊"，赏析"京味天地"。 教学重点：学习"经典原文""文化雅苑"、荀子、孔子的语录，了解古代的义利观。 教学难点：今天的我们应该做些什么，怎样践行当代义利观。
四、教学过程与教学资源设计（可附教学流程图）
一、整体感知，导入新课 二、新授内容形成认知 （一）义与利两者并存关系；（二）义与利两者辩证关系 三、传承经典，发扬创新 （一）理解孔孟之道；（二）体会老子之说 四、总结提升，深层思考 五、布置作业，积累拓展

《义利之辨》教学过程

一、整体感知，导入新课

1.出示：书72页，阅读"思考实践"。

"在一次竞赛中，由于评委算错了你的成绩，你成为这次竞赛的冠军。因此你不仅会得到一笔2000元的奖金，而且还会获得参加你最喜欢的为期一周的夏令营活动机会。拿到成绩明细单的时候，你才发现评委多算了你的得分。你决定怎么做？你为什么选择这样做呢？和同学讨论，交流一下吧。"

2.如果你们遇到这种事，你们会怎么做呢？学生各抒己见。

【设计意图：通过贴近学生生活的实例引入新课，一下子把学生带入本课的教学主题，降低了入课的难度。】

二、新授内容，形成认知

（一）义与利的两者并存关系

1.何为"利"。

（1）出示"经典导读"，两句话中阐述了什么观点？

天下熙熙，皆为利来；天下攘攘，皆为利往。（《史记·货殖列传》）

人为财死，鸟为食亡。（民间俗语）

对利益的追求。

（2）出示"利"的溯源，体会其字义。

（3）结合你的生活实际说一说，还有哪些也是"利"。

升官、发财、名声、别人的评价……

（4）阅读理解"欲贵者，人之同心也。"（《孟子·告子上》）

（5）阅读理解"虽尧舜不能去民之欲利。"（《荀子·大略》）

2.何为"义"？

（1）阅读理解"父子恩，夫妇从，兄则友，弟则恭，长幼序，友与朋，君则敬，臣则忠，此十义，人所同。"（《三字经》）

（2）阅读理解"义"的溯源义。

（3）阅读理解"虽桀纣亦不能去民之好义。"（《荀子》）

3.义利两有。

（1）阅读理解"义与利者，人之所两有也。虽尧舜不能去民之欲利……虽桀纣亦不能去民之好义。"（《荀子》）

（2）你读懂了什么？

（3）小结：义与利的两者并存关系。

【设计意图：通过经典导读，汉字溯源了解什么是"利"，明确追求利是人的本性并没有错。】

（二）义与利两者辩证关系

1.出示文天祥、秦桧资料，学生阅读。

2.辩文天祥与秦桧。

（1）当时看义利。

（2）今天看义利。

【设计意图：结合资料，引导学生站在长远的角度，看义与利的转化。】

3. 阅读理解。

（1）出示：生，亦我所欲也；义，亦我所欲也；二者不可兼得，舍生而取义者也。（孟子）

（2）出示：不义而富且贵，于我如浮云。（孔子）

（3）在义与利的关系上，又有了什么新的认识？

（4）总结提升。

出示：是以圣人后其身而身先，外其身而身存。（《道德经》）

【设计意图：引用孔子、孟子、老子的语言，既阐明圣贤的义利观，也为我们的认识提供理论依据，进而又能帮助学生积累经典的传统文化。】

4. "仁义胡同""乔家大院"实例分析。（二选一）

这两个事例说明了什么？

5. 总结提升，出示：义以生利，利以丰民。（《国语晋语》）

【设计意图：选择为官者和庶民的义利事件，进一步帮助学生体会义与利之间的辩证关系。】

三、传承经典，发扬创新

1. 自读 73 页《中华老字号"义利"》。

2. 有哪些感受？

3. 是什么原因它能成为中国的"中华老字号"？

【设计意图：通过故事阅读，体会老字号不取眼前小利而以道义为先，为企业赢得了良好的信誉和长久的生命力。同时将义利话题跨越时间和空间，为学生的理解引入更广阔的领域。】

四、总结提升，深层思考

背诵经典，结合周边的事例和自己做的事情，分析义与利关系的正确处理。

五、布置作业，积累拓展

1.诗词长廊，理解，积累下来。

2.读一读汉字寻根的内容。

六、板书设计

义利之辨

两有也

义生利　利丰民

《义利之辨》教学反思

传统文化课程对于我这个教学二十多年的教师来说，是一个崭新的课程。我是从这学期初才开始接触了解的。仅仅接触了两个多月，就承担了《义利之辨》的教学任务，开始的我真是困难重重。第一个困难是对"传统文化课程"了解不深入，理解不透彻，缺乏对教学内容的准确把握。第二个困难是自己现在教二年级，而这节课的授课对象是六年级学生，这就面临对学情的把握可能会有偏差。多亏周金萍校长和李红主任的指导点拨，以及一次次听试讲后的建议修改，才使自己在整个过程中不断地挑战自我，提升自我。

多年的教学生涯让我明确认识到，不论是哪一门课程的教学，教师对教材的把握是本、是根，所以，这就决定我这节课最先需要攻克的难题是在只有一本教材，没有其他任何辅助材料的引领情况下，怎样准确把握教材。教材只有"经典导读""经典原文""文化雅苑"等几个板块，这几个板块怎样呈现，呈现到什么深度，什么广度，这是在备课前首先要考虑的，而且还要考虑六年级学生的接受程度，同时还要将这样的课区别于语文课与品德课的教学，要顾及这些方方面面之后才能寻找一个切入点实施教学。

传统文化课程以古文内容为载体，对内容的理解需要以文解文，特别是本课涉及的内容用现代文解读孩子可以接受理解，如果再用古文解读，等于给学生的理解又设置了障碍，而且涉及的古文学生读起来都有困难，理解起来就更难了。鉴于这个"度"如何把握，我进行了多次的尝试。

我首先从网上搜集下载各种有关"义""利"话题的文章，短期内大量阅读提取相关信息，然后把相关信息整合构建学生能够接受的教学内容。第一次试讲感觉学生能够接受，老师也好驾驭课堂，但是课堂的深度和广度不够。推翻重来。第二次加入了大量义利的小故事帮助学生辨析，但是大段大段的故事资料当堂呈现，让学生招架有些困难，而且现代文呈现过多，又失去传统文化的味道。再次推翻。接下去，一次又一次的推翻，重来，让我这也算久经沙场的老将感到了一种久违的压力。不过，我知道，有压力是好事，有压力证明我在改变，我在进步。最后，我将课堂定位在，学生已有的认知储备我不讲，我要在课堂上引领学生从一个新的角度看"义利"。删减大量增加的古文，紧紧围绕教材，通过古今辨析，理解义利的"两有"，以及初步感知它们之间的辩证关系。我这一个月以来，白天上着本职的二年级课程，孩子们放学后我开始着手查资料、备课、做课件，经常一个人加班到天黑，甚至周六日也都投入进去了。就在正式讲课的前一天，我还在修改教案。

就这样，在不断地调整修改中，此教学设计，我才能做到紧密结合教材，理解了教材中呈现的义利观点，引经据典，丰富了认知的深度，并结合生活实践和资料，帮助学生对义利观在原有认知水平上有了辩证的认识。正式讲课顺利完成了预设的教学内容，而且学生的参与度比较普遍，克服了传统文化课教师一言堂的弊病。

课后，专家从学术角度提出了一些中肯的建议，例如，可以涉及一些国外的人和事，因为这个话题是属于全世界的。建议在辩证关系的处理上，应多创设一些矛盾冲突点，避免学生理解偏颇。我们的这节课只是研究过程的一个结点，而不是终点，它向我们开启了一扇新的大门，带我们走进一个新的领域，我作为这个领域的新人，能够参与尝试，就是我最大的收获。

第三节 《比德于玉》教学设计及反思

教学基本信息	
教师	朱景毅
学段	小学第二学段　四年级
教材出处	《中华优秀传统文化》——北京师范大学出版社（2015 年 8 月）
一、指导思想和理论基础	

本教学设计是以《完善中华优秀传统文化教育指导纲要》为指导思想，以提高传统文化素养、传承中华民族优秀文化为基本目标，以经典诵读、探索玉与品德的关系为基本途径，融入审美与传统文化教育。以学生为中心，面向全体学生，强调学生对知识和规律的主动探索与建构。关注学生学习过程中的认知表现，使学生逐步形成对中国玉文化的认识与理解。在教学活动中对学生进行中华优秀传统文化教育，使学生对汉字、经典传统文化的丰富内涵及文化价值有所了解，提高学生的文化素养和提升学生的道德修养。

二、教学背景分析

教材分析：

本套教材共分 8 个单元。此课是三年级下册第一单元礼仪篇器皿形制。单元分别为："青铜时代""权力金器""比德于玉""瓷器文化"四个课时。本教学设计围绕中国古代器皿既是生活必需品，又是物质文明的标志，更是中华文化的载体进行。本课所涉及的内容有：书画同源"玉"字的初始及演变；玉字在中国人日常生活中的广泛使用；《礼记聘义》中君子比德于玉；《礼记玉藻》"古之君子比佩玉"；古人传下来的是玉德的精神，我们要怎样延续这种精神。

学生情况分析：

学生已有知识：

1. 翠微小学三年级一部分学生对玉字成语等本课内容有初步了解；

2. 学生对文言阅读也有一定的基础；

3. 对古文字已经有了初步了解。

学生可能出现问题：

1. 中国人佩玉的内涵不理解；

2. 玉是道德沁润的载体不清楚。

我的思考：结合教材、学情分析，为了更好地完成教学任务，本课将玉字的初始为基点，以经典诵读为主线，以不断抛出问题为手段，让学生在欣赏玉石、探索规律、小组合作等形式，让学生在本课上获得更多知识和感受，让学生在体验中学习中华优秀传统文化并获得乐趣。

教学方式：分组学习

教学手段：通过欣赏、分析、小组研讨等多种活动，让学生探究、感悟与表达。

教学准备：自制教学课件、多媒体教学设备、学生研究资料等。

续表

三、教学目标（含重、难点）
教学目标： 1.学生能初步感受玉石的自然之美，感受中华玉石文化优秀传统的魅力。 2.学生能通过情境、欣赏、小组研究与探索实践活动等多种形式中初步了解、感知玉与德的关系，理解中华玉石文化比德于玉的优秀传统文化。 3.学生能体会到君子比德于玉的道德观念，激发学习中华优秀传统文化的兴趣。 教学重点与难点： 1.教学重点：体会并理解"君子比德于玉"的中国传统文化内涵。 2.教学难点：体会君子比德于玉的道德观念，加强对中华优秀传统文化的学习兴趣。
四、教学过程与教学资源设计（可附教学流程图）
教学流程图：

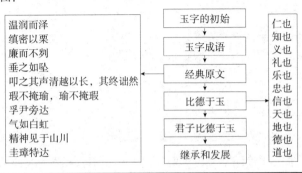

《比德于玉》教学过程

一、玉字的初始

1.使用课件，猜字谜"玉"。了解象形文字的书画同源。

2.了解玉字的演变，理解玉字的含义。

小结：汉代许慎在《说文解字》中这样解释玉字：玉石之美者。三横一竖，分别代表天、地、人三通，是古代天人合一的体现。

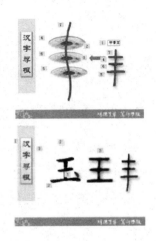

【设计意图：通过游戏使学生比较轻松地了解既遥远又陌生的玉石文化。创设情境使学生积极参与课堂活动，培养学生对中华优秀传统文化的兴趣。】

二、玉字在生活中广泛使用

（一）玉字在生活中的使用

1. 地名：

（1）从身边的玉渊潭公园了解带玉字的地名。

（2）从古诗中了解玉门关这个地名。

《凉州词》

［唐］　王之涣

黄沙远上白云间，一片孤城万仞山。

羌笛何须怨杨柳，春风不度玉门关。

2. 人名：通过图片了解贾宝玉、玉皇大帝带玉字的人名。

3. 饮食：通过图片了解玉食、玉酒、玉泉。

4. 容貌：通过图片了解玉颜、花容玉貌。

5. 品格：通过图片四字成语了解宁为玉碎、冰清玉洁诗人的品格。

（二）玉字在生活中广泛使用及象征意义

1. 读一读，想一想带玉字的词语在生活中使用的情况？

2. 读一读，想一想带玉字的词语形容的人或事是怎样的？

小结：玉字充满了人们生活的方方面面。玉字在人们心中是美好、高尚的。

【设计意图：了解生活中所用的玉字、体会玉在中国人生活中无处不在。拉近玉与学生的距离，感受玉字的美好寓意。】

三、玉的特质

和学生交谈：看老师就佩戴玉镯。你身边有人带玉吗？玉石有什么样的特质，让中国人爱玉，崇玉，也佩玉呢？让我们探究一下。

（一）感知玉石自然之美

玉是美丽的石头，与普通的石头相比，玉有哪些特质呢？让我们看一看。

1. 通过石头与玉的对比，感知玉石的"温润而泽"。

"一块普通的石头和辽宁岫玉相比外表有什么不同？"

表面光滑、有光泽、有水润感。

2.通过观察，体会玉石的"缜密以栗"。

我们仔细观察河南的独山玉，玉石里面的黄色物质，给你什么感觉？

质地细腻、有如栗蓉。

3.通过触摸，了解玉石的"廉而不刿"。

玉石外表温润、光泽、细腻，但它坚硬如铁，而且还有比钢铁强得多的韧性，因此埋于地不会被腐蚀改变自己样子。让我们欣赏一下五千年前的玉器。

（1）红山文化：玉龙、玉猪龙、玉珏、玉佩。

（2）良渚文化：玉琮、玉璧。

小结：玉石坚硬，但被古人制成礼器、配饰、用品，所以它还有"廉而不刿的特性"。

4.通过图片，欣赏了解玉石的"垂直如坠"。

玉石的比重很大，它一悬垂起来就下坠，有沉稳之感，谦卑之势。故，古人雕刻成玉佩挂在身上。

右徵（zhēng）角，左宫羽，趋以采齐，行之肆夏，周还中规，折还中矩，进则揖（yī）之，退则扬之，然后玉锵（qiāng）鸣也。

5.通过倾听感知玉石的"叩之，清越以长，其终诎然"。

玉石可以发出动听的声音，我们来听一听。

6.通过观察，感受玉石的"瑕不掩瑜，瑜不掩瑕"。

玉石中会有一些杂质、绺裂，我们看一看这些东西会影响玉石的美丽吗？

7.通过欣赏，了解玉石的"孚尹旁达"。欣赏玉石的色彩说说你的感受。

8.通过欣赏，了解玉石的"气如白虹"。白虹：日、月、彩虹的光晕。

9.通过图片，了解玉石的"精神见于山川"。

10.通过讲解，知道玉石的"圭璋特达"。

（二）读一读，体会玉石自然之美

温润而泽，缜密以栗，廉而不刿，垂之如坠，叩之其声清越以长，其终诎然，瑕不掩瑜，瑜不掩瑕，孚尹旁达，气如白虹，精神见于山川，圭璋特达，天下莫不贵者。

（三）说一说，你喜欢的玉石特质

【设计意图：通过图片欣赏、实物比较、让学生通过自己的视觉、触觉、听觉，全方位感知玉石是天地大美之物。提高学生对中华优秀传统文化的理解与兴趣。】

四、比德于玉

1.仔细读经典原文，体会原文中"玉"比"德"。

夫昔者君子，比德于玉焉。

温润而泽，仁也。

缜密以栗，知也。

廉而不刿，义也。

垂之如坠，礼也。

叩之其声清越以长，其终诎然，乐也。

瑕不掩瑜，瑜不掩瑕，忠也。

孚尹旁达，信也。

气如白虹，天也。

精神见于山川，地也。

圭璋特达，德也。

天下莫不贵者，道也。"

——《礼记·聘义》

2.学生总结"玉德"。

仁、知、义、礼、乐、忠、信、天、地、德、道。

【设计意图：通过本部分内容的学习实践，学生理解玉与德的关系，提高学生的中华优秀传统文化素养。】

五、君子比德于玉

1.读经典导读，理解玉文化。

2.小组讨论：为什么"古之君子必佩玉""君子无故，玉不去身"。

3.历史上具有玉德的君子：姜子牙——智；岳飞——忠。

六、拓展园地

玉象征着君子的美好德行，你觉得还有哪些品德能打动你？

【设计意图：通过本部分的学习实践使学生明白做人要与美玉为参照，进行自我规范和约束，提高学生的中华优秀传统文化素养。】

七、课堂小结

温和莹润的玉器，是中国几千年造物文化的传统。它凝聚着中国人的智慧与情感。智慧勤劳的中国人用玉器承载了中华优秀传统文化——比德于玉。玉，国之重器；德，人之贵也。让我们走入美玉这块神秘的领地去发现，去思考，去感悟……

八、推荐书目：《诗经》《礼记》，探究关于"玉"与"德"的关系

九、板书设计

比德于玉（美好崇高）	
温润而泽	仁也
缜密以栗	知也
廉而不刿	义也
垂之如坠	礼也
叩之其声清越以长，其终诎然	乐也
瑕不掩瑜，瑜不掩瑕	忠也
孚尹旁达	信也
气如白虹	天也
精神见于山川	地也
圭璋特达	德也
天下莫不贵者	道也

《比德于玉》教学反思

一、诵读经典原文，引领学生走进传统文化

学习中华优秀传统文化离不开诗词歌赋。所谓诗词歌赋，是人们对我国传统文学的概称；虽然如此，这一称谓几乎可说是业已概括了中国传统文化的精髓和文化，尤其是传统文学的大成。也正是基于这种认识，在本课中安排了大量的朗读时间。如教师的范读：在中国古典背景音乐"渔歌唱晚"映衬下，教师朗朗上口，给学生一种听觉的感染和享受。再如：组织学生朗读。齐读、分男女生朗读、领读等形式，让学生在朗读中享受快乐，在诵读中感受《比德于玉》的气韵、味道。在解读原文中，使学生在课堂中感受玉石的自然大美，体会玉石是中国人道德的载体，享受中华传统文化课程学习的快乐。

二、内容贴近生活，易于接受

玉对于学生是既熟悉、又陌生的东西。创设情境，贴近学生的实际生活学习，无疑是最有效的学习方式。于是收集各种与生活相关的玉的资料，并从中筛选适合学生接受易于学习的内容。如玉字的地名：通过学生亲历感受的玉渊潭，到品读王之涣的《凉州词》中的春风不度玉门关。如玉字的人名：通过名著《红楼梦》《西游记》，了解中国人名字中的玉字。如玉字形容的中国的美食和美丽的容颜等，努力使学生理解中华传统文化中玉的精髓。

三、以文解文，理解经典传统文化，传承中华美德

课程中加入了学生学习过的《凉州词》《满江红》，通过这些诗词，体会比德于玉的深刻道理。

第四节 《敬以直内》教学设计及反思

教学基本信息	
教师	赵杨
学段	小学第二学段　三年级
教材出处	《中华文化基础教材》——中华书局（2014 年 11 月）

一、指导思想和理论基础

　　《完善中华优秀传统文化教育指导纲要》指出：中华优秀传统文化是中华民族语言习惯、文化传统、思想观念、情感认同的集中体现，凝聚着中华民族普遍认同和广泛接受的道德规范、思想品格和价值取向，具有极为丰富的思想内涵。开展以正心笃志、崇德弘毅为重点的人格修养教育，着力引导青少年学生明辨是非、遵纪守法、坚韧豁达、奋发向上，自觉弘扬中华民族优秀道德思想，形成良好的道德品质和行为习惯，培养青少年学生做知荣辱、守诚信、敢创新的中国人。

二、教学背景分析

　　教材分析：

　　《中华基础文化教材》是中华书局出版的小学传统文化教材。以"立德树人"为教学宗旨，以培育学生对中华传统文化的亲切感为重点，开展启蒙教育，培养学生热爱中华优秀传统文化的感情，让学生在潜移默化中领悟中华文化的精神价值与思维模式，进而塑造良好的性格品性与行为方式。《敬以直内》选自《周易·坤》，"君子敬以直内，义以方外，敬义立而德不孤。"讲的是君子保持恭敬以使内心正直，遵守正义以使对外方正，树立恭敬和道义才能拥有好的德行。"四书五经"是中国传统文化的重要组成部分，也是儒家思想的核心载体，五经指《诗经》《尚书》《礼记》《周易》《春秋》。《周易》是华夏五千年智慧与文化的结晶，被誉为"群经之首，大道之源"。

　　学生情况分析：

　　小学三年级学生具有强烈的求知欲和好奇心，是培养学生热爱中华优秀传统文化的感情的关键时期。《周易》是中国传统思想文化中自然哲学与人文实践的理论根源，是古代汉民族思想、智慧的结晶，被誉为"大道之源"。其内容极其丰富，对中国几千年来的政治、经济、文化等各个领域都产生了极其深刻的影响。小学三年级学生不具备独立理解古代汉语的能力和相关的知识储备，在独立理解相关词句上具有很大难度，因此需要引入大量相关案例帮助学生理解，同时扩充学生知识面。

三、教学目标（含重、难点）

　　教学目标：

　　教学重点：了解《周易》的历史地位，理解"敬以直内"的意思。

　　教学难点：了解君子内心正直和行为方正的关系，感受《周易》的艺术魅力。

续表

四、教学过程与教学资源设计（可附教学流程图）
教学流程图： 一、理解"敬以直内"的含义 二、理解"君子"的含义 三、讲故事，深入理解"君子敬以直内" 四、理解"义以方外" 五、理解"敬义立而德不孤" 六、整句话释义 七、介绍《周易》的历史地位

《敬以直内》教学过程

一、理解"敬以直内"的含义

1.猜谜导入。

出示"敬"的演变过程——甲骨文、金文、篆书、隶书、楷书。

观察这个汉字的演变过程，边播放课件边解释：用手拿着杖或者鞭子，表示敲打，猜猜这是哪个字？

【设计意图：猜谜导入，激发学生的学习兴趣。】

2.理解"敬"的含义。

教师板书"敬"字，你能用敬这个字组什么词语？（尊敬、恭敬、敬礼）

3.猜"直"字义。

你能猜猜"直"是什么意思吗？说一个关于品行的词语？（正直、直率）

【设计意图：以组词解帮助学生理解字义。】

4.解释"直内"。

直是正直，意思是一个人品行良好。"直内"又说的是什么方面的正直呢？谁来猜猜"内"是什么意思？指名说。（内心、内在）那么"直内"的意思是？（内心正直）

5. 举例子，理解"直内"。

什么叫作"直内"呢？下面赵老师给同学们讲一个《晋文公问祁黄羊》的小故事。出示《晋文公问祁黄羊》。

春秋时期晋国有一个叫南阳的地方，缺一个县官。晋平公是晋国的国君。他问祁黄羊："你看谁可以当这个县官？"祁黄羊说："解狐这个人不错，他当这个县官合适。"平公很吃惊，他问祁黄羊："解狐不是你的仇人吗？你为什么要推荐他？"祁黄羊笑答道："您问的是谁能当县官，不是问谁是我的仇人呀。"平公认为祁黄羊说得很对，就派解狐去南阳作县官。解狐上任后，为当地办了不少好事，受到南阳百姓普遍好评。

提问：祁黄羊的什么行为是内心正直的表现？（虽然解狐是他的仇人，但他为了国家富强和百姓安居乐业，推荐他作为县官。）

【设计意图：通过祁黄羊的具体事例帮助学生理解"直内"。】

6. 解释"敬以直内"。

"敬以直内"的意思就是保持恭敬以使内心正直。

7. 怎样才能做到"直内"？

要敬。

8. 为了做到内心正直，我们要敬什么呢？为什么？

敬长辈、同学、朋友、动物、植物、国旗。除此之外我们还应该敬"自省"。早在春秋时期孔子的弟子曾子就有这样的论述：

吾（wú）日三省（xǐng）吾身，为人谋而不忠乎？与朋友交而不信乎？传不习乎？（《论语·学而》）指名读。

意思是我每天多次反省自身的言行，为别人办事是不是尽心竭力？与朋友交往是不是做到诚信？老师传授我的知识复习、练习了吗？

总结：只有做到"敬"，才能达到——"直内"（引读），这就叫作"敬以直内（引读）"。

【设计意图：做到内心正直，就要对身边的一切保持敬畏之心，帮助学生理解"敬以直内"的深层含义。】

二、理解"君子"的含义

1. 提问：什么人能够做到"敬以直内"呢？

君子。

2. 介绍君子的含义。你认为什么叫作君子？

君子，原本是国君之子的意思，指地位高的人。他们从小就接受良好的教育，修养和道德自然也高。道德、修养高的人，他的一言一行、一举一动都对人们起着示范作用。他的修养、道德也在教化着人们。

【设计意图：将"君子"和"敬以直内"相互联系弄明白，帮助学生加深对"敬以直内"的理解，帮助理解"君子"的内涵。】

君子要让天下人学习、效仿自己的德行。在另一本儒家经典《大学》中又有这样的话：

古之欲明明德于天下者，先治其国；欲治其国者，先齐其家；欲齐其家者，先修其身；欲修其身者，先正其心……（齐读）

意思是那些要想在天下弘扬光明正大品德的人，先要治理好自己的国家；要想治理好自己的国家，先要管理好自己的家庭和家族；要想管理好自己的家庭和家族，先要修养自身的品性；要想修养自身的品性，先要内心正直。

君子最终要达到什么目标？（明德）。想要实现"明德"，首先需要什么？（正心）。正心的下一步是？（修身）。实现了修身，接下来就是？（齐家）。齐家之后就要实现？（治国）。正心是修身、齐家、治国、明德的前提。（出示顺序）

【设计意图：通过引用《大学》中的话引导学生理解"直内"（内心正直）的重要性，是前提，是基础，从而帮助学生理解君子的含义。】

三、讲故事，深入理解"君子敬以直内"

在我国源远流长的历史中，出现过许许多多内心正直的君子，他们的正直影响着一代又一代的中国人。下面赵老师给同学们讲一个小故事，让我们一起来感受正直的力量。

《许衡心主》的故事：元朝的时候，有一个叫许衡的人。有一年在大暑的时候，路过河南这个地方。当时天气很热，非常的口渴，刚巧路旁有一株梨树，一群人见了就蜂拥而至，抢着去摘来吃。只有许衡独自一人，很端正地坐着，也不去看那些吃梨的人。有人不解，就去问许衡："为什么不去摘梨来解渴呢？"许衡说："不是我的东西而拿来自己享用，是不可以的。"那人又说："世上已经大乱了，这棵树是没有主人的呀？"许衡说："梨子没有主，难道我的心也没有主了吗？"他始终没去拿梨子来吃。

许衡不摘梨的行为正是——敬以直内（引读），我们可以称许衡这样的人——君子（引读）。

【设计意图：通过许衡心主的例子具体解释"君子敬以直内"。】

四、理解"义以方外"

1.猜"义"的含义。

君子对自己要做到内心正直，那么对"外"是指对谁呢？（对外指对别人）

对外首先要做到什么呢？（义）你能猜猜"义"的含义吗？你能用"义"组个词吗？（正义）

2.解释"方"。

我们坚守正义，对外我们的行为才能"方"。"方"是什么意思呢？（方正）

方正其实说的就是一个人品行端正。

3.解释"方外"。

对外指的是为人处世、与人交往。方外就是外方，是对外。

【设计意图：理解意思，由对内约束自己，延伸到对外保持正义，自然过渡到"义以方外"。】

4.解释"义以方外"。

遵守正义以使对外方正。作为君子，首先要内心正直，在与人交往中还要做到方正。

（1）故事理解。我们一起来了解古人是如何与人交往的，来听听荀巨伯和朋友之间的故事：有一次荀巨伯千里迢迢去探望一个生病的朋友，刚好碰上外族敌寇攻打那座郡城，朋友就劝巨伯离开，说："我马上就要死了，您还是离开这儿吧！"巨伯说："我远道而来看望您，您却要我离开，败坏道义来换得生存，这难道是我荀巨伯做得出来的事情吗？"最终他没有离开。郡城陷落后，敌寇进了城，荀巨伯还待在这里，敌寇很奇怪就问他："我们大军一进城，整个郡城的人都跑光了，你是什么人，竟然还敢一个人留下来？"他回答道："我的朋友生了病，我不忍心丢下他一个人，如果你们非要杀他，我愿意用我的命来抵换。"敌寇听后内心大受震动，相互议论说："我们这些不讲道义的人，却侵入这个有道义的地方。"于是就撤军而回了，整个郡城也因此得以保全。

荀巨伯愿用自己的命换朋友的命，这就叫作"义"（引读）。

（2）经典理解。在儒家文化中也有这样的待人之道。出示句子，教师边读边解释，学生提炼关键词。请你认真听，边听边从这句话中提取古人的待人之道。

①取诸人以为善，是与人为善者也。故君子莫大乎与人为善。——《孟子·公孙丑上》

孟子说："子路，别人指出他的过错，他就很高兴。大禹听到有教益的活，就给人家敬礼。伟大的舜帝更了不得：总是与别人共同做善事。舍弃自己的缺点，学习人家的优点，吸取别人的优点来行善，也就是与别人一起来行善。君子最高的德行就是同别人一道行善。后来多指以善意的态度对待他人，为人着想，乐于助人。"

②子曰："其恕乎！己所不欲，勿施于人。"——《论语·卫灵公》

子贡问道："有一个字可以终生遵照它去做吗？"孔子说："大概就是恕吧？意思是自己不愿意的事情，不要强加给别人。""恕"指的是儒家的推己及人，仁爱待人。自己不喜欢，也不要给对方增添烦恼。

③子曰："君子和而不同。"——《论语·子路》

君子可以与他周围的人保持和谐融洽的关系，但他对待任何事情都必须经过自己大脑的独立思考，从来不愿人云亦云，盲目附和。

【设计意图：通过引用，帮助学生了解君子的待人之道。】

5. 讲故事，深入理解"义以方外"。

君子对外要与人为善，要己所不欲勿施于人，还要和而不同，更要遵守正义来规范自己的行为。

接下来我们听听《六尺巷》的故事：清代康熙年间，有一位大学士叫张英，他的老家人与邻居吴家在宅基的问题上发生了争执，因两家宅地都是祖上基业，时间又久远，对于宅界谁也不肯相让。双方将官司打到县衙，又因双方都是官位显赫、名门望族，县官也不敢轻易了断。于是张家人千里传书到京城求救。张英收书后批诗一首云："一纸书来只为墙，让他三尺又何妨。长城万里今犹在，不见当年秦始皇。"张家人豁然开朗，退让了三尺。吴家见状深受感动，也让出三尺，形成了一个六尺宽的巷子。

在《六尺巷》这个故事中，哪里体现了"义以方外"？（对外方正）结合实际，谈自己如何做到规范行为。四人一小组交流。

【设计意图：学生通过学习"义以方外"，理解规范行为的重要性，结合故事和自身实际，谈自己是如何做到规范行为，构建文本与生活实际的桥梁。】

五、理解"敬义立而德不孤"

仅仅做到"敬以直内"或"义以方外"其中一点就能成为君子吗？不仅对内约束自己，对外还要规范自己的行为，只有这样才能做到——敬义立而德不孤（引读）。

"敬义立"是什么意思？正因为"敬义立"，所以——德不孤（引读）。我们所说的品德、道德并不是光存在书本上，而是在指导我们生活中一点一滴的行为，陪伴在我们生活中好的德行。

【设计意图：成为一名真正的君子，必须要做到"敬义立"，才能做到"德不孤"。帮助学生理解"敬义立而德不孤"的含义。】

六、整句话释义

现在你能试着解释这句话的意思吗？

【设计意图：学生解释整句话的意思，建立内心正直、行为方正的联系。】

七、介绍《周易》的历史地位

1. 提问：这句话选自哪本书？

《周易·坤》。

"四书五经"是中国传统文化的重要组成部分，是儒家思想的核心载体，四书指的是《论语》《孟子》《大学》《中庸》，五经指《诗经》《尚书》《礼记》《周易》《春秋》。而《周易》是华夏五千年智慧与文化的结晶，被誉为"群经之首，大道之源"。中国历代图书分类是：经、史、子、集四大类，经列于首，《周易》为"五经"之首，自然也就是群书之首。

【设计意图：通过介绍《周易》的历史地位，帮助学生了解《周易》的关键意义。】

2. 结束语：希望同学们也能成为一个内心正直，行为方正的君子！最后让我们再来读读这句话吧！

八、板书设计

```
                            敬以直内
                敬义立  ——→  德不孤
                            义以方外
```

《敬以直内》教学反思

《敬以直内》是选自《周易·坤》中的一句话，原文是：君子敬以直内，义以方外，敬义立而德不孤。《周易》是儒家经典"四书五经"中的"五经"之首，也是中国传统思想文化中自然哲学与人文实践的理论根源，是古代汉民族思想和智慧的结晶，被誉为"大道之源"。《周易》是中国古代杰出的哲学巨著，历经七千多年的历史至今经久不衰，奠定了中华文化的重要价值取向，开创了东方文化的特色，对中国的文化产生不可取代的重要价值和巨大影响。冯友兰曾这样评价《周易》："《周易》不仅是中国的，也是东方的，更是世界的，不仅是古代的，也是现代的，更是未来的。"由此可见《周易》不仅对我国有着极其深远的影响，对东方，乃至世界都具有十分关键的历史地位。

对于小学三年级学生来说，绝大部分学生没有古代汉语常识，首先在理解句意上具有很大的难度。其次，极少学生知道"四书五经"，也不了解其包含的具体内容，因此了解《周易》的历史地位是帮助学生理解本句话的关键。学生对于古代汉语的认知程度仅限于诵读和了解大致意思，停留在最浅层次。因此，本课的教学重点应放在帮助学生深入理解句子含义上。在帮助学生理解句子含义时，我首先出示"敬"字从甲骨文到隶书的演变过程，通过猜字来激发学生的学习兴趣，接下来用组词来帮助学生理解"敬"字的含义。由于古代汉语具有"言简意赅"的特点，因此，需要逐字解释字义，才能帮助学生理解句意。在处理"直"的字义时，前测表明学生会联想到直尺等表达形态的意思，因此，在这里我有意识地引导学生"能不能说一个带有'直'字表达品行的词语"，学生自然就联想到了"正直"这个词，"直"的字义就解决了。接下来帮助学生理解"内"字的含义时，我又巧设悬念，让学生以猜字义的形式来理解字义，将枯燥的逐字释义转化为学生喜闻乐见的形式，帮助学生理解字义。"直内"就是"内心正直"，但是对于三年级的小学生来说还不具有"由此及彼"的具象联想能力，我通过"晋文公问祁黄羊"这个事例帮助学生理解"直内"的意思。然而对于古代汉语知识零基础的三年级小学生来说，光理解了每个字的含义显然还不能理解句子的含义，在"君子敬以直内"这句话中又出现了古代汉语常见的倒装现象，同时，学生对于"君子"这个词也没有清晰的认识，因此，我将这句话进行拆分，先解决"敬以直内"，再解决"君子"。通过联系学生自身事例，帮助学生理解"敬以直内"的含义，然后引用儒家思想代表人物孔子的一句话来固化学生的理解。学生对于"君子"的理解仅停留在"好人"的层次上，在本节课中我帮助学生梳理"君子"的具体含义，对学生理解本句话的含义起到推动作用。

儒家文化源远流长，是中华的艺术瑰宝。《周易》并非孤立存在，儒家著作中更有许多著作佐证了《周易》的重要地位，两者是相辅相成的。因此，在教学本课时，我引入大量资源，其中包括《大学》《论语》《孟子》，同时引用大量事例来帮助学生理解句意，让晦涩难懂的古代汉语贴近学生的生活，帮助学生深入理解句意。但在教学本课时，我忽视了学生作为学习的主体，应该充分发挥其主观能动性，进行探究式学习。然而在本节课中似乎成了教师的"一言堂"，应让学生在课前进行的资料查找，对相关知识有初步的认识。但考虑到三年级学生的年段特点，并没有提前布置查找资料的任务。在日后的教学中，应充分发挥学生的主体作用，进行合作、探究式学习。

第五节　《大国工匠》教学设计及反思

教学基本信息	
教师及指导者	朱易蓉、周金萍
学段	小学第三学段六年级
教材出处	网上、书籍中收集的材料

一、指导思想和理论基础

优秀传统文化的基本内涵和核心价值旨在让学生感受祖国优秀传统文化的魅力，接受文化血脉熏陶和文化浸润，承传中国传统匠人留下优秀的国粹技艺，培养民族精神、伦理道德和审美情趣，激发文化自信心，提高学生内在涵养，即知识素养、人文素养、艺术素养、科学素养和价值观。

虽然我们提倡科技创新、人工智能，但是我们仍旧需要工匠的双手，从制造业大国迈向制造业强国的过程中，需要一大批具备工匠精神的劳动者挥洒汗水，要实现由制造大国向制造强国的跨越，更离不开大国工匠精神的坚实支撑。工匠精神的核心内涵：执着专注、精益求精、追求完美、传承创新。古往今来，热衷于创新和发明的工匠们一直是世界科技进步的重要推动力量。

二、教学背景分析

教学内容分析：

从中国传统技艺、享誉世界的丝绸和瓷器的发展历史看，它需要继承和发展，一个朝代一个朝代延续改良，不断发展、不断传承创新；它需要匠人精神：执着专注、精益求精、追求完美、传承创新。古往今来，热衷于创新和发明的工匠们一直是世界科技进步的重要推动力量。

从现代工业高铁发展看，它与丝绸、瓷器传统技艺比，不同在哪里？又有什么相同？一个是大机器批量生产，有非常精细的质量标准，分毫不差；一个是个体劳作，有品质要求，个体的用心和技术很重要。相同点都在于：执着专注、精益求精、追求完美。

正如李克强总理所说："我们要让工匠精神渗入每件产品、每道工序，'差不多就行'的心态要不得，以工匠精神支撑制造强国建设，用工匠精神筑起我们的中国梦。"

学生情况分析：

学生已有知识：六年级的学生，在认知上已经有一定的水平，乐于参与各种探究活动，从中得到多方面的锻炼。在任务的驱动下，学生愿意多方查阅资料，参与研究和分享，小组合作进行的活动非常愉快。

学生可能出现问题：学生缺乏将资料联系整合起来，不能透过现象完全看出本质，不理解工匠精神的内涵，以及为什么要具备工匠精神？

教学方式：1.（学生）问卷调查，探究汇报，小组合作交流，体会工匠精神的含义。

2.（教师）借助视频资料，创设情境，提升学生对工匠精神的理解。

教学手段：调查、探究，合作交流，看视频、谈感受，提升精神

技术准备：自制教学课件、多媒体教学设备、学生研究资料等

三、教学目标（含重、难点）

教学目标：

1. 了解古今中外中国在世界上最有影响力的产品，从中感悟产品背后劳动者的工匠精神。

2. 通过丝绸和瓷器的发展探究、交流，并联系现代工业发展，懂得工匠精神的实质。

3. 引导学生把工匠精神应用到实际学习生活中，实现自己的梦想，用工匠精神铸起我们的中国梦。

教学重点：通过丝绸和瓷器的发展探究、交流，并联系现代工业发展，懂得工匠精神的实质。

教学难点：体会工匠精神的实质，将工匠精神落实到自己的学习工作中，用工匠精神实现自己的梦想，铸起我们的中国梦。

四、教学流程图

一、导入新课，调查访谈

二、活动汇报，阐述思考

1. 丝绸和瓷器发展；

2. 丝绸和瓷器工序；

3. 总结升华，体会精华；

4. 拓展延伸，联系当下；

5. 走进高铁，产品探究。

三、比较异同，提炼精华

四、教师总结

《匠心铸梦》教学过程

一、导入新课，调查访谈

同学们刚刚感受和体验了面塑和剪纸中的传承和创新，感受到匠人们精湛的技艺以及所产生的影响。其实，自古以来我国在世界上影响力较大的产品有很多，课前，我们进行了问卷调查，你们还记得是哪些产品吗？（丝绸、瓷器、茶叶等）

二、活动汇报，阐述思考

（一）丝绸和瓷器的发展

为什么它们会有这么大的影响力呢？我们进行了分组探究，我知道同学们从不同角度探究了丝绸和瓷器的发展史。首先有请探究丝绸的小组进行汇报。大家要注意倾听，通过他们的讲解，你从中发现了什么？

1.学生汇报：丝绸和瓷器的发展；

2.互动补充；

3.教师点拨：听了他们关于丝绸和瓷器发展史的介绍，你们从中发现了什么？

一个朝代一个朝代延续改良，不断发展、不断传承创新。

【设计意图：学生通过资料查阅，学会梳理和提炼，并通过互动活动激发思考，增长见识，理解丝绸和瓷器作为具有世界上影响力的原因是继承和创新。】

（二）丝绸和瓷器的工序

深入思考，关注每一种丝绸、每一件精美的瓷器是怎么制作出来的呢？谁知道，请给大家讲一讲。

1.学生讲解丝绸与瓷器的制作工艺。

2.教师点拨：同学们听了他们的介绍，你们有什么感受和发现？

3.现在以丝绸为例，我们看看其中一道工序。我们一起来看一段录像，看过之后，告诉大家你的感受。

4.学生谈感受：复杂、不容易（每织一厘米，投梭120次），非常精细严谨。

（三）总结升华，体会精神

我们单独看一道工序就非常复杂。这么多的工序，可想而知，每一件产品都是精工细作而来。再次出示工序图，瓷器更是如此，有的甚至融入了匠人的鲜血和生命。华美的丝绸是经过这么多复杂的工序织成的，正是工匠们精益求精、追求完美的结果。

【设计意图：学生通过资料查阅，学会梳理和提炼，并通过互动、视频激

发思考，增长见识，理解丝绸和瓷器作为具有世界上影响力的原因是精益求精，追求完美。】

（四）拓展延伸，联系当下

丝绸按照他的不同工艺分为 14 大类，34 小类。其中的四大名锦在世界上享有很高声誉，你们知道吗？

1. 学生活动：四川蜀锦、苏州宋锦、南京云锦、广西壮锦。

2. 丝绸与陶瓷是中国人民奉献给世界的两件宝物，在古代，很多国家和民族把丝绸和瓷器都视如珍宝，你们猜猜看，这些国家和民族是怎样对待我国的丝绸和瓷器的？大家一起猜一猜，连连看：

菲律宾等民族　　　将中国的丝绸奉为上流社会和贵妇的奢侈品。

古罗马人　　　　　将中国瓷器装饰在清真寺、宫殿等建筑上。

伊斯兰民族　　　　将中国陶瓷作为神物顶礼膜拜。

非洲人　　　　　　用中国的大青花瓷盘盛饭装菜，共同席地享用。

3. 走近丝绸之路

丝绸和瓷器在世界上产生了广泛影响，你知道丝绸和瓷器是怎么传播到世界各地的吗？（丝绸之路）

①课前同学们查阅了资料，做了充分准备，谁来为大家介绍一下。

②学生介绍丝绸之路。

③教师点拨：丝绸之路不止将我们的瓷器等产品传向世界，同时将世界的多元文化输入中国。大家知道，我们的国瓷吗？那你知道为什么成熟的青花瓷出现在元代吗？大家知道瓷器与英文单词"China"的关系吗？

④总结：古代的丝绸之路到现在一带一路还在延续，它促进了东西方文化的交融。

【设计意图：学生通过资料查阅，学会梳理和提炼，并通过互动、视频激发思考，增长见识，了解丝绸之路的古往今来，增强民族自信和自强。】

（五）走近高铁，产品探究

1. 教师提问：享誉世界的丝绸，驰名中外的瓷器当之无愧成为中国名片。在科技发展的今天，你了解到中国的国家名片还有哪些？

2. 学生互动：高铁桥梁、海底隧道、天眼等。

3. 谈到高铁，你们谁坐过高铁？谈谈感受？

①看视频，谈感受。

②从高铁的发展，你体会出什么？

4. 老师提升：中国高速铁路纵横交错、四通八达。近几年来，高铁版图的一次次延伸，运营速度的一次次提高。是我们中国人使地面的交通工具，像飞机一样生出翅膀，解决了节假日人口流动等诸多问题，是中国的一个创举，也是对世界经济发展做出的突出贡献。中国高铁以其高速的便捷性，班次的准时性，稳定的安全性，被誉为新"四大发明"之一，成为一张金光闪闪的国家名片。

5. 提出梦想：中国航天科工集团公司透露，他们开展了将超声速飞行技术与轨道交通技术相结合的研究，研制利用超导磁悬浮技术和真空管道，实现超音速的"近地飞行"。中国航天科工的"高速飞行列车"最高速度可达 4000 公里 / 小时。

你们觉得这个梦想能实现吗？说说理由？

6. 学生互动。

【设计意图：学生通过资料查阅，学会梳理和提炼，并通过互动、视频、探究等，增长见识，激发思考，在感受现代科技与传统产品的异同中，深入体会工匠精神。】

三、比较异同，提炼精神

大国工匠创造大国奇迹。其实，除了高铁，我国还有很多先进的技术，技术背后的都是无数工匠的用心付出。课前我们下发一些阅读资料，对各行各业的匠人的事迹做了批注，他们跟中国传统技艺的匠人比，其异同是什么？你从中感悟到什么？（执着专注、精益求精）

提问：此时的你明白什么是工匠精神了吗？谁愿意说一说。

四、教师总结

这就是"匠心"，唯有匠心才能铸就我们的梦想！让我们在心中都种下一颗火红的匠心，传承创新、精益求精、追求极致、执着专注，把这种做事的态度落实到生活工作中，铸就我们人生的梦想，铸就我们美丽的中国梦！

五、板书设计

大国工匠

执着专注　　精益求精

追求极致　　传承创新

《大国工匠》教学反思

中华优秀传统文化教育，是"中国梦"的重要组成部分。十九大报告指出："培育和践行社会主义核心价值观，推动中华优秀传统文化创造性转化、创新性发展。"虽然工匠的工作可以被机器取代，但是"工匠精神"是人类创造美好生活、推动社会进步和人类文明发展的必备。"工匠精神"蕴含的不仅仅是精益求精、一丝不苟的内涵释义，也不仅仅是追求卓越的教育和训练的外延，它是人类的进化过程中所积累的最具价值的文明财富。

这节课经历了前期问卷调查、查找相关资料、资料整合筛选，在这个过程中，引导学生在这一过程中领悟精美的瓷器和丝绸都是匠人精益求精、追求完美、执着专注的结果，同时给予学生图片及视频的视觉冲击，引导学生领悟工匠精神。

在这节课的前期准备中，我让学生通过亲自查找资料、筛选资料、整合资料等方法了解丝绸和瓷器的发展史，培养了学生动手、动脑、运用资料与分析判断能力，在这一过程中，让学生懂得每一种丝绸、每一件精美的瓷器都是匠人精益求精、追求完美、执着专注的结果，都是一个朝代一个朝代延续改良，不断发展、不断传承创新的结晶。

学生们查找到的丝绸和瓷器的资料繁多，我引导学生整合了繁多的资料，在合作中，学生多角度了解了丝绸和瓷器的代表作，对其有了一定认识与评价，也学会了准确检索信息，从不同角度探究的方法，同时也提高了学生口头表达能力。

丝绸和瓷器通过古代的丝绸之路在世界上产生了广泛影响，成为古代中国的名片。继而联想到在科技发展的今天，中国的国家名片还有高铁、桥梁、海底隧道、天眼等。以高铁为例，让学生看视频，谈感受。提升总结工匠精神的内涵。引导学生把工匠精神传承创新、精益求精、追求完美、执着专注这种做事的态度落实到生活工作中，铸就自己人生的梦想，铸就美丽的中国梦。

课后，回顾备课、上课的过程，非常感谢周金萍校长悉心的指导，同组老师热心的帮助，出谋划策。同时这也是对我——一个工作近三十年的老教师的自我挑战和提升。这节课是我研究教学的一个小小的插曲，它为我开辟了一片崭新的学习和研究领域，这也是我此次研究的最大收获。

第二章　艺术技艺

中国传统技艺最早起源于新石器时代，有着悠久的光辉灿烂的历史。其中篆刻、剪纸、陶瓷、戏曲等门类为其主要代表。中国传统艺术是中华民族伟大的创造，闪透着五千年文明古国深厚的文化底蕴。其中的传统艺术是中华民族乃至世界的宝贵财富。中国传统艺术以其浓郁的乡土气息、淳厚的艺术内涵和生动的历史痕迹，越来越受到世界人民的喜爱和欣赏，成为人类共同的文化"大餐"。通过学生深入学习与探究，操作和实践，能够培养与提高学生的民族自信心与自豪感，从而振奋整个中华民族的精神气象与民族文化自信。

由于小学阶段学生身心发展及认知规律等特点，在学科课程安排的时候就不能过于系统与深入。更多注重的是学生的学习兴趣与认知广度。为学生开设丰富多彩的艺术课程，使学生对各个艺术门类从最初感知到逐渐产生兴趣，为以后深入学习与研究奠定基础。

本主题我们根据不同年龄学生身心特点，选择了学生喜爱的传统艺术文化课程六个案例，涉及篆刻、剪纸、面塑、陶瓷、京剧、杂剧等学科。这些传统艺术学科课程都深受学生欢迎与喜爱，是我校开展比较成功、有较为深厚积淀的课程。

篆刻艺术，是书法和镌刻结合，制作印章的艺术，是汉字特有的艺术形式。迄今已有三千七百多年的历史。在精美奇绝的古钵印案例中，学生通过自主学习充分发挥主观能动性，挖掘艺术内涵，激发创作灵感。在尊重学生感受和体验的自主性的同时，着重培养学生审美能力。通过欣赏、分析、小组研讨学习等多种方式，让学生去探究、感悟、表达。通过"文化溯源""古玺赏析""探索规律""合作探究""讲解示范""艺术实践"等环节的设置，使学生在情境、欣赏、小组合作等多种形式的学习中了解古钵印的特点，在篆刻及汉字文化的浸润中得到身心陶冶，从而培养学生篆刻兴趣、艺术实践与审美能力。

剪纸中的古老记忆案例中选取了不同地域、不同类型的剪纸作品供学生欣赏，力求使他们了解剪纸在我国的历史文化中衍化出的不同风貌。既有代表北方风格，也有西南少数民族题材。通过不同题材、不同内容、不同风格的剪纸，学生领略我国剪纸艺术的多姿多彩。教学过程中教师努力创设民族文化地朴实浑厚的艺术气氛，教学内容以由浅入深，先是自主学习环节，尊重学生感受和体验的自主性，再从剪纸文化的广度入手，逐渐挖掘传统剪纸文化的深度，使学生认识民间剪纸艺术，从而感受剪纸中蕴含的民族文化，提升学生审美能力。

面塑课程是孩子们特别喜爱的课程之一。传统面塑艺术更是蕴藏着大量的民间传统文化与人文积淀。十二生肖作为中华民族民间传统文化，源远流长，深入民心，融入每个中国人的生活中。尝试将生肖文化融于面塑教学中，以喜闻乐见的形式帮助学生在广泛的文化情境中认识面塑。通过"知其相，辩其貌""识其趣，入其境""审其美，辩其道""借其形，宽其路"等环节的设置，运用多种表现手段，使学生体会祖国民间艺术的博大精深。从传统面塑美学方面汲取营养，使学生了解面塑文化、掌握面塑技法，提升面塑文化素养与情结。真正做到对传统文化传承与弘扬。

我国是世界四大文明古国之一，在陶瓷烧造技术与艺术上所取得的成就。陶瓷是陶器和瓷器的总称。陶瓷是我国古代科技成果以及对美的追求与创造的重要载体，并形成各时代典型的技术与艺术特征。陶瓷文化案例中通过陶瓷文化的教学，引导学生了解陶瓷，透视中国陶瓷特有的历史与文化，感受陶瓷烧造技艺，突出体现大国的工匠精神，从而培养和提高中华民族文化底蕴与人文素养。通过对收集陶瓷资料的交流探究，学生初步了解陶瓷的特点，着重了解陶瓷代表俑和青花瓷，初步学会欣赏，感受其魅力，透视中国特有的历史与文化。通过了解瓷器作为文化交流的使者，为世界陶瓷做出的巨大贡献，感受中华民族的智慧，感悟大国工匠精神，增强民族自豪感。

戏曲是中华文化的瑰宝，千百年来，城市乡间，祈福祭祀、搭台唱戏，构成了中国社会最接地气的表演艺术形式。元代杂剧是在前代戏曲艺术"宋杂剧"和"金院本"的基础上发展起来的一种戏剧样式。元代元贞、大德年间杂剧的创作和演出进入鼎盛时期。案例中"戏曲""文学"双线并行，以学生的理解感知为基点，以经典剧本的赏析为主线，引导学生触摸经典，感悟元杂剧的特点。让学生在欣赏经典、小组讨论、诵读经典、学唱比拼等形式中，感受中华优秀传统文化的精髓。通过分组讨论、赏析视频、感悟文字，情感诵读等多种教学手段，走近经典，层层深入，感悟元曲的佳处；从生活实际出发，将生活与元曲建立联系，内容上整合、聚焦到元代杂剧，致敬经典。学生在"戏剧""文学"的传统文化中陶冶情操，培养学生艺术修养，文学素养，对戏剧等传统文化的产生兴趣。

　　京剧，是中国五大戏曲剧种之一，被视为中国国粹。徽剧是京剧的前身，京剧形成后在清朝宫廷内开始快速发展，直至民国得到空前的繁荣。京剧走遍世界各地，成为介绍、传播中国传统艺术文化的重要媒介。国粹京剧案例中以当前学生的知识情感价值状态来定位，以京剧的人文性、审美性、实践性魅力，弘扬传统文化艺术，在教师合理创设的教学情境下，运用聆听感受、启发诱导、展开联想、感受对比等教学方法，引导学生主动观看、聆听、感受、模仿、体验、探究，尽量让学生在本课上获得更多的知识，体验中华优秀传统文化的乐趣。

　　本章所涉及的六个课例，虽然只是洋洋中国传统技艺文化中一个具体点。其实就是管中窥豹我们所能够看到的"一斑"，这也足以能够让学生认识、感知中国传统文化的博大精深。我们通过认真地整理、挖掘，让学生在潜移默化的学习浸润中，得到身心的陶冶，情感的升华，以及民族自豪感与自信心的提升。

北京市海淀区翠微小学　王　朋

第一节　《民间面塑——生肖》教学设计及反思

教学基本信息	
教师	姚惠敏
学段	小学第二学段　三年级
教材出处	《义务教育课程标准实验教材》美术——人民美术出版社（2009 年 11 月）

一、指导思想和理论基础

　　《美术课程标准》指出：引导学生在广泛的文化情境中，认识美术的特征、美术表现的多样性以及美术对社会生活的独特贡献。学生应当了解和熟悉本国本民族的文化，在感受艺术形象显性的形式之美的同时，还要逐步开启蕴含其中的隐性的内在之美。面塑传统文化以其丰富的人文积淀和独特的生存形态，折射出民族文化的博大精深，因此，我们需要在传统与现代之间寻找契合点，在传统中融入现代审美趣味。十二生肖作为中华民族民间传统文化，源远流长，深入民心，融入每个中国人的生活中。在此基础上，我尝试将生肖文化融于面塑教学中，以喜闻乐见的形式帮助学生在广泛的文化情境中认识面塑，理解面塑文化，逐步形成文化素养。

　　怎样在传统与现代之间寻找契合点？在使学生学习和享有这项文化艺术遗产，使他们具有为现代生活增添色彩的艺术能力。基本思路是运用面塑基本形开展教学是美术教学中很有前景的艺术形式，灵活可变的形象加深了学生对各种物象形体的理解和掌握，让面塑在新的历史条件下发挥更大的视觉价值，让孩子们来继承和发扬光大面塑艺术，解决一类动物造型达到举一反三的知识迁移作用，培养学生的概括能力、夸张、创造性思维能力。

二、教学背景分析

　　教材分析

　　本课是"造型·表现"学习领域的内容。整个学习内容主要分为两大部分：

　　第一部分赏析传统的"面人""面花"作品，虽然同属面塑，但两幅佳作风格各不相同："面人汤"的"老寿星"栩栩如生、形神兼备；民间"面花"造型古拙、设色艳丽，通过欣赏，学生进一步了解面塑的主要特点，感受、体验面塑技法、基本的表现方法，同时在创作时大胆地将自己对面塑生肖的认识和感受表现出来，提高面塑的表现能力。

　　第二部分制作生肖，教材呈现的方法，是揉、捏、剪、挑、压、粘、贴等，我确定的方法主要有揉、搓、捏、压；教师以一个简单的基本造型，引导学生发现鼠、猴、兔、狗，四种不同小动物的共同造型特征，将复杂知识简单化。有效化解学生难度，引导学生学会学习，举一反三进行创作。并观察同龄学生生肖作品，感受生肖形象的动态特点，完成一件动态夸张的生肖作品。

学生情况分析：

我校一直开设面塑本课程，因此学生已具备面塑的一些基本技能。他们学习本课的优势是基本掌握捏、搓、揉、压、粘等技法，但是塑造的过程中对动物造型的认识与发挥还不够，因此，我设计此课时，重点是培养学生在运用已学过的基本技能的基础上，尝试新的技法，塑造自己喜爱的生肖动物造型，使学生对面塑的工具、技法有进一步的认识。引导学生自我探究并大胆运用技法进行面塑生肖动作夸张的创作。

教学方式：

1. 知其"相"辨其"貌"，利用图片、实物、多媒体等媒介调动学生的感官，引导学生识别基本面塑元素，为接下来的学习、赏析、创作打下必要的基础。

2. 识其"趣"入其"境"，抓住面塑教学中有趣的情节、片段、故事等等，帮助学生进行欣赏，并结合绘画、表演等形式，加深理解、渐入佳境。

3. 审其"美"辨其"道"，牢牢抓住它的美感，在面塑欣赏，创作的过程中，注意儿童的认知规律。兼顾合理性与层次性，逐步帮助学生形成良好的面塑学习素养。

4. 借其"形"宽其"路"，不停留在简单的捏塑上，让传统艺术吸引孩子们的"眼球"，还要注意运用多种表现手段，借面塑之形，拓宽教学路子，拓展面塑所涉及的领域，让学生体会祖国民间艺术的博大精深，从传统面塑美学方面汲取营养，真正做到对传统文化传承与弘扬。

教学准备：教学课件、自制彩面、拨子、展板等。

三、教学目标（含重、难点）

教学目标：

1. 知识与技能：初步了解面塑艺术，运用揉、搓、捏、压等基本技能，尝试借助基本造型结合动态塑造自己喜爱的生肖动物造型。

2. 过程与方法：通过观察比较，认识面塑的造型特点，引导学生创造个性化的动物生肖作品。

3. 情感态度价值观：欣赏面塑作品，感受面塑独特的魅力，增强对民族民间传统文化的探索欲。

教学重点：探讨基本造型结合动态做生肖动物的方法，进一步渗透面塑文化知识，提高面塑审美能力。

教学难点：基本造型与动态结合做生肖动物的应用。

四、教学流程图

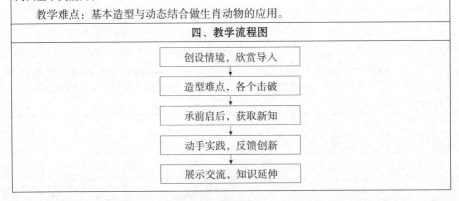

创设情境，欣赏导入

造型难点，各个击破

承前启后，获取新知

动手实践，反馈创新

展示交流，知识延伸

《民间面塑——生肖》教学过程

一、创设情境，欣赏导入

1.生肖歌导入，了解12生肖

2.简介生肖

我国从汉代开始就有了生肖，这说明它历史非常的悠久而且有中国特色，民间工艺美术家也通过各种形式来表现这些可爱的形象。（出示课件，剪纸、泥塑等生肖工艺）今天这节课，我们就来学习用面塑的形式表现生肖。

板书课题：民间面塑——生肖

【设计意图：把握3年级儿童心理特点，创设情境激发学生的兴趣，了解传统文化。】

3.佳作赏析

（1）面塑大师汤子博先生作品——寿星

提问：这件作品哪最吸引你？

汤子博是一代面塑大师，人称"面人汤"。他最擅长戏曲人物的捏塑，开创了核桃面塑。他的作品主要风格形神兼备、设色雅致、造型大度。

（2）欣赏面花《狮子头》

面花也叫花馒头，是农村劳动妇女制作，在民俗节日、婚丧嫁娶中互相馈赠的礼物，它色彩鲜艳、造型夸张，既可以欣赏也可以食用。

【设计意图：欣赏书中的面塑作品，了解精美造型和色彩都体现了面塑艺术独特的魅力。学生通过欣赏，关注面塑表现内容，唤起他们对已有的知识技能和灵活多变的面塑手法的回忆，最终总结面塑手法，起到承上启下，温故而知新的作用。】

板书：揉、搓、捏、压、粘

二、造型难点，各个击破

1.设疑引技：老师用搓的方法，做了一个基本形？是什么基本形呢？它能用来做什么？你能发现这个造型藏在哪个生肖形象中吗？

小结：老师用了一个基本形，稍加变化，就能变出四个小动物。

【设计意图：以一个简单的基本造型，引导学生发现鼠、猴、兔、狗，四种不同小动物的共同造型特征，将复杂知识简单化。有效化解学生难度，引导学生学会学习，并举一反三进行创作。】

2.发现相似点：观察实物，这几个小动物在造型上有哪些地方相似？

学生活动：从造型上分析（1）身体造型相似；（2）四肢动态相似。

3.发现不同点：虽然外形相似，但还是有很多不同的地方的？

根据学生回答设问：头是什么型？抱的是什么，为什么抱这些？

学生活动：找不同（1）头；（2）尾巴；（3）腿；（4）抱的东西。

简单讲解抱的东西的民间寓意。例：花生多子多福；桃子取其寿，灵猴献寿；狗抱元宝给学生发挥的机会。

【设计意图：教师引路，引导学生用眼睛去发现小动物的造型特点，根据学生的心理特点，采用活泼有趣的教学手段，创设出和谐愉快的教学氛围。】

三、小组研究，获得方法

1.小组研究：

1组、2组：你能试着做个小动物的头吗？

3组、4组：小兔和小狗的尾巴怎么表现呀？

5组、6组：小动物怀里抱着什么？你能尝试着做一做吗？

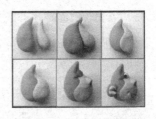

学生活动：尝试做小动物的头、尾巴、抱的东西。

【设计意图：将难点分散，充分给学生机会，让他们真正成为课堂主体。为解决难点做铺垫，通过学生自主实践，在不知不觉中很好地掌握动物的特征和基本形态。】

2.小组尝试后，请学生派代表用自己的语言进行评述。

学生活动：在学生说小动物头的制作方法时，教师简单讲解头的做法。教师在技法上举一，引导学生在实践中反三。

【设计意图：教师参与学生的小组交流，使生生之间取长补短，引导学生关注不同的面塑方法。把尝试中获得的知识、经验和老师、同学分享。】

四、教师示范，反馈创新

1.教师示范，突破难点。根据学生反馈出的问题，教师示范制作过程。

【设计意图：作为技法很强的面塑，适当的示范，使学生能够直观地观察和体会技法使用的窍门之处，增进理解。】

2.动手操作，提出作业要求：运用今天学习的技法，尝试表现一个动态夸张的小动物。

3.操作中有困难可以相互请教。

五、展示交流，提升技能

学生将作品挂在"丰收园""创新园"中。

自评：说说自己作品哪里最巧妙？为什么？

互评：谁的作品给你的印象最深？为什么？

由此引导学生评价的角度：造型、技法、色彩。

再评价老师做的面塑：夸张的动作神态，颜色的恰当运用，技法的熟练高超。

让我们一起来欣赏同学们创作的立体面塑作品，提出修改意见，动手修改。

【设计意图：以评价促发展，学生自我评价、生生评价、教师评价，使学生在交流中对于面塑的理解得到提升。】

六、板书设计

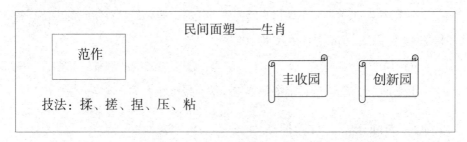

民间面塑——生肖

范作

丰收园　　创新园

技法：揉、搓、捏、压、粘

《民间面塑——生肖》教学反思

面塑是孩子们最喜欢的课程之一，它充满美感，充满情趣，每当孩子们制作成一个小作品，心里就充满了成就感，很得意。孩子们在学校做了还不满足，回家还继续做，甚至用很笨拙的技法去教家人，以此来显示自我。

这门课程在目标上，我力求定位准确，让孩子们在操作体验中感受传统文化的美和趣，在操作体验中动手动脑，在操作体验中实践创新，在操作体验中感受自我的成长。它不再是单纯地训练技艺，而是通过这种技能训练，积淀知识和修养，激发学生的创新思维，提高审美境界。我认为，它早已超脱了学科视角，上升到"完美学生人格"的高度，直指人的和谐、圆满发展。

在课程内容上，我收集了相当丰富、经典的材料，保证学生观察的都是高品质的示范作品。学习内容有情趣、成体系，又非常生活化，所以孩子们喜欢；在教学方式上，我更注重学生观察和发现，两者建立联系，不断练习操作，让学生在操作体验中感受技能学习的难度和精心构思的创意；在评价中，我更重视学生的自评和互评，从而获得面塑学习的方法，进一步提升面塑水平。

这节生肖面塑课充分体现了课程理念，孩子们不仅获得了生肖的传统文化知识，还满足了动手创作的欲望。孩子们兴趣十足，又专注投入，研究着、发现着，体会到现鼠、猴、兔、狗四种不同小动物的身体造型、四肢动态的共同特征，又能比较出它们的不同，为下一步动手制作奠定知识基础。在老师示范时，孩子们全神贯注地观察，动手比画，跃跃欲试地想动手亲自做。操作中有困难还相互请教并让老师不断示范，尽心完成自己的作品。每个孩子将作品展示出来，自评、互评，体会面塑的造型、技法、色彩，并从这几个方面的不足来完善自己的作品。孩子们的作品的确呈现了生肖不同的造型、颜色搭配，不同的技法创新，富有个性的作品充分展示了孩子们的内心世界和对世界的理解。虽然技法上还稚嫩，但重要的是孩子们喜欢，不仅感受到了面塑的神奇，还感受到自己双手的创造力。这种情趣会引发孩子持久的学习和发展。

本课程设计与实施的最大特点是将传统文化与儿童情趣结合，确定了系列化、生活化、儿童化的充满美感的学习内容。面塑的技法是在作品制作中学习，而不是枯燥无味地练习，揉、搓、捏、压等基本技能是奔着作品去学，这样目的性和情趣性更强，学生的学习更有动力。作品构思要充分尊重孩子的想法，在多元评价中引导学生体会面塑的造型、技法、色彩，并从这几个方面来完善自己的作品。

通过面塑技能的训练，积淀知识和修养，激发学生的创新思维，提高审美境界，与"培养明德笃行的阳光少年"一脉相承。

第二节 《剪纸中的古老记忆》教学设计及反思

教学基本信息	
教师	朱景毅
学段	小学第二学段　六年级
教材出处	《义务教育课程标准实验教材》美术——人民美术出版社（2009年11月）

一、指导思想和理论基础

　　本课是"综合·探索"领域的一个内容。本教学设计融入审美与传统文化教育为指导思想；以提高传统文化素养、传承中华民族优秀文化为基本目标；以学生为中心，面向全体学生，强调学生对知识和规律的主动探索与建构。关注学生学习过程中的认知表现，使学生逐步形成对中国剪纸的认识与理解。

　　在教学活动中对学生进行中华优秀传统文化教育，提高学生的文化素养和提升学生的道德修养。通过民间剪纸的学习与制作，了解是劳动人民为了满足精神需要而创造并在劳动阶层中应用和流传的抓髻娃娃。体现了人类艺术最基本的审美观念和精神品质。透过解读先人，解读历史，使学生在剪纸的艺术中领略民族传统文化的神韵。传统文化作为人类的宝贵遗产，应该在我们的手中保护和传承下来。

二、教学背景分析

　　教材分析：

　　教材中着意选取了不同地域、不同类型的剪纸作品提供学生们欣赏，力求使他们了解剪纸在我国的历史文化中衍化出的不同风貌：既有代表北方风格的山西《拉手娃娃》《抓髻娃娃》，也有西南少数民族题材的《姜央射日》《蝴蝶妈妈》、希望通过这些不同题材、不同内容、不同风格的剪纸，使学生领略我国剪纸艺术的多姿多彩。抓髻娃娃是剪纸人物题材中最常见的一种，在以山西、陕西为代表的北方农村的民间传说中，抓髻娃娃是一种保护神，也是繁衍之神。它的造型非常具有典型性。抓髻就是把头发梳起来的意思。抓髻娃娃有男性也有女性，一般手抓鸡、鱼、莲花等吉祥图案。

　　学情分析：

　　六年级学生对剪纸艺术并不陌生，因为在低年级曾经学过剪窗花、吉祥图案、等课程，本课是在学生有一定的基础之上学习剪纸人物抓髻娃娃的制作。通过鉴别、阅读、欣赏、比较、探究、评述、实践学习等过程互助学习和促进。六年级学生已有较多的生活经验和知识的积累，因此在教于学的过程中充分发挥学生的自主性，调动学生的积极性。

　　教学方式与教学手段：

　　本节课的教学方式通过自主学习的方式，充分发挥学生的直觉性，挖掘艺术灵感。尊重学生感受和体验的自主性，以着重培养学生审美能力为重点。教师努力创设朴实浑厚的民族文化艺术气氛，教学内容由浅入深，从剪纸文化的广度入手，逐渐挖掘剪纸的深度。

续表

三、教学目标（含重、难点）
教学目标： 　　1. 欣赏不同风格、不同题材的剪纸，了解剪纸的造型特点与艺术特色、历史及发展。 　　2. 了解抓髻娃娃的造型特点及艺术特色。学会运用剪纸的基本技法制作剪纸作品并结合自己喜欢的形象设计制作抓髻娃娃的剪纸。 　　3. 唤起学生对民间剪纸艺术的热爱；使学生认识民间剪纸艺术，从而感受剪纸中蕴含的民族文化。 　　教学重点：通过欣赏不同风格、不同地域的剪纸，感悟风格多样的剪纸文化及艺术特点。 　　教学难点：对抓髻娃娃特点的把握及对背景文化的了解
四、教学流程图
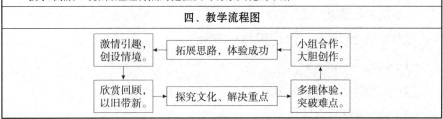

《剪纸中的古老记忆》教学过程

一、激情引趣、悬疑探究

1. 出示对马团花：距今一千多年的北朝的剪纸残片（中国最早的剪纸残片）。利用幻灯片播放具有文物价值的《对马》残片，让学生猜一猜残片上有什么形象。

2. 将残片复原，展示给学生欣赏。精美的一千四百多年的剪纸团花对今天的学生应该是一种震撼。激发学生的好奇心。

【设计意图：展示中国剪纸文化中最早的千年《对马》剪纸，让学生了解剪纸文化的悠久历史，以欣赏勾起回忆，唤起学生已有的剪纸记忆，激发其好奇心和参与热情，从而为之后的创作进行铺垫。】

二、欣赏剪纸，自由探索

1. 活态文化。

组织学生读书，通过自学查找，从书中寻找答案。

【设计意图：通过阅读了解剪纸是非物质文化遗产，是口口相传的活态文化。剪纸文化来源于一代代乡间妇女的巧手。它根植于劳动人民深厚的生活土壤中，体现了人类艺术最基本的审美观念和精神品质，极具生活情趣。也正是由于剪纸工具材料简便、表现题材应民情风俗而存在，才使得它深受广大人民群众的喜爱。】

2. 剪纸文化题材广泛。

欣赏多幅剪纸作品，体会题材的多样性。

（1）民俗《回娘家》。

（2）民间故事《老鼠娶亲》

（3）传统文化生育《兔》

（4）生活实际《唠嗑》

【设计意图：通过欣赏评述，使学生了解剪纸源于田间地头、窗前灶下，表现了人们喜闻乐见的事物，体现了表现题材的丰富性、广泛性和艺术想象力。】

3. 观察对比，体会南北风格不同的剪纸。

【设计意图：通过观察比较和以往的生活经验，辨别剪纸的南北两大流派。北方剪纸粗犷朴拙，天真浑厚；江南剪纸精巧秀丽、玲珑剔透。】

三、了解文化、增强内涵

1. 抓髻娃娃的意义。

髻：字面意思：把头发梳起来。双关语、谐音：世俗文字游戏的盛行，"抓髻娃娃"进一步世俗化，发展为"吉"。

2. 抓髻娃娃的象征意义。

小组合作：讨论研究抓髻娃娃吉祥如意的象征意义。是怎样表现出来的？

学生欣赏画册中的剪纸作品，理解斗鸡、鱼、莲花灯象征的意义。

吉（鸡）庆（磬）有余（鱼）"（胖男娃娃和鱼鸡的结合），"连（莲）年有余（鱼）""连（莲）生（笙）贵子"（胖男娃娃和莲鱼的组合）。这是象征繁衍子孙的人形剪纸。作为民族繁衍之神的抓髻娃娃，它们表达了人们"生生不息"的美好愿望。还有作为民族保护神的抓髻娃娃，鸡和作为太阳象征的金乌一样，是生命的象征。民间流行的"抓髻娃娃"，把头上的抓髻大胆、夸张地变形为两只鸡，并且在分举于左右的两手上和翘起的两侧衣角上也站着鸡。"抓髻"即"抓鸡"，"髻"又与"鸡"谐音，不能不说是一种绝妙的艺术构思。

【设计意图：教师将探究的自主权交予学生，通过生生互动，出示生活中的实物，展开探究，不断地激发学生探寻美、发现美的意识。】

四、模仿动态、多维体验

1.抓髻娃娃的动态特征。

学生：学一学，动一动，模仿抓髻娃娃的动态。

外形：正面站立，圆头，两肩平张，两臂下垂或上举，两腿分开，手足外撇。

2.抓髻娃娃是什么图形？

左右对称图形。

【设计意图：由老师提供一个有趣的刺激，让学生以不同的方式参与，体会剪纸艺术的奇妙。】

五、创作实践，个性表现

1.演示。

学生观察学习抓髻娃娃的剪制。教师边剪边讲解构思、构图、特点表现、细节刻画及使用的剪纸语言的表现。

2. 拉手娃娃的剪制。

引导学生利用旧知识二方连续解决新知识。

3. 学生作业。

要求：自己设计剪制一个抓髻娃娃，在传承传统技艺的基础上，力求赋予抓髻娃娃新时代的寓意。小组合作将抓髻娃娃装饰在树上。

【设计意图：通过动手操作，让学生观察、模仿、创作，感受剪纸艺术在今天生活中的传承。】

4. 欣赏评价。

欣赏和发现，将抓髻娃娃与生活常用的物品结合起来。

【设计意图：通过动手操作，让学生观察、模仿、创作，感受剪纸艺术在今天生活中的传承，体会到艺术与生活的紧密性，体验美术创作的乐趣。】

六、板书设计

```
            剪纸中的古老记忆
              剪纸文化
              活体文化
              题材广泛
              南北风格


           ┌──────────────┐
           │   抓髻娃娃     │
           └──────────────┘
```

《剪纸中的古老记忆》教学反思

《剪纸中的古老记忆》是一课"综合·探索"领域的课程。"综合·探索"领域的课程多是美术各学习领域的交叉或与其他学科、社会相融合的，所以这些课程比起其他领域内容更为丰富多彩。让学生在广泛的美术文化氛围中学习美术。在教学设计中，我重点是让学生从单纯的学习美术技能技巧的层面发展到学习美术文化的层面。

一、教师演示的作用

教师的演示让学生很直观地了解技巧和方法。但是应该注意的是，不能把学生教"死"了，没有创造性。从简单常用、趣味性强的图案着手，一一示范，让每位学生都看清剪纸的方法技巧，并一环扣一环，这些方法既直观又简练，学生看得见，印象深，能产生较强的感受与共鸣，难点也就迎刃而解了。在学习剪纸的过程中，通过临摹、创作等手段提高学生自主学习、创新能力，锻炼学生的创造力、想象力、表现力和观察记忆能力。同时也是培养学生动手动脑的能力、脑与手有机结合的协调能力。让学生在学习基本的技法后，鼓励学生大胆创作，从中体会剪纸艺术的博大精深，了解剪纸的情趣。临摹在美术教学中还不可少的，但是很容易就限制了学生的思维，教出来的学生都是一个模式，画出来的作品都与老师的相像，没有融入自己的东西。这应该是我们美术教师特别注意的一点。

二、感受剪纸中蕴含的民间文化

了解剪纸的历史、发展、造型特点及艺术特色。综合·探索课的活泼多彩，主要是通过不同题材、不同内容、不同风格的剪纸，学生运用所学，结合自己喜欢的形象设计制作。因为有了开放的、富有情趣的、生活化的课程内容，自然就给学生提供了可以亲身体验、感受、用多种器官参与学习的机会。这也为学生灵活运用各学科知识进行探究、综合学习提供了机会，所以老师一定要抓住这个机会，利用身边可运用的教育资源，设计灵活多样、生动有趣的教学手段。如学习《剪纸中的古老记忆》一课时，我们可以组织学生鉴别千年剪纸残片、查找活体文化、讨论剪纸文化、实践剪纸技法等，既激发了兴趣，又丰富了我们的学习方式。当然也可以根据具体内容与其他相关学科、社区、学校的艺术节、传统节日相结合……学生从一次活动的参与完成中的收获、进步往往要比平时的学习大得多。另外，在学习过程中应多鼓励学生进行综合性与探究性学习，关注过程，让学生逐步学会合作学习。如请学生自由结合访问，调查剪纸的历史，探寻自己身边的剪纸高手等。此外，我们的教学应再少一些严肃、枯燥，多一些轻松、幽默；少一些苛刻与斥责，多一些宽容与等待；少一些单纯的技法练习，多一些有趣的创作应用，让美术与现实社会，与学生的生活结合得更加紧密，让学生在掌握一定技能的基础上能自由地选择自己喜爱的物像进行剪纸。从兴趣出发，增强学生的主动性，提高学生学习的兴趣，增强学生主动探索的欲望。

三、要正确对待学生的每一幅作品

这些作品都凝聚着学生的心血，作为教师要用欣赏的眼光去看待学生，不能只注重作品本身的水平及质量，要用发展的方式评价学生，这样会让他们精益求精，做得更加完美。这是美术课课堂教学的延伸和拓宽，不仅促进了学生的身心发展，让学生在活动中受到美的熏陶，而且还发展了同学们的创造力，更重要的是保护并继承了中国的传统艺术。在作业展示环节中我设计了一个娃娃树，每个小组完成树的一部分，学生将自己的剪纸作品挂在树上，最后全班同学合作完成一个大型的艺术创作。

在剪纸教学活动中，激发学生学习剪纸的兴趣，形成良好的学习习惯和创新意识，也是培养学生的耐心程度。在教学环节的设置上，根据学生的身心发展水平由浅入深、由易到难，有目的、有系统地不断提出新的要求，使学生逐渐提高剪纸技能和审美观。

通过《剪纸中的古老记忆》的学习，学生了解体验了中国民间文化的设计与创作，加深了对中华优秀传统艺术的热爱和尊重。

第三节 《精美奇绝的古钵印》篆刻教学设计及反思

教学基本信息	
教师	王朋
学段	小学第三学段　六年级
教材出处	《金石心印——篆刻入门》——北京师范大学出版社（2012 年 10 月）
一、指导思想和理论基础	

  本教学设计是以《美术课程标准》为指导思想，以提高学生动手实践能力为基本目标，以设计、镌刻实践为基本途径，适度融入篆刻审美与汉字文化教育。以学生为中心，面向全体学生，强调学生对知识和规律的主动探索与建构。关注学生学习过程中的认知表现，使学生逐步形成对篆刻知识和规律的认识与理解。

二、教学背景分析

教材分析：

  纵观本教材 1—6 单元为基础篇，7—10 单元为提高篇。本课教材内容属于基础篇中的第五单元综合运用部分的第 3 课。

  第 17 课学习的是精美奇绝的古钵印，本课中"计官之钵""右司马"为官钵，两方"大吉昌内"为吉语钵。"王武""王幻""长午" 3 方印章为私钵。"宋正"等 4 方印是让学生直观了解战国"阔边小钵"的实际大小。"长汀"等 6 方印章是近现代篆刻家的作品，"学生作品"是让学生了解与他们同龄的学生所刻印章的水平，以增加学生的认同感与自信。"精美奇绝的古钵印"一课的学习要点是：阔边、细朱文。

学生情况分析：

  学生已有知识：翠微印社的学员主要由两部分组成。一部分学生是从三年级开始学习的，已经有了近 2 年的学习经历，也是印社的骨干力量；另一部分学生是四年级开始加入的，有将近 1 年的刻印基础，是印社的生力军，其中不乏佼佼者。

学生可能出现问题：

1. 古钵印的边框不够粗。

2. 细朱文文字不够细。

  因此，本课拟以"王武""王幻""长午"为例，重点分析、讲解与练习。小组合作分析"王幻"一印。鉴于学生有一定的篆刻基础，本课还安排了制作印谱环节。使学生在学习整个过程中体验学习篆刻的乐趣。

  教学方式：本节课的教学方式以自主学习，以充分发挥学生的直觉性，挖掘艺术灵感。尊重学生感受和体验的自主性，着重培养学生审美能力为重点。通过欣赏、分析、小组研讨学习等多种方式，让学生去探究、去感悟、去表达。

  教学准备：学生篆刻用具 40 套、教师示范用具 1 套、PPT 课件、电脑、投影机、视频展台。

续表

三、教学目标（含重、难点）
教学目标： 1.知识与技能：通过本节课的学习，使学生了解古钵印的特点，初步掌握这类印章篆刻技能。 2.过程与方法：通过本节课的学习，使学生在情境、欣赏、小组合作等多种形式中初步掌握所学的知识。 3.情感态度价值观：通过本课的学习，使学生在篆刻及汉字文化的浸润中得到身心陶冶，从而培养学生篆刻兴趣。 教学重点：古钵印的特点。 教学难点：阔边小钵的设计与镌刻。
四、教学流程图
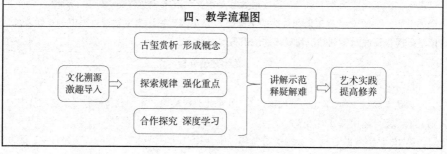

《精美奇绝的古钵印》篆刻

一、汉字典故，识篆解印

（一）成语典故，止戈为武

出示：楚庄王像图片，并介绍《左传》中的两句对话。引出"止戈为武"这一成语。

教师对这一成语的意思做简明解释。

（二）体会字义，寻根溯源

出示课件"武""止""戈"三个字的演变过程，并对字、词意思作简要说明。

辨析"王武"一印的文字内容，从而引入本课课题后段"古钵印"。进一步解析"长午""王幻"二印。

【设计意图：了解古代名人名言，提高学生汉字文化素养及识篆能力，通过汉字源流的学习激发学生学习篆刻的兴趣。】

二、古钵赏析，开阔眼界

（一）赏析官钵

计官之钵　　　　　　　　　右司马

提问：这两方印章有什么不同？

学生认真观察比较并说出这两方印章的区别。

教师小结两方官钵的特点，并让学生体会"官钵"的朱白、大小等，让学生建立直观印象。

【设计意图：通过对古钵中官钵的赏析，提高学生对古钵印的认识。认识官玺的规范、严谨之美。】

（二）欣赏私钵、吉语钵、杂形钵

吉昌内　　　　　　西方疾　　　　　悲

教师让学生依次观察、吉语钵、杂形钵等印章。

提问：这也印章有什么特点或区别？

教师小结战国古钵在朱白、边框、大小、外形等诸多方面的不同，

【设计意图：通过本环节的设计使学生进一步体验古钵之美。体会古钵中

官钵的严谨规范与私钵、杂形玺从形式到内容的无穷变化。】

（三）重点分析　探索规律

1. 提问：这两方印章的边框有什么不同？

杨越　金煜　刻　　　　　　王武　私钵

学生认真观察比较并说出这两方印章的区别，明确古钵印的"宽边"特点。

教师小结并板书：阔边。

2. 教师：这方的大小相差悬殊，小印才是这方古钵的本来面目。这方1厘米左右见方小印在"阔边"的强烈对比下越发显得里面的文字纤细。虽印文细若毫发但却似乎能够承载千钧之力！

学生在教师的引导下认真观察比较，体会阔边、细朱文的魅力。

教师小结并板书：细朱文、阔边小钵。

【设计意图：通过"元朱文"与"古钵"的对比分析，使学生进一步认识古钵边框与文字的特点，准确把握古钵印风格特征。】

（四）悖例分析，合作学习

王幻　　　　　　　　王幻（悖例）

出示课件与下发学生合作学习资源。

学习内容：深入分析两方印章的区别，并深入讨论哪一种更符合篆刻审美。

教师明确提出分组方法与小组合作探究学习的要求。

学生分组探究活动。由组长组织本组同学深入讨论与研究。填写"研究汇报单"，推选出代表进行学习探究结果汇报。

教师在学生小组合作探究活动的过程中，深入到小组中，及时了解讨论情况，及时对课堂生成进行反馈与处理。

学生分组进行合作探究结果进行展示交流与反馈。

教师在学生代表进行汇报的过程中关注全体学生，对代表汇报结果进行全班同学的反馈与统计。

教师总结评价学生各组代表发言。

【设计意图：通过学生分组讨论学习，观察讨论"悖例"与标准古钵印的区别，提高学生对古钵印风格特征的认识，体验古钵印文字与形式之美。】

三、教师示范，摹刻古钵

1.教师在印面有针对性地进行示范篆、刻"王幻"一印，在篆与刻的同时强调要点。

2.学生认真观察教师示范书写，在教师引导下找准重点笔画在边框内格中的位置。

【设计意图：通过教师示范书写，提高学生对范字的认识，强化例字的结字方法。】

王幻

四、艺术实践，互动展评

1.教师提出艺术实践要求：

（1）临摹"阔边小钵"。

（2）文字线条要细而坚挺。

2.结合教师示范与小组研究分析结果，选择自己喜欢的一方古钵，在音乐的伴奏下进行尝试摹刻。

3.教师巡视辅导，对于普遍存在的问题集体辅导。

4. 学生摹刻完成后钤印在作品纸上并进行自评与互评。

5. 优秀作品展示、互评。

6. 教师小结本课内容。

【设计意图：考查学生对古钵印风格特点认识与把握。提高学生书写印稿与镌刻印面的基本技能。评价能够发现自身不足，激发学生之间互相学习，形成榜样作用。作品钤印与展评能够进一步激发学生对篆刻学习的兴趣，体会古钵印之美，提高学生对于篆刻的审美能力。】

五、板书设计

精美奇绝的古钵印

阔边　　　　细朱文

阔边小钵

《精美奇绝的古钵印》篆刻教学反思

篆刻作为我国文化宝库中的一颗璀璨明珠，以其艺术文化底蕴深厚，涵盖了德育、美育、智育多方面的教人功能。将篆刻课程引入小学课堂教学之中，目的不止在于让学生了解篆刻知识，学习篆刻技术。更重要的在于帮助学生在篆刻学习中涵养艺术底蕴，同时能够在享受艺术熏陶的同时领略我国优秀的民族文化，积极参与文化的传承。本课教学在进行设计的过程中经过缜密思考、反复修改，设置了多个必要的课堂教学环节以期得到较好的教学效果。本教学设计主要有以下三个方面值得谈一谈，以期抛砖引玉。

一、汉字溯源在篆刻教学中的作用

篆刻艺术是书法、章法、刀法三者完美的结合。篆刻其实可以理解为书法的特殊形式。其特殊之处主要表现在与书法载体不同，所使用的文字为篆书。广义的篆书主要包括：甲骨文、金文与小篆。本节课为古钵教学，所使用的文字为"金文"。汉字从最早的成熟汉字甲骨文发展到今天，已经有三千多年的历史，其演变过程由甲骨文到楷书经历了及其复杂的过程。小学高年级虽然对书法有了一定的了解，但对于金文比较陌生。因此本节课中有意识的以汉字溯源导入主题是比较有利于学生准确理解古钵印之美。

篆刻教学介于书法与美术两门学科之间，既有对汉字的探究，又有着对美感的追求。通过汉字演变的了解，一方面可以启发学生展开想象和联想，提高观察造型能力，从而有利于印稿文字结构的把握，培养美学素养。另一方面，在实际教学中，依据汉字演变不仅可以进行识字写字外，还可以在教学中依据汉字演变，解析汉字，渗透中国传统思想教育，加深对悠久丰富的中华文明的情感。通过对汉字的欣赏，提高文化素养和审美情趣。提高学生的篆刻综合素养。

二、古玺教学在篆刻学习中的作用

篆刻教学中都以"印宗秦汉"为篆刻的不二法门。其中的"秦"所指的是"先秦"。

古钵是秦统一以前印章的概称，上可远溯三代，盛于战国。古钵印文为金文（大篆），较难识别。"三晋"的朱文古钵多为铜质铸印，其印文细如毫发，尺寸较小且配以宽边，因此也称"阔边小钵"。白文古玺大多加边栏，文字有铸有凿。古钵中以"阔边小钵"文字最为可爱。

小学阶段的篆刻教学之所以安排比较难于识别的古钵教学，主要是考虑到其有三个重要特点。首先，古钵的精美表现在先秦工匠的自由创造精神与工艺水准的游刃有余。其次，是没有后来的自上而下的严格的玺印制度。最后，则是古钵所用文字为金文。其字形有着多变的外廓，可以方便地对它从不同方向，作不同幅度的变形、摆动、伸缩与扭曲而不出现丝毫的牵强做作。古玺的阔边具有强烈的视觉冲击了与形式感。古钵印面形式变化极为丰富，充分地展现了当时崇高个性与形式的审美取向；由于文字的演变、分化及诸侯割据等，使钵印文字与风格呈现出明显的区域色彩。

在本课教学设计实施过程中，充分考虑学生已有知识技能水平，将学生带入东周战国的历史文化情境中，凸显战国古钵在中国印学史上的重要性。

三、合作探究在篆刻教学中的作用

合作学习是新课程背景下一种重要的学习方式。新时代的篆刻教学当然也应与时俱进，有效利用合作探究使学生在篆刻教学中进行深度学习。学生合作探究学习是以小组为单位，以团队合作的形式，利用已有知识对学习任务与资源进行深度学习的有效方式。这种教学理念与策略能将课堂认知与情感功能充分发挥，促进学生之间的交流，有效提高学生课堂学习效率。

篆刻教育是多元的，学生也有多元的思维，小组合作深度探究时，教师合理评价学生的学习成果是相当重要的，对表现好的学生给予表扬和鼓励。篆刻教学属于美学的范畴，通过合作学习，不断对学生的审美能力进行塑造，陶冶他们的情操，提升他们的审美能力。

综上所述，在本节篆刻教学中通过多种教学手段与形式，让学生了解古钵印的不同功用、艺术风格，力求对古钵印风格特点有更深一层的认知，为后面的临摹铺垫。在巩固冲刀刻法的同时，增强学生对线条转折处的表现力。为更好地解决重难点，从学生已有篆刻经验出发，着重思考印面边框、文字、线条转折处的刻法。本课教学设计在实施过程中呈现出了较好的教学效果，就学生完成作品情况来看，基本掌握了所学内容，知识与技法的应用也得到印证。

第四节　《元代杂剧》教学设计及反思

教学基本信息	
教师及指导教师	谢英、周金萍
学段	小学第三学段　六年级
教材出处	《中华优秀传统文化》——北京师范大学出版社（2015 年 12 月）

一、指导思想和理论基础

　　中华传统文化，是中华文明成果根本的创造力，是民族历史上道德传承、各种文化思想、精神观念形态的总体，正如习近平曾说的"优秀传统文化是一个国家、一个民族传承和发展的根本，如果丢掉了，就割断了精神命脉。"

　　戏曲是中华文化的瑰宝，千百年来，城里乡间，搭台唱戏，构成了中国社会一道独有的文化风景线，以其独特的艺术魅力，为广大人民群众所喜闻乐见，在中华民族漫长的历史长河中绽放着夺目的光彩。戏曲是最为集中体现中华传统文化的艺术形式，吸收融合了诗歌、音乐、舞蹈、美术、服饰、武术等各种文化艺术精华，展现着独特的中华审美风范。是人们追求美、感受美、欣赏美，最直接、最愿意接受的艺术形式之一。

　　本教学设计是以《完善中华优秀传统文化教育指导纲要》为指导思想，以提高传统文化素养、传承中华民族优秀文化为基本目标，以课堂为依托，以学生的发展为中心，关注学生探索发现的过程，在教学活动中师生共同接受传统文化艺术的熏陶，通过多种学习方式，引领学生走近传统文化，赏元曲之美，品杂剧精华。

二、教学背景分析

　　教材分析：

　　本课选自北京师范大学出版社的《中华优秀传统文化》六年级下册，本课选自第三单元艺术篇"梨园飘香"主题下的第一模块——"元代杂剧"。这个单元还包括《明清戏剧》《国粹京剧》《地方戏曲》。元代杂剧这一课共七个板块儿，其中"经典导读""日积月累""思考实践"涉及了元杂剧的内容；而"文化雅苑""诗词长廊""汉字寻根"介绍了散曲的内容。杂剧与散曲构成了中国文学史上与唐诗、宋词，并称的元曲。本课将以经典原文为核心，聚焦元代杂剧，感受元曲自然之美。

　　这课因是本单元的起始课，对于"梨园""戏曲的发展史""单元内容的安排"首先要给予交代，这样学生才会理清教材结构，才能更好地理解这课的内容。要让学生能通过元杂剧的几大名篇，理解"经典原文"中传统文化大师王国维对于元曲的评价，从而感悟到元杂剧的特点。通过"日积月累"欣赏积累名篇《窦娥冤》中的经典段落。"思考实践"拓展延伸对元杂剧名篇《赵氏孤儿》的欣赏。"诗词长廊"初探"元散曲"的特点。

　　学生情况分析：

　　学生已有知识：通过课前调查问卷了解到部分学生对于"国粹京剧"相对来说要知道一些，而对于曲四大家背诵过常识，元代杂剧中的《窦娥冤》也只知其一不知其二。对于"诗词长廊"中的《朝天子·咏喇叭》学生基本都能熟练背诵，理解诗词的大概意思。

学生可能出现问题：

1.元杂剧的剧本结构的不理解。

2.元杂剧的几大名篇内容比较陌生。

3.《窦娥冤》经典段落不理解。

我的思考：本课"戏曲""文学"双线并行，以学生的理解感知为基点，以经典剧本的赏析为主线，引导学生触摸经典，感悟元杂剧的特点。让学生在欣赏经典，小组讨论，诵读经典，学唱比拼等形式中，感受中华优秀传统文化的精髓。

教学方式和手段：本课拟通过分组讨论、赏析视频、感悟文字，情感诵读等多种教学手段，走近经典，层层深入，感悟元曲的佳处；从生活实际出发，将生活与元曲建立联系，内容上整合、聚焦到元代杂剧，致敬经典。

三、教学目标（含重、难点）

教学目标：

1. 通过本节课的学习，使学生初步了解"梨园""戏曲的发展史"；掌握"元杂剧""元散曲"的特点，感受中华优秀传统文化的魅力。

2. 通过本节课的学习，使学生在赏析、小组讨论与探索实践活动等多种形式中初步了解、感知所学知识及特点。

3. 通过本课的学习，使学生在"戏剧""文学"的传统文化中陶冶情操，培养学生艺术修养、文学素养，对戏剧等传统文化产生兴趣。

教学重点：学习经典原文《宋元戏曲史》，了解元杂剧经典四大悲剧名剧，四大爱情名剧的故事内容。

教学难点：借助经典名剧了解元杂剧在中国灿烂的传统文化中的历史地位。

四、教学流程图

一、生活切入，了解戏曲历史

（一）杂剧及结构表演特点

二、聚焦杂剧，感知元曲魅力

（二）寻踪觅迹感知盛况

（三）亲近经典了解佳处

三、回扣重点，加深元曲认知

（四）欣赏散曲感受佳处

《元代杂剧》教学过程

一、生活切入，了解戏曲历史

1.假期的娱乐活动有哪些？

2.介绍梨园及相关常识。

【设计意图：通过日常生活中的娱乐形式，感受戏曲离现实生活并不遥远，而是和人们的生活息息相关。】

3.出示戏曲历史脉络图，增强民族自信心及自豪感。

4.阅读本单元内容，了解排编意图，整体把握单元内容。

【设计意图：在实际教学中践行习总书记讲话，讲清楚中华优秀传统文化的历史渊源、发展脉络，基本走向；讲清楚中华文化的独特创造、价值理念、鲜明特色，增强文化自信和价值观自信。】

二、聚焦杂剧，感知元曲魅力

（一）杂剧及结构表演特点

指读课本，对比课本剧的结构特点，理解元杂剧的特点，想象杂剧在当时的影响。

【设计意图：通过元杂剧的结构和现代课本剧本的对比，使已有知识和新知识建立联系。把生活所见的艺术品与文化思想建立联系。】

（二）寻踪觅迹感知盛况

欣赏《广胜寺元代壁画》《元代各式戏台》，通过直观图画想象杂剧在当时的影响、感受戏剧扎根人民群众。

【设计意图：通过直观、想象，把生活所见艺术品与历史与文化与思想建立联系。】

（三）亲近经典了解元曲佳处

1.出示：元曲之佳处何在？一言以蔽之，曰：自然而已矣。——[清]王国维《宋元戏曲史》。

指名读，初步理解元曲的特点。

2.触摸名家名著。

①初识元曲四大家。

②了解经典故事。

出示："四大悲剧名称"小组交流内容。

【设计意图：通过讲述经典名著的内容，让学生了解故事梗概，感知名著

的魅力，认识名家名作，更深一步理解经典原文。】

③小游戏：给名剧找作者，给主要人物送回家。

④讨论：提问式反馈评价——分类理解反映社会的方方面面。

【设计意图：增加学习的趣味性，反馈评价学习效果。】

3. 走进经典原文：聚焦经典名剧《窦娥冤》。

①同学介绍剧情。

②观看原文，了解剧本中的宾白、科范、唱词。

③了解《窦娥冤》一个楔子、四折的各部分主要内容。

④朗读"日积月累"《正宫·端正好》《滚绣球》。

⑤播放《窦娥冤》唱段，视频感受。

【设计意图：自己真正探究，层层深入，认识经典，把了解的经典故事内容与经典原文中王国维的话建立联系。】

⑥小结：再次出示课件。

从社会、生活、人物、语言、思想方面，进一步理解元曲"自然"的特点。

⑦延伸更多经典剧目。

【设计意图：在整体感知经典故事后，以日积月累的《窦娥冤》原文让学生进一步走进经典，真正触摸到经典的文字内容，而不是让学生只是空洞地泛泛而过。】

（四）欣赏散曲，感受佳处

1. 了解散曲：出示课件"元曲结构"。

【设计意图：整体认知元曲的结构，区分元杂剧与元散曲。】

2. 阅读诗词长廊：

①欣赏视频演唱：《天净沙·秋思》。

②朗读背诵：《朝天子·咏喇叭》。

③回顾经典原文，再次感悟元曲"自然"的特点。

【设计意图:《天净沙·秋思》是一首非常经典的元代散曲，又是学生非常熟悉的内容，所以作为欣赏曲目非常适合。拉近与元曲的距离，学唱中增进学习的乐趣，通过明代的散曲，感受元曲的深远影响。】

三、回扣重点，加深元曲认知

再次出示课件：回读"经典原文"。

【设计意图：梳理内容，加深对元曲的认识。】

四、板书设计

梨园飘香 艺术篇

第三单元

元代杂剧一个楔子和四折文学剧本《窦娥冤》

元曲《汉宫秋》

元散曲《梧桐雨》

名篇：《赵氏孤儿》《拜月亭》《西厢记》《墙头马上》《倩女离魂》

《元代杂剧》教学反思

戏曲在有着它悠久的历史、灿烂的文化，在源远流长的中华传统文化中占有着重要的地位。但对于现代的学生来说，戏曲其实很陌生，最多也就知道京剧是国粹，而对于元杂剧，不仅学生陌生，就连我也也得学习。阅读大量关于元曲的资料后，根据教材的内容安排，最终才确定了本课的教学思路。

对于本课的设计，我以经典剧本的赏析为主线，从众多到范例，层层深入，多方面体验感受杂剧之魅力。对于重点内容，从元杂剧的八大经典剧目的剧情了解，到经典原文的理解朗读，这样有梯度、有层次的设计，学生接受还是很容易的，更重要的是学生觉得不空洞，有整体面上的感知，更有部分经典内容的切身体会。

在突破重难点内容时，采取多样灵活的教学方法，以学生为中心，运用各种教学手段恰当有效地调动学生的积极性，如小游戏"给名剧找作者，将主要人物送回家"。通过这样的小游戏检查学生是否对这八大经典名篇的作者、主要人物有所了解。学生以愉悦的心情去体验学习过程中的乐趣，感受中华优秀传统文化的博大精深。另外注意在学习元杂剧的常识时与学生已有知识建立联系，从学生的生活实际出发，把文化精髓与现实生活、课本知识建立多元联系，并通过多种评价手段让学生掌握国学经典，享受自己的劳动成果。培养学生艺术修养，增进对戏曲文化的了解，提高他们学习传统文化的兴趣。

虽然短短的 40 分钟，学生可能连戏曲的门槛都还没有迈进去，对于在戏曲、文学上都占有重要位置的元曲也只是刚刚看到冰山一角，但能让他们以一种欣赏的眼光来看元曲，能在他们幼小的心灵中播下对戏曲热爱的种子，谁又能说将来他们中不会出现第二个关汉卿，不会写出更多的经典剧目呢？

第五节 《国粹京剧》教学设计及反思

教学基本信息	
教师	张欣
学段	小学第三学段 六年级
教材出处	《中华优秀传统文化》——北京师范大学出版社（2015 年 12 月）

一、指导思想和理论基础

本教学设计是以《完善中华优秀传统文化教育指导纲要》为指导思想，以提高传统文化素养、传承中华民族优秀文化为基本目标，以了解国粹京剧文化艺术价值、京剧中的知识为基本途径，感受中华优秀传统文化艺术。以学生为中心，面向全体学生，强调学生对知识的主动探索与感知。关注学生学习过程中的认知表现，使学生逐步形成对京剧艺术的认识与理解。在教学活动中，对学生进行中华优秀传统文化艺术教育，使学生对国粹京剧，及京剧中丰富的传统文化艺术内涵及文化价值有所了解，提高学生的民族传统文化艺术素养，提升民族自豪感。

二、教学背景分析

教材分析：

本套教材 3—6 年级涉及戏曲内容的在三年级下册第二单元"文史篇"出现，以古典文学类的形式出现。本课"国粹京剧"为六年级下册第三单元"艺术篇"梨园飘香，六年级艺术篇还包括"元代杂剧""明清戏剧""地方戏曲"。

本教学设计的课题是："艺术篇 梨园飘香——国粹京剧"。本课所涉及的内容有：京剧的形成、京剧的常识、同光十三绝、梅兰芳、四大名旦、京剧《霸王别姬》片段等。按课时长度及学生对于京剧的了解，有机整合这些知识。

学生情况分析：

经过课前学情调研，了解到翠微小学学生在五年级上学期曾经学习过《唱脸谱》这篇与京剧脸谱知识有关的课文，六年级学生对京剧脸谱知识有初步的了解。

通过前测调研发现学生对于京剧的问题。

1. 不了解当前国家对于国粹京剧的重视，及世界上对于国粹京剧艺术价值的认可。

2. 除京剧脸谱之外，学生对京剧这门高度综合的艺术比较陌生。

教学方式：

信息技术和学科整合，避免枯燥。以当前学生的知识情感价值状态来定位本次授课的风格，以京剧的人文性、审美性、实践性魅力，弘扬传统文化艺术，在教师合理创设的教学情境下，运用聆听感受、启发诱导、展开联想、感受对比等教学方法，引导学生主动观看、聆听、感受、模仿、体验、探究，尽量让学生在本课上获得更多的知识，体验中华优秀传统文化的乐趣。

教学准备

教师课前大量搜集京剧相关知识及音视频文件，围绕课堂有效性教学整合教科书、板书、音视频文件，自制多媒体教学课件，提高学生学习效能。

续表

三、教学目标（含重、难点）
教学目标： 　　1.通过本节课的学习，使学生走近京剧，初步了解国粹京剧中的传统文化艺术价值，及京剧这门高度综合的艺术。 　　2.学生通过观看、聆听、模仿、感受、体验等多种活动，自然进入到国粹京剧的学习活动中，感知所学知识及特点。 　　3.能够喜欢国粹京剧，并以此为骄傲，对于弘扬京剧这门中华优秀传统文化中的艺术，有积极的愿望和自己的方式。 　　教学重点：走进国粹京剧。 　　教学难点：了解国粹京剧中的传统文化艺术价值，感知京剧这门高度综合的艺术。
四、教学流程图
一、生活切入，了解戏曲历史　　　（一）唱腔及打击乐感受音乐 二、聚焦杂剧，感知元曲魅力　　　（二）行当与表演感受角色 　　　　　　　　　　　　　　　　（三）脸谱与服装感受美术 三、回扣重点，加深元曲认知　　　（四）场次感受文学诗歌

《国粹京剧》教学过程

一、激发兴趣，导入新课

1.了解我们国家领导人从建国至今，都要以观看新年京剧晚会的传统形式迎接新年，从而知道我国对于传承京剧这艺术的重视。

2.了解京剧由京剧艺术大师梅兰芳推向世界，并在世界三大表演体系中占领重要位置。

3.了解当前交响京剧在美国华盛顿艺术中心上演，受到世界主流文化认可。

4.导入课题：国粹京剧——国之精华

【设计意图：通过了解国内外对于国粹京剧这门传统文化艺术的重视和认可，感知"国粹"的内在含义。激发自豪感和学习兴趣，创设情境使学生积极参与课堂思维活动。】

二、追溯渊源，感受价值

1. 从京剧的起源与形成感知：京剧代表中国古典戏曲文化的最高成就。

2. 从京剧剧目《杨门女将》《赵氏孤儿》《铡美案》感知京剧中弘扬中华传统美德的育人价值。

3. 从源自中国四大名著的京剧剧目中，感知京剧中传播古典名著及历史文化知识的价值。

【设计意图：通过追溯京剧的起源与形成，让学生感知京剧代表中国古典戏曲文化的最高成就，以及弘扬传统美德、传播历史文化知识的价值。】

三、提取唱腔与打击乐感受音乐

1. 欣赏《智取威虎山》选段与《红灯记》选段，了解感知京剧中的两个基本唱腔：西皮与二黄。

2. 现场观看京剧伴奏乐器中三小件打击乐器：大锣、小锣、铙钹，学生与教师亲身体验随打击乐节奏上台，了解感知京剧中的打击乐。

【设计意图：通过了解京剧中的两个基本唱腔及打击乐，让学生感知京剧最基础的音乐】。

四、提取行当与表演感受角色

1. 了解生、旦、净、丑四大行当。

2. 了解唱、念、做、打四项支持京剧演员表演的基本功。师生共同模仿京剧《卖水》片段，感知"唱""念""做"。观看京剧《闹天宫》片段感知"打"。

【设计意图：通过了解京剧中的生、旦、净、丑四大行当，知道京剧角色分类。感知唱、念、做、打四项基本功，让学生亲身体会和感受国粹京剧中每一个角色的成就来之不易。】

五、提取脸谱与服装感受美术

1. 因学生在五年级上学期语文课上学习过《唱脸谱》一课，所以此环节请学生讲解，京剧脸谱可以从视觉上传递人物性格，展现人物特质。细微环节教师补充。

2. 初步了解感知京剧中的服装，分为蟒、帔、褶、靠、衣。重要的穿戴规则：某种类型角色必须穿用相对应的类型服装。

【设计意图：通过复习、补充脸谱知识，及初步了解感知京剧中的服装，让学生从视觉上感受京剧舞台艺术中的美术】。

六、提取唱词感受文学诗歌

1. 了解京剧唱词是从我国源远流长的各种形式的诗词歌赋中汲取营养，有较高的文学审美价值。

2. 了解京剧《霸王别姬》中的唱词，出自《乐府诗集》的项羽《垓下歌》，感受悲情文学。

3. 了解出自"水浒戏"林冲《风雪山神庙》中的唱词，感受诗词。

【设计意图：通过项羽《垓下歌》和林冲《风雪山神庙》中的唱词，感知京剧中的文学诗歌。】

七、课堂小结

感受京剧这个文化艺术宝库带给我们的艺术滋养，激发学生弘扬京剧这门中华优秀传统文化中艺术的愿望并探索自己的弘扬方式。

八、板书设计

《国粹京剧》教学反思

京剧是我国的国粹，迄今已有 200 多年的历史，在全国 300 多个地方戏曲剧种中，它博采众长，代表中国古典戏曲文化的最高成就，是中国古典戏曲高度综合、高度提炼的艺术载体。但学生在日常生活中，除对脸谱有初步了解外，其他知之甚少。对京剧为什么被称为"国粹"不理解，对京剧在世界上的影响，更难有深刻的认识，更无法做到珍视中华传统文化——京剧；所以本次教学设计力求传统与现代相结合、教学与传承相结合，多角度地去了解国粹京剧。

一、关注国粹京剧的重要传承价值

京剧是中国历史的壮丽画卷。里面有惊心动魄的历史事件，有金戈铁马的战争场面，有叱咤风云的历史人物。中国的老百姓了解过去的历史知识，许多就是从看戏得来的。通过了解京剧，可以形象的了解中国历史，而得到丰富的历史知识，又可以更容易的欣赏京剧。教学上基于对京剧的形成根源，追溯到京剧形成的年代，带领学生了解到京剧本身是在几个重要的古典戏曲剧种的基础上形成的，它综合了徽剧、汉剧、秦腔、梆子、昆剧等剧种的艺术成果，兼具北方和南方戏曲剧种的特长。京剧虽然诞生在近代，但代表了古典戏曲的最高成就，以其成熟精致在中国戏曲文化史上崛起一座高峰。在京剧的起源与形成方面，让学生从京剧爱国主义的《杨门女将》、舍己为人的《赵氏孤儿》、秉公执法的《铡美案》等剧目中，去感知京剧中弘扬中华传统美德的育人价值。从《三国戏》《水浒戏》《红楼戏》《西游戏》，这些源自中国四大名著的京剧剧目中，学生感受到京剧中传播古典名著及历史文化知识的价值。

二、关注国粹京剧的综合性特征

综合性是国粹京剧的基本特征之一，综合了多种艺术元素。艺术大师梅兰芳说："中国戏曲是一种综合性的艺术，包含着剧本、音乐、化妆、服装、道具、布景等因素，这些都是要通过演员的表现来实现的。它的表演本身，就包括歌、舞、白、武打和表情等各个方面。"京剧作为戏曲发展成熟期的代表，综合性特别强，戏曲的本体特征尤为鲜明。

在京剧广泛而深厚的知识体系中，我搜集整理了既贴近学生又能生成有效教学的内容。课堂上通过体验、模仿、观看等实践活动，引导学生亲身感受了京剧的剧本、音乐、化妆、服装等艺术。感知唱、念、做、打四项基本功，了解京剧的音乐——唱腔，有的悠扬委婉，有的铿锵有力，念白也有音乐性，表演上富有鲜明的舞蹈性和强烈的节奏感；通过了解京剧中的两个基本唱腔及打击乐，让学生感知京剧最基础的音乐。从京剧剧目感知京剧中弘扬中华传统美德的育人价值，及传播古典名著及历史文化知识的价值；京剧脸谱的化妆，展现人物特质，并初步了解京剧中的服装，让学生从视觉上感受京剧舞台艺术中的美术；了解京剧唱词是从我国源远流长的各种形式的诗词歌赋中汲取营养，有较高的文学审美价值。这些环节的设计，力求让学生在有效的40分钟课堂上能多方面立体的了解国粹京剧的综合性特征。

三、以生为本设计教学

设计以当前学生的知识情感价值状态来定位本次授课的风格，高效利用课堂有效时间，力求传统与现代相结合、教学与传承相结合，以"润物细无声"的方式传承京剧传统文化艺术。同时以审美为核心，以兴趣为动力，依据逻辑关系，经过音频视频图片文字有机地整合，丰富和扩大了教学内容，突出了综合学习的特点。此外，本次教学还特别关注社会的发展变化，将目前社会生活中与京剧紧密相关的文化活动作为课程内容，加强了与学生生活的社会环境以及学习活动的联。让学生明白京剧已融入我们的生活中，京剧是中国人特有的一种审美表达。通过学生的体验活动，旨在让学生进一步理解京剧、演唱京剧，调动学生的兴趣。让学生深刻地感受到中国文化的美和魅力，认识到只有民族的才是世界的。让学生在欣赏美、感受美的同时了解国粹京剧，并以此为骄傲，对于弘扬京剧这门中华优秀传统文化中的艺术，有积极的愿望并探索自己的弘扬方式。

第六节　《陶瓷文化》教学设计及反思

教学基本信息	
教师及指导教师	宋锦懿、周金萍
学段	第三学段六年级
教材出处	《中华文化基础教材》——中华书局（2014 年 11 月）

一、指导思想和理论基础

中华优秀传统文化教育，是"中国梦"教育的重要组成部分。通过陶瓷文化的教学，引导学生了解陶瓷，透视中国陶瓷特有的历史与文化，从而继承和发扬中华民族高雅的情趣、顽强的追求、大国的工匠精神给学生一个东方传统文化熏陶下的人格支撑、精神支撑。

二、教学背景分析

教材分析：

陶瓷是陶器和瓷器的总称。陶瓷是一种工艺美术，也是民俗文化。我国是世界历史悠久的文明古国之一，对人类社会的进步与发展做出了许多重大贡献。在陶瓷技术与艺术上所取得的成就，尤其具有特殊重要意义。

在中国，制陶技艺的产生可追溯到纪元前 4500—2500 年的时代，可以说，中华民族发展史中的一个重要组成部分是陶瓷发展史，中国人在科学技术上的成果以及对美的追求与塑造，在许多方面都是通过陶瓷制作来体现的，并形成各时代非常典型的技术与艺术特征。

教材主要向我们呈现了陶瓷的代表：俑和青花瓷。通过它们，我们可以透视中国陶瓷起源与发展，以及在世界的影响，激发学生了解中国的陶瓷，探究中国的陶瓷文化。

学情分析：

课前我对自己所教的两个班的 40 名学生进行了问卷调查。

根据学生对陶瓷知识的不同积累，我制定了三道难易程度不同的题目：

1. 你对中国陶瓷有多少认识，简单讲述。

2. 陶与瓷一样吗？

3. 陶瓷是哪个国家最早发明的，它的起源与发展是怎样的？

经过调查发现，第 1 题，所有学生对陶瓷都有一定认知，9% 的学生在这基础上知道秦兵马俑与青花瓷，知道景德镇瓷器很有名。第 2 题"陶与瓷一样吗？"，90% 学生回答是一样的，理解概念错误。第 3 题学生对陶瓷的起源与历史，一无所知。这些结果告诉我们，我们的学生对于中国陶瓷文化的了解甚少。我们教师有责任、有义务培养学生对中国传统文化陶瓷知识的了解，要让学生真正接触我们祖国的陶瓷文化，让学生在感慨陶瓷艺术的巧夺天工之时，也对陶瓷文化的悠久历史、制作过程、艺术内涵、寓意传达，文化与交流等都应有一定程度的了解，从而进一步增强他们对本民族的认知感和自豪感。

教学策略和方式：

1. 学生：接触实物、资料查询、比较探究、体会陶瓷特点和区别。

2. 教师：创设情境，展示经典资料，提升学生对陶瓷文化精神的理解。

教学准备：生活小物件（陶、瓷器），多媒体课件。

续表

三、教学目标
教学目标： 1. 学生能够自主查阅资料，分析比较，初步了解陶瓷的特点。 2. 初步学会欣赏陶瓷，感受中华民族的智慧，感悟大国工匠精神。 　教学重点：通过对收集陶瓷资料的交流探究，让学生初步了解陶瓷的特点，着重了解陶瓷代表俑和青花瓷，初步学会欣赏，感受其魅力，透视中国特有的历史与文化。 　教学难点：过对陶瓷的认识，体会瓷器作为文化交流的使者，为世界陶瓷做出的巨大贡献，感受中华民族的智慧，感悟大国工匠精神，增强民族自豪感。
四、教学流程图
课前活动，分享故事 顺势而导，初步了解 深入探究，提高认知 精品赏析，激发情感 了解流程，感悟精神

《陶瓷文化》教学过程

一、课前活动，分享故事

传说女娲娘娘用泥造人，可是风干后，经不住风雨，因此她就用火再烧一下强化体质。第一次因为没掌握好时间，烧过了，小人发黑，于是黑人诞生了；第二次呢没烧够时间，小人发白，于是白人诞生了；第三次，终于合适了，黄种人就诞生了。这个故事中有了什么的影子？（陶泥的影子）

【设计意图：以故事引入，情趣化地与学生一同进入学习圈，巧妙地引入了陶泥，为进入主题学习铺垫，将学生注意力从有趣的神话故事中轻松、愉快地聚焦于本课主题学习中。】

二、顺势而导，初步了解

1. 激趣引入

今天我们一起循着刚才故事中陶泥的影子去寻觅、去了解我们中华民族特有的文化，大声读出学习的课题。（出示课题：陶瓷文化）

2. 初步认知

生活中你了解的陶瓷有哪些？（指名说）

【设计意图：从学生生活中所见的陶瓷谈起，增强学生对陶瓷的感性认识。】

3. 归纳分类

日用陶瓷：如餐具、茶具、烟灰缸、药罐等。

艺术陶瓷：如花瓶、雕塑品等。

工业陶瓷：如地板砖，卫生洁具。

4. 学生感受

陶瓷深入了人们的生活中，无处不在。

三、深入探究，提高认知

1. 陶瓷的定义

你们说说什么是陶瓷？你可以结合资料说。（指名说）

2. 陶与瓷的区别

请拿出你们带的陶瓷，看看陶器与瓷器一样吗？

（1）请同学们通过看、摸、敲、结合资料等方法来区别，小组合作探究。

（2）小组代表汇报。

（3）陶与瓷的区别：使用原料不同；烧成温度不同；坚硬程度不同；透明度不同。

【设计意图：让学生通过亲自观察、触摸、敲打、结合资料等方法去分辨陶与瓷的区别。旨在进一步引领学生从自我初步感知，然后调动多感官地接近陶瓷，最后又根据自身的判断，结合资料得出结论，培养了学生动手、动脑、运用资料与分析判断能力。】

3. 陶与瓷的关系

（1）我们平时经常提及的陶与瓷，它们是什么关系？谁先出生的？

指名说。预设：

A. 先有陶器。陶器起源于新石器时代，在古代作为一种生活用品。瓷器是在陶器技术不断发展和提高的基础上产生的，起源于唐代。

B.陶器是在长期生活中发明的，埃及、印度、希腊、波斯等国家也有。而瓷器是中国人发明的。

（2）出示大屏：郭沫若在《中国史稿》中写道："陶器的出现是人类在向自然界斗争中的一项划时代的发明创造。"

（指名读。其余同学想怎么理解这句话。）

学生谈理解，教师阐明：陶器是人类第一次利用天然物，按照自己的意志，创造出来的东西。陶器是旧石器时代发展到新石器时代的标志之一，所以说它具有划时代的意义。

【设计意图：让学生了解陶器的起源及其对人类社会发展的意义，进一步感知人类文明是在人们不断追求与创新中前行的。】

四、精品赏析，激发情感

（一）代表作探究

1.教材告诉我们，陶器的代表——俑；瓷器的代表——青花瓷。课前同学们对秦始皇陵兵马俑和青花瓷查阅了资料，我们可以选取一个感兴趣的，小组一起交流探究。

提示：可以从以下这些方面交流（发导学卷）。

秦始皇陵兵马俑　　　　　青花瓷

出土过程：　　　　　　　起源：

文物规模：　　　　　　　特点：

艺术特点：　　　　　　　种类：

文化与交流：

【设计意图：秦兵马俑与青花瓷的资料繁多，引导学生从这些方面去了解并提取信息、探究秦兵马俑与青花瓷，这样会引领学生多角度了解事物，对事物由一个较为全面的认识与评价，同时也让学生从中学会准确检索信息的能力及探究学习的方法。】

2.小组汇报秦兵马俑。

3.教师总结：从此，"第八大奇迹"便成为秦兵马俑的代名词，飞向世界各地，飞入每位热爱中国历史、热爱中国文化的寻常人的心中。

4. 小组汇报青花瓷。

5. 教师点拨：在历史中这么记载，展示 PPT，如何理解"划时代"：元代景德镇青花瓷器的成功烧造，是陶器史上划时代的标志。

【设计意图：与第一次陶器的起源一样，让学生在进一步了解元青花瓷的基础上，深度思维其历史意义，了解中华民族文明史前进的足迹。留存疑问是激起学生解疑的动力，激发学生自主探究的能力。】

（二）精品赏析

导入：在瓷器发展的历史中，中国的瓷器制造技术比欧洲早了一千多年。融精美技术与艺术为一体的中国陶瓷，通过海上丝绸之路传播到西方各国，被大家所喜欢。我们一起去欣赏一下。

1. 提出要求：请同学欣赏图片，谈谈感受，关注自己喜欢的瓷器，以便课后做深入学习。

2. 学生欣赏图片，谈感受。

【设计意图：让学生更多地欣赏瓷器图片，感受融精美技术与艺术为一体的中国陶瓷，也促使其感悟到中华民族的聪明智慧与民族的自豪感。】

五、了解流程，感悟精神

导入：同学们，我们可以看看教材上的景德镇制陶场景，可惜这个图片太小了，我找了相关图片，我们一起看一下它的工艺流程。

1. 出示 PPT：制作陶瓷工艺流程。

一只精美的瓷器的制作需要几十道工序才能完成，此时你又想说什么？指名说。

2. 板书：工匠精神。

3. 了解瓷器与中国英文名相同的原因。

4. 教师小结：在西方人的眼中瓷器代表着中国，他们通过瓷器了解了中国的文化、中国的历史，瓷器成为东西方文化交流的桥梁，所以说瓷器也是——文化的使者。历史在迭代变迁，而中华民族的智慧与精神的火炬将薪火相传。

【设计意图：让学生直观地参观瓷器制作的流程，学生深切体会到制作瓷器过程的复杂与不易，也更多体悟到工匠们对自己的产品精雕细琢，精益求

精，对美好事物和生活不断的艺术化的追求的精神，热爱中国传统文化器物。】

六、板书设计

<table>
<tr><td colspan="2" align="center">陶瓷文化</td></tr>
<tr><td>秦始皇陵兵马俑</td><td>青花瓷</td></tr>
<tr><td>出土过程：</td><td>智慧起源：</td></tr>
<tr><td>文物规模：</td><td>特点：</td></tr>
<tr><td>艺术特点：</td><td>工匠精神种类：</td></tr>
<tr><td>文化与交流：</td><td></td></tr>
</table>

《陶瓷文化》教学反思

现今的学生虽然对许多历史事物，有着深厚的兴趣，但对祖国的传统文化和艺术瑰宝，了解很少。我想通过营造一种学生自主学习、探究传统文化的氛围，引导和帮助学生了解中国古代陶瓷的艺术特点，着重了解陶瓷代表：俑和青花瓷，感受中国陶瓷的精美，初步学会欣赏，感受陶瓷的魅力，透视中国特有的历史与文化，培养学生的民族自豪感。为此我重点设计了课前、课堂、课后三个教学环节。

教学前，我对自己所教的两个班的 40 名学生进行了问卷调查。调查发现，我们的学生对于中国陶瓷文化的了解甚少。针对这种情况，课前，我让学生根据教材内容讨论确定探究主题，根据主题自己组合确定活动小组，如：历史寻根组、瑰宝鉴赏组等，并要求搜集陶瓷资料与制作小报，通过这些"前奏"使学生完成课前探究任务，初步了解陶瓷文化。

课堂教学中的重点设计：

1. 以故事引入，情趣化地与学生一同进入学习圈，巧妙地引入陶泥，为学生进入主题学习铺垫，将学生注意力从有趣的神话故事上轻松、愉快地聚焦于本课主题学习中。

2. 小报的制作与展示，让学生在相互交流中对陶瓷特点和历史有了初步了解。

3. 课堂上学生通过观察、触摸、敲打、比较、结合资料、小组探究等方法，学生理解了陶瓷的区别，以及陶瓷文化在中华文明发展进程中的历史地位。

4. 让学生通过亲自观察、触摸、敲打、结合资料等方法多感官地接触陶瓷，根据自身的判断，结合资料得出陶与瓷的区别，培养了学生动手、动脑、运用资料与分析判断能力。

5. 让学生了解陶器的起源及其对人类社会发展的意义，让学生进一步感知人类文明是在人们不断追求与创新中前行的。

6. 秦兵马俑与青花瓷的资料繁多，学生在导学卷的提示下，整合了繁多的资料，在合作中，多角度了解了陶瓷的代表作，对其有了较为全面的认识与评价，也学会了准确检索信息，从不同角度探究的方法，同时也提高了学生口头的表达能力。

7. 通过图片演示，让学生参观瓷器制作的流程，从而使其深切地体会到制作瓷器过程的复杂与不易，也更多地体悟到工匠们对自己的产品精雕细琢，精益求精，对美好事物和生活不断的艺术化追求的精神，进而激发学生热爱中国传统文化器物。

课后，我督促各小组同学完善自己的学习小报，并附上自己本节课的学习活动感受，最后将活动小报展示在班级板报上，对本课教学活动进行了总结与延伸。

纵观整堂课的教学，教师感触良多。

优点：通过学生感兴趣的故事引入，直观的画面，资料的查询，自主探究的方式，学生动手、动脑，亲近了陶瓷，在此基础上教师深度点拨，体会到了工匠精神。

不足：缺乏一段合适的影像资料，以点带面具体介绍某一道工艺制作的艰辛与智慧，触动学生的情感，让知识与情感融合，激发学生对工匠精神的敬畏。这堂课的教学也给了我启示：小学传统文化应处理好文化常识与情感体验的问题，知识要适度，取舍要得当，才能使中华文化与学生的认知情感紧密结合，传统文化才能在学生的心灵上绽放异彩。

第三章　诗文学习

"博大精深的中华优秀传统文化是我们在世界文化激荡中站稳脚跟的根基。中华文化源远流长，积淀着中华民族最深沉的精神追求，代表着中华民族独特的精神标识，为中华民族生生不息、发展壮大提供了丰厚滋养。"——习近平

2017年末出台的《普通高中语文课程标准》中核心素养的内涵包括语言建构与运用、思维发展与提升、审美鉴赏与创造、文化传承与理解，"文化传承"被作为核心素养之一提到了前所未有的高度。这四个核心素养中，语言建构是基础，而语言的建构必须通过大量优秀典籍的烂熟于心和大量名著的群文博览，在记忆力最强的孩提时代，把最精华最重要的文化典籍烂熟于心，然后用他们今后人生的数十年的岁月去丰富它、感悟它、弘扬它。

学习本民族的语言就必须尊重本民族的语言特点，汉语的古典文学，最讲究声律，吟诵能够把诗文的含义、结构、意境和声韵之美都表现出来。将吟诵用于小学诗歌教学，可以激发小学生学习诗歌的兴趣、提高对诗歌的审美感受和欣赏能力、增强记忆力、提高记忆品质，进而全面提高小学生的综合语文素养。

在这一章节中，我们选取的六个课例，就是老师们在古诗文以及寓言方面的教学尝试。古诗文是小学阶段重要的积累内容，我们在学校进行吟诵尝试，让孩子们结识吟诵，通过吟诵，触摸到文字的温度，让古诗文学习成为一种享受；寓言以其短小、有趣而又充满智慧的特点，深受孩子们的喜爱。

复习已有知识，激发学生兴趣，感受汉语四个声调的音乐性和不同的含义，运用肢体语言模仿声调，进行白话诗的吟诵尝试，感受声调之美，明白"依字行腔，依意行调"的吟诵规矩，初识吟诵，在实践中激发学生吟诵的兴趣是低段教学的重中之重；

赏析古诗，体会诗境，感受诗情，练习吟诵，在吟诵中体会规律，深入理解，将学生已有学习体验与本课新知进行融合，将语文学习和吟诵进行融合，达到文意与韵律的统一，这是中段古诗文吟诵教学的重要任务；

聚焦规则，回顾吟诵方法，聚焦感悟，吟诵表情达意，聚焦不同，升华学生认知，进一步引导学生根据古诗中平仄的规律，在吟诵中融入个性的情感体验，从而感受文字美、音乐美、情感美以及画面美，则是高年级的古诗文吟诵教学的基本原则。

这一章节中的四个课例，都是吟诵教学，通过小组合作、小组互动、集体展示等探究性活动，重在帮助学生进行积累，另外两个课例涉及了寓言的学习，通过文言寓言的学习，学生领略文言寓言故事简洁、朴实却能表达深刻道理的文学魅力，体会古汉语言的魅力。

两则寓言课例同是高段（五年级），虽然内容不尽相同，教学策略也不尽相同，但都是以发展学生思维为目的，通过各种形式的朗读，触动学生的心灵，给予学生人生智慧和启迪。

《郑人买履》通过分层朗读，合理想象，勾连生活，领悟寓意，在此基础上，教师示范引领，学生进行小组合作，大胆合理的想象并创编故事，表演故事，进行读写结合，达到激发思维和兴趣的目的，通过古今生活中的事例让学生进行思辨，阐述发自内心深处的思考，感受寓言中蕴含的深刻道理，达到真正的教育目的。

而《活见鬼》则秉承着绿色课堂的理念，践行"教师简简单单教语文，学生轻轻松松学语文"。教师抓住文本本身特点，写法特色，通过各种形式的朗读，配以恰当的画面和富有感染性的语言，在读中想象，在读中了解寓意，在此基础上进行想象和创编，在笑声中懂得相信科学的道理，领悟文言寓言故事的深意，感受文言的魅力，传统文化的美好，进一步激发学生阅读古代经典的兴趣。

中华民族五千年的经典文化，是祖先给我们留下的最好精神食粮。小学教材中的古诗文篇目不断增加，教师们也在用自己微薄的力量传承着经典。吟诵具有巨大的文化价值、社会价值，对于我们弘扬传统文化、增强民族凝聚力、树立社会主义核心价值体系，都可以起到重要的作用。六个课例的呈现只是我们众多课程实践的冰山一角，希望能够在小学阶段激发学生阅读积累古诗文的兴趣，带领他们轻轻地扣响中华优秀传统文化的大门。

《语文课程标准》指出：语文课程对继承和发扬中华民族优秀传统文化和革命传统，增强民族文化认同感，增强民族凝聚力和创造力，具有不可替代的作用。诵读古诗文，品悟中华文化，传承民族精神，涵养民族修为，承继民族智慧，造就具有中华气韵和民族气质的现代中国人，是我们共同的使命。

北京市海淀区翠微小学　周金萍

第一节 《绝句·两个黄鹂鸣翠柳》吟诵教学设计及反思

教学基本信息	
教师	张璇
学段	小学第二学段 四年级
教材出处	北师大版语文教材——北京师范大学出版社（2007年10月）

一、指导思想和理论基础

《语文课程标准》指出：语文课程对继承和弘扬中华民族优秀传统文化和革命传统，增强民族文化认同感，增强民族凝聚力和创造力，具有不可替代的作用，有利于学生更好地去学习、欣赏我国灿烂的诗词艺术。吟诵是古典诗文的诵读方法，也是古代诗文的创作方法之一，通过吟诵我们要让学生在头脑中建立声音、画面和情感之间的联系，感悟古诗文的美，激发学生学习和积累的兴趣，陶冶情操。富有诗意的生活，使学生有一种健康的生活方式。

二、教学背景分析

教材分析：

《绝句·两个黄鹂鸣翠柳》北师大版教材一年级下册语文天地中的一首诗。这首诗描写了草堂周围明媚秀丽的春天景色。

"安史之乱"得以平定，杜甫回到成都草堂，当时，他的心情很好，面对这一派生机勃勃，情不自禁，写下这一首即景小诗。诗歌以一幅富有生机的自然美景切入，给人营造出一种清新轻松的情调氛围。翠是新绿，是初春时节万物复苏，萌发生机时的颜色。这句诗中以"鸣"字最为传神，运用拟人的手法把黄鹂描写得更加生动活泼，构成了一幅具有喜庆气息的生机勃勃的画面。白鹭在清新的天际中飞翔，这不仅是一种自由自在的舒适，还有一种向上的奋发。第三句，诗人凭窗远眺，因早春空气清新，晴天丽日，所以能看见西岭雪山。末句更进一步写出了杜甫当时的复杂心情，一说船来自"东吴"，此句表战乱平定，交通恢复，诗人睹物生情，想念故乡。用一个"泊"字，有其深意，杜甫多年来漂泊不定，没有着落，"泊"字，正好写出了诗人这种处于希望与失望之间的复杂心情。而"万里"则暗示了目的达到的远难。

学情分析：

学生学习的起点就是我们教学的出发点。此课为吟诵起始课，在此之前，学生并没有学过吟诵，只是跟着录音进行模仿。另外，我从学生对古诗的情感把握方面进行了前测，学生基本能朗诵会背这首古诗，一半的孩子能根据自己的理解大概说出每句诗的意思，但对于诗要表达的情感却说不出来，我借助平仄声入声的起伏吟诵，让学生体会情感。

教学策略和方式：

1.根据教材和学情，我将学生已有学习体验和本课新知进行融合，将语文学科内容和吟诵进行融合，达到文意与韵律的统一。

续表

2.以同桌互学的方式来探究，体会理解诗意，吟诵中感悟、吟诵中想象、评价中提升，使学生获得学习方法，充分表情达意。

教学手段：自主朗读，激趣品读；善用资源，情感想象；诵读吟唱，略授诗法。

教学准备：多媒体，音频。

三、教学目标

教学目标：

1.赏析古诗，体会诗境，感受诗情。

2.在理解诗意的基础上，练习吟诵，在反复吟诵中加深对诗意的理解。

3.增加学生对吟诵的兴趣，更加热爱中国传统文化。

教学重点：理解诗意，练习吟诵。

教学难点：体会诗境，感受诗情。

四、教学流程图

一、正确朗读

二、理解诗意

学生自学；同桌互学；质疑互动；全班展示；同桌互说

三、有感情朗读

四、学习吟诵

倾听吟诵；自己练习；挑战展示；全班展示。

《绝句·两个黄鹂鸣翠柳》吟诵教学过程

一、正确朗读

PPT 出示古诗

1.学生示范读。

2.全班正确朗读。

【设计意图：从朗诵入手，读准字音，读出节奏，为后面的学习做准备。】

二、理解诗意

1.学生自学：参照注释，看看这首诗什么意思，写了什么?

2.同桌互学：两人商量，一个人负责前两句，另一个人负责后两句。先读，后说意思。

3. 质疑互动：有解决不了的问题吗？

4. 全班展示：两个同学展示，先读后说。其他同学用心听，说的对不对，有什么补充？

5. 同桌互说。

【设计意图：从诗的整体入手，理解诗意，为体会情感铺垫。】

三、有感情朗读

过渡：意思理解了，能不能把你的理解通过读展示呢？

1. 自读、互读，怎么读，为什么这么读？

2. 汇报要求：读的同学想把哪里读好，为什么这么读？其他同学认真听，哪儿读得好，让你感受到什么？

补充资料：

公元763年，正值唐朝的中晚期，安史之乱发生，可谓"国破山河在，城春草木深"。杜甫长时间漂泊，来到成都。经历安史之乱，此时终于平定，诗人心情愉快，情不自禁，写下眼前生机勃勃的春景。但眼前美景，又引发他对前尘往事的回顾。

汉代孙权在东吴定都建国，安定一方，建功立业，而自己年事已高，困于草堂，无法驰骋疆场。饱含了对历史的沧桑感叹，对自己命运的感伤。

3. 再读，读出感伤感叹。

4. 整体读，由前面的惬意、舒适，转而感伤、感叹，读出这种变化。

过渡：如何吟诵，进一步体会这种情感？

【设计意图：体会关键字词中的情感，为后面的吟诵铺垫。】

四、学习吟诵

1. 倾听吟诵，初步发现音韵和音调之间的关系。

绝句

[唐]　杜甫

两个黄鹂鸣翠柳，

一行白鹭上青天。

窗含西岭千秋雪，

门泊东吴万里船。

（1）这首古诗跟以往的古诗有何不同？

（2）平常我们跟着唱，也知道平声仄声入声的知识，但平声仄声入声和吟诵的腔调之间有什么关系，跟诗的情感有什么关系？

规律：①平长仄短②平低仄高③入短韵长。

2.再倾听，探究音韵和情感间的关系会吟诵。

（1）听——画——商量。

（2）展示交流。

3.自己练习，同桌倾听，用上手势。

4.挑战展示。

5.全班展示。

【设计意图：根据基本方法练习吟诵，在反复吟诵中，加深对诗意的理解。】

五、作业

根据学习的吟诵基本方法试着练习吟诵唐代张继的《枫桥夜泊》。

六、板书设计

```
绝句
平长仄短　平低仄高　入短韵长


品读中发现　吟诵中悟情
```

《绝句·两个黄鹂鸣翠柳》吟诵教学反思

《语文课程标准》指出：语文课程对继承和弘扬中华民族优秀传统文化和革命传统，增强民族文化认同感，增强民族凝聚力和创造力，具有不可替代的作用。有利于学生更好地去学习、欣赏我国灿烂的诗词。艺术吟诵是古典诗文的诵读方法，也是古代诗文的创作方法之一，通过吟诵让学生在头脑中建立声音、画面和情感之间的联系，感悟古诗文的美，激发学生的学习和积累的兴趣，陶冶情操。使学生富有诗意地生活。

在此之前，学生并没有学过吟诵，只是跟着录音进行模仿。我从学生对古诗的情感把握方面进行了前测，学生基本能朗诵会背这首古诗，50% 的孩子能根据自己的理解大概说出每句诗的意思，但对于诗要表达的情感却说不出来，我借助平仄入声的起伏吟诵，让学生体会情感。

学生学习的起点就是我们教学的出发点，本课为吟诵教学初始课，我将学生已有学习体验和本课新知进行融合，将语文学科内容和吟诵进行融合，达到文意与韵律的统一，我注重激发学生学习兴趣，教学设计由简到难，从读准字音到读出节奏，再到理解诗意，体会情感，在反复的吟诵练习中加深体会诗意。在本诗教学中，打破传统的古诗教学模式，力求避开逐字逐句讲解的做法，充分调动学生学习的积极性，以同桌互学的方式来探究，引导学生积极参与、吟诵中感悟、吟诵中想象、评价中提升，在较难理解的地方适时引入资料，帮助学生理解，使学生获得学习方法，充分表情达意。教学中采用图画、音乐等方法激发情感，让学生与文本对话，与诗人进行情感的交流。

本课还有很多值得反思的地方，如通过吟诵更深入体会诗人情感这一环节，没有扎实落实，导致学生在吟诵时体会不够深入，这是值得我在今后的吟诵教学中需要努力的地方。

第二节 《声调的秘密》吟诵教学设计及反思

教学基本信息	
教师	常景凤
学段	小学第一学段　二年级
教材出处	义务教育课程标准实验用书《语文》——北京师范大学出版社（2016 年 5 月）

一、指导思想和理论基础

吟诵是一种介于诵读与歌唱之间的汉语古典文学作品口头表现艺术方式，既遵循语言的特点，又根据个人的理解，依循作品的平仄音韵，把诗中的喜怒哀乐，感情的起伏变化，通过自己抑扬顿挫的声调表现出来，突出其中的逻辑关系、思想情感，比普通朗诵要深入、充分得多，是一种细读的、创造性的、回味式的读书方法和表达方式，是文学、音乐、语言的综合体，是我们中华民族宝贵的非物质文化遗产。

将吟诵用于小学诗歌教学，可以激发小学生学习诗歌的兴趣、提高对诗歌的审美感受和欣赏能力、增强记忆力、提高记忆品质，进而全面提高小学生的综合语文素养。因此我们迫切需要吟诵教学回归小学诗歌课堂。

本教学设计以语文学科为依托，秉承"把中华优秀传统文化教育系统融入课程和教材体系"原则，利用小学生记忆力强，敢于开口唱歌的年龄特点，我将本课的吟诵教学定位在学生对于声调的感受，初步感受到汉语的四声与吟诵之间的关系，进行吟诵的尝试。

二、教学背景分析

教材分析：

根据教材的重组，我进行了四次的教学设计。

1.教学设计总想兼顾着吟诵教学和礼乐教育，选择的内容是《弟子规》，由于过于强调礼乐教育，忽视了吟诵；

2.将课题定为《唱自己的歌》，但是由于自己在吟诵方面知识的缺乏，感觉给孩子的设计太难，有点拔高的感觉；

3.经过与相关老师的沟通，我将吟诵教学定位在学生对于声调的感受，初步感受到汉语的四声与吟诵之间的关系，进行吟诵的尝试。

4.现在呈现的是第四次设计，内容选择了一年级教学内容《弯弯的月儿小小的船》。

学情分析：

所执教的学生是我已经教了一年多的孩子。在完成教材内教学工作的基础上，零零散散地进行了吟诵教学，所采用的方式基本上是跟着音频学习。

在学习过程中，我发现，吟诵确实能够更好地帮助孩子进行记忆，对吟诵的兴趣也就越来越浓了。现在学生能够完整吟诵《声律启蒙》的一东韵，以及其他一些诗歌，明白平仄。而且小学低年级的学生对于吟诵比较容易接受。现在想来，学生的唱读实际上非常接近吟诵，似乎就是"感性的自然而为的状态"。

续表

三、教学目标
教学目标： 1. 引导学生初步感受到汉语的四声能够代表不同的含义。 2. 根据已有的知识，运用肢体语言模仿声调，进行白话诗的吟诵尝试。 3 引导学生尝试运用已有知识唱自己的歌，从而激发学生学习古诗吟诵的兴趣。 教学重点：根据已有的知识，运用肢体语言模仿声调，进行白话诗的吟诵尝试。 教学难点：在吟诵尝试中适当注意"依字行腔，依义行调"的规矩。
四、教学流程图
一、复习已有知识，激发学习兴趣 二、读四个声调字，感受其音乐性 1. 朗读，明确声调；2. 试唱，感受音调。 三、利用白话练习，感受声调之美 1. 标出声调，朗诵体会诗句节奏；2. 吟诵试唱，体会声调间的关系。 四、学生自由创作，小组展示评价

《声调的秘密》吟诵教学过程

一、复习已有知识，激发学习兴趣

1. 出示："ɑ"你们认识它吗？

预设：学生会七嘴八舌地读。

2. 我听到你们叫它的名字了。谁来自己叫出它的名字？

预设：引导学生说出 ɑ 的四声，并追问：你想表达什么？

3. 教师小结：这是因为，我们的汉语有四个声调——阴平、阳平、上声、去声。

4. 你能用手势来表示这四个声调吗？适时总结四个声调的特点：一声平，二声扬，三声拐弯四声降。

5. 总结：你们知道吗？汉语是世界上最美妙的语言，很多外国人听我们中国人说话就像唱歌一样，就是因为汉语是有声调的。汉语的声调多有意思啊！

6. 汉语的声调中还有秘密呢，如果我们掌握了这个秘密，再运用一些规矩，我们就能唱自己的歌了。你们愿意试试吗？这节课我们就一起来试一试。

【设计意图：根据学生已有的知识进行回顾，同时利用小朋友的好奇心，激发学生学习的兴趣。】

二、读四个声调字，感受其音乐性

PPT 出示：春花 春阳 春水 春树

1.你能一边用手势，一边读出这四个词语吗？请一名同学来读读这四个词语。

2.请你拖长声音来读一读：这样读这些词的时候，你有什么感觉？

（预设：让学生说出不同的感觉，可以闭上眼睛自己先读一读，再说自己仿佛看到了什么。）

3.现在咱们来听老师弹音阶，（老师弹琴）你来把这些字放在音阶上，再来读一读，如果加上自己的手势就更好了。

4.其实每个字都能唱很多歌，放在不同的音阶上，就能唱不同曲调的歌了！谁愿意来试试？

5.孩子们，每个字都有自己的名字，就像每个同学都有自己的名字一样，他们可不希望被叫错了！所以我们要把每个字的字音说得、唱得清清楚楚。自己再来试试。

过渡语：词语练习过关了，我们来练习一句话。

【设计意图：从简单的词语入手，初步让学生感受到拖长声音来读，有点唱歌的感觉，运用不同的音阶初步感受不同的声调中蕴含着不同的含义和画面。】

三、利用白话练习，感受声调之美

PPT 出示乐谱：弯弯的月儿小小的船

1.先试着将每个字的声调标出来，然后辅以手势读一读。

2.请你将每个字的音拖长，来读一读：

弯弯—的—月儿——小小—的—船——

3.请同学展示。

4.接着我们把这些字放在音阶上试唱。

5. 我们一起来看一看，这句话是在说什么？他强调的是什么？

弯弯的月亮像小小的船一样，我们就可以把"月儿"唱得高一些。当然如果你有自己的理解也可以。

6. 哪几个字之间关系更密切？

"弯弯的、小小的"，这几个字就可以连得紧密一些。

【设计意图：从词语过渡到一句话练习，在这句话中加上学过的知识，以及自己对这句话的理解，体会如何唱出自己的歌。】

四、学生自由创作，小组展示评价

1. 你能不能按照我们刚才的步骤继续把这首诗唱完，就用自己的调子来唱。那么我们就按照四人小组来进行创作吧：

弯弯的月儿小小的船，

小小的船儿两头尖，

我在小小的船里坐，

只看见闪闪的星星，

蓝蓝的天。

2. 学生展示时以鼓励为主。可以进行学生互评。

（机动环节：如果学生掌握比较好，同时有时间，可以准备一首古诗《清明》或者《村居》。）

五、教师小结

孩子们，这节课上，我们用声调的魔法，加上平长仄短的规矩，唱出了自己的歌，唱出了自己的理解，你们真棒！我们每个人都是独一无二的，所以每个人的歌也是不一样的。希望你们用这样的魔法创作出更多属于自己的歌曲来！

六、板书设计

声调的秘密
轻重缓急　　　　平长仄短

《声调的秘密》吟诵教学反思

吟诵，是祖先们几千年的总结和发明，以中国文化的本来面目进行传承和推广，并潜移默化地起到教化心灵的作用，荡涤乖戾之气，养成君子之风。

缘于自己对古诗文的热爱，我报名参加了海淀区古诗文提升班。在这里，我遇到了在吟诵、音韵学、词源学方面的大家，结识了众多志同道合的良师益友。

"学然后知不足"。提升班的学习让我感到自己的渺小和知识的匮乏。因此在课下，我努力从各位学友、师长那里吸取各种营养，厚实自己传统文化的功底。在学习相关吟诵理论的时候，我看到了很多能够引起共鸣的论述。

在自己的教学实践中，我充分地利用了培训班的一些资源：跟着云盘中的音频进行学习。当我们跟唱《谁也没有看见过风》时，孩子们惊奇地睁大了眼睛，想不到学过的课文居然能够唱出来。很多小朋友把学过的语文书找了出来，特意找到这篇文章。最奇特的是，一个平常非常不喜欢学习语文的小朋友，竟然当着我和班主任的面，将一整段课文完整的唱了下来。之后，他对诵读课的兴趣越来越浓，把《清明》《村居》《相思》等都背了下来。

在古诗文提升班各位老师的帮助下，《声调的秘密》一课诞生了，从汉语的四个声调说起，到词语的音阶试唱，再到一首白话诗的吟诵。

怎样使学生能够从朗读过渡到吟诵呢？我设计了这样几个步骤：

先将每个字的声调标出来，然后拖长声音来读一读，加上自己的手势，这样更有助于学生读准声调，不倒字；接着边读边想一想，这首诗，这句话说的是什么，强调的是什么？句与句之间，字与字之间的关系是怎样的？最后希望孩子们能够大胆地尝试，敢于张口唱出自己的歌。

课上，孩子们勇敢的开口进行尝试，兴趣盎然，在小组成员的共同努力下，有的是小组同唱一首歌，有的能力强的同学自己唱自己的歌，在小组唱歌时，孩子们还创造性地设计了轮唱。当时真的给了我一个太大的惊喜！

兴趣是最好的老师，此言不虚，学生的兴趣被激发出来，自觉地进行学习与积累。这让我更加信服，吟诵这样一种传统的教育和学习方法，它不但可以帮助记忆，而且还能激发孩子们自觉学习和对个性的理解。

在实践中，我感受到了孩子们学习的兴趣，看到了他们越来越自信，孩子们的成长带给了我更多的欣喜！

当然，每节课都会有遗憾，一节课的时间总是有限，给孩子们的展示时间还是不够，很多孩子没能进行展示；既然在音乐教室上课，如果能够充分利用钢琴，那么学生在音准方面就能够进一步提高，而且会弹钢琴的学生一定能够利用钢琴的辅助创造出更美的吟诵调来！

第三节 《凉州词》《乡村四月》吟诵教学设计及反思

教学基本信息	
教师	刘茜
学段	小学第二学段　四年级
教材出处	《中华文化基础教材》——中华书局（2014 年 11 月）

一、指导思想和理论基础

吟诵是学习古典诗歌的有效方法之一，传统悠久，不少语言文学大家其深厚的古典文学功底，都得益于吟诵的学习方法。千百年的历史证明，吟诵是学习古典诗歌的最佳方法。将吟诵用于小学古典诗歌教学，可以激发小学生学习古典诗歌的兴趣、提高对古典诗歌的审美感受和欣赏能力、增强记忆力、提高记忆品质，进而全面提高小学生的综合语文素养。因此我们迫切需要吟诵教学回归小学古典诗歌课堂。

二、教学背景分析

教材分析：

《凉州词》全诗写艰苦荒凉边塞的一次盛宴，描摹了远征人们开怀痛饮、尽情酣醉的场面。首句用语绚丽优美，音调清越悦耳，显出盛宴的豪华气派；一句用"欲饮"两字，进一层极写热烈场面，酒宴外加音乐，着意渲染气氛。三、四句写征人互相斟酌劝饮，尽情尽致，乐而忘忧，豪放旷达。它那明快的语言、跳动跌宕的节奏所反映出来的情绪是奔放的，狂热的；它给人的是一种激动和向往的艺术魅力，这正是盛唐边塞诗的特色。

学情分析：

四年级的学生已掌握一定的学习古诗方法，而且本诗内容较为浅显，生字不多，并不晦涩，因此，学生完全可以自学理解诗意，了解诗文所要表达的基本情感。反而对于如今的小学生来说，困难点则是学习并运用吟诵的方式，通过古诗中平仄的规律感受诗歌的语言美、结构美、意境美，感受诗歌的魅力，从而带着对诗文更深层的情感理解去吟诵这首诗。

教学方式：自主学习——小组合作探究规律——形成方法

三、教学目标

教学目标：

1.体会诗的内容，想象诗中所描绘的景物，体会诗人的思想感情。

2.根据古诗中平仄的规律，掌握吟诵的基本特点和技巧，有感情地朗诵、吟诵，培养阅读古诗的兴趣和对古诗词的热爱之情。

教学重点：以小组的形式采用自主、合作探究的学习方式，比较熟练运用古诗中平仄的规律进行吟诵。

教学难点：能够运用古诗中平仄的规律吟诵，展现诗中所描绘的景象，体会诗人的思想感情。

四、教学流程图

一、积累切入，初步感知吟诵

二、聚焦《凉州词》，学习吟诵规律

三、回扣重点，加深吟诵学习

《凉州词》《乡村四月》吟诵教学过程

一、积累切入，初步感知吟诵

同学们积累了许多古诗，它们都是我们先人的艺术结晶，自古以来，诗词诵读一直是我们中华民族的传统，当然，也是我们翠小学子的传统。今天我要教大家一种新的诵读方式。

【设计意图：诗词自古便是我们中华民族传统文化的重要组成部分，经典诗词的学习更是学生学习生活中积累、掌握的要素之一，量的积累才能形成质的飞越。】

二、聚焦《凉州词》，学习吟诵规律

（一）朗诵，体会诗句节奏和意思

自读古诗：注意字音读正确，把握好诗的节奏，试着通过你的朗读展现出诗的情境来。

《凉州词》

[唐]　王翰

葡萄美酒夜光杯，欲饮琵琶马上催。

醉卧沙场君莫笑，古来征战几人回？

1. 评价时回顾要求，节奏是否把握得很好，验证了七言绝句的节奏。

2. 照着老师黑板上的样子，把节奏在学习单上画好。接着，按照节奏同桌之间再来读一读。

3. 这首诗表达了什么意思？结合学习单上的注释，自己先想一想，不明白的地方做下标记，然后小组之间讨论。

预设：一场壮行的盛大宴会上，舞女骑在马背上弹起琵琶为将士送行，战士们做好了为国捐躯的信念，今天举杯痛饮，明日慷慨赴死，保家卫国。他们眼中，在战场上一决生死，才是男儿本色。

小结：这是一首边塞诗，描写了边塞的一次盛宴，将将士们举杯痛饮的场面描写得淋漓尽致，也体现出将士们誓死报国的无畏精神。

【设计意图：指导学生通过有节奏的朗读感受诗句的韵律，并结合注释理解诗句中词语的意思，从而为接下来学习吟诵扫清障碍，利于学生通过吟诵更深入的理解诗句背后的情感，为此打下扎实的基础。】

（二）吟诵，学习平仄、押韵规律

1.学习一种新的读诗方式——吟诵（板书：吟诵）

2.认识平仄和押韵

同学们，学习单上的古诗跟我们平常看到的古诗有什么区别？

预设：古诗特别有韵律感，讲究平仄和押韵。

这个横指的是平声，是我们现在的一声、二声，比如诗中葡萄、光、杯；竖指的是仄声，是我们现在的三声、四声，比如诗中的美酒、夜、饮；而三角代表的是入声字，现在入声字已经逐渐消失了，在我们国家南方的一些方言里还会有，我们想知道哪些字是入声字，可以查入声字表。

一般来说，平声字我们读得长；仄声字读得短，入声字读得更加短促。

小结：复习吟诵基本规则，古诗里还特别讲究押韵，那么还有一条规则——韵字不论平仄都要读得意蕴悠长，也就是"韵字平仄皆回缓"。

（三）吟诵，体会规律，感悟情感

再听一遍，边小声哼唱，边体会诗中哪些字音拉长了，让你仿佛看到了什么画面？哪些字读得短，哪些字读得重了，又表达了怎样的想法和心理呢？

第一句："葡萄""光""杯"声音延长，仿佛看到了什么？突出为战士壮行的场面浩大、景象壮美。"美"为第三个字，也可以延长，突出人们的兴奋，酒席的欢乐场面。

第二句："欲饮"重读，突出将士们正高兴地、迫不及待地举杯饮酒。"琵琶"的"琶"在节奏点上，声音可以拖长一些，"催"是韵脚，要拉长。琵琶声绵延不绝，引人回味。马上的"上"要重读，彰显异域情调，突出宴会的欢乐场面。

第三句："醉卧""莫笑"吟诵时，短促一些，书写将士们的豪情满怀。突出将士们的洒脱豪情。

第四句："古来"要拉长，表示时间的久远，历史的悠久，"几人回"的

"人""回"停顿格外长一些，表达战士们视死如归，一往无前的英雄气概。

【设计意图：在学习和初步掌握吟诵基本规律的同时，帮助学生通过由心而发的吟诵深入感知和理解诗句的含义，并试着体会吟诵方法的妙处所在。在吟诵中感悟，在感悟中吟诵。】

（四）欣赏，模仿吟诵，深入理解

同学们通过吟诵，对诗的理解更透彻了，我们再听一遍，边听边自己练一练。

教师：刚才我们听的音频是女生唱的，听起来比较柔美，如果为了更好地体现边塞诗的情感，我们还可以怎么唱？

老师示范（"葡萄美酒夜光杯"）——更有力——可超越。我们再来一起试试"古来征战几人回"。

点评：你们的唱腔把盛大的壮行场面展现了出来，也把战士们视死如归的勇气表现了出来。

1. 依字行腔

吟诵的另一个规则：一三五不论，二四六分明，节奏点上停一停。也就是说，第二四六位置的字，必须按照平仄的规则去吟唱。

2. 小结规则

平长仄短，入声短促，韵字平仄皆回缓。

一三五不论，二四六分明，节奏点上停一停。

3. 同桌唱，教师个别指导、展示

点评：声音的美和意境的美完美地结合在一起，给人一种情感的陶冶和升华。

三、回扣重点，加深吟诵学习

1. 吟诵可以根据诗的情感内容来选择曲调，我们来听一听这首诗，如果刚才的规则已经掌握好的同学，可以跟着小声哼唱。

乡村四月

[宋] 翁卷

绿 遍 山 原 白 满 川，

▲ ｜ ― ― ▲ ｜ ―

117

子　规　声　里　雨　如　烟。

｜　—　—　｜　｜　—　—

乡　村　四　月　闲　人　少，

—　—　｜　▲　—　—　｜

才　了　蚕　桑　又　插　田。

—　｜　—　—　｜　▲　—

2.自己唱一唱，边跟唱边体会诗意与《凉州词》有什么不同？谁听出两首诗吟唱的时候，有什么不同？

《凉州词》：这首诗表现守边将士豪纵开朗的心态和视死如归的英雄气概，情调奔放豪壮，具有激动人心的魅力。所以整首诗吟诵时要慷慨激昂一些，奔放一些。

《乡村四月》整首诗歌展示了春天的江南，农忙时节，一派欣欣向荣的景象，所以总的吟诵节奏是欢快、轻松愉悦的。

【设计意图：吟诵将文字的美、音乐的美、情感的美融合在一起，展示了美的心态和境界，希望你们通过诵读在传统经典的诗词中不断注入新的活力，获得美的享受。】

四、作业

1.复习吟诵规律。

2.把《乡村四月》吟诵熟练，将《凉州词》和《乡村四月》有感情地吟诵给你的家长听。

五、板书设计

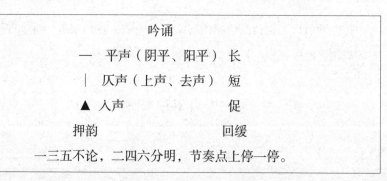

吟诵
—　平声（阴平、阳平）　　长
｜　仄声（上声、去声）　　短
▲　入声　　　　　　　　促

押韵　　　　　　　　回缓
一三五不论，二四六分明，节奏点上停一停。

《凉州词》《乡村四月》吟诵教学反思

国学经典是中华文化中的一颗璀璨夺目的明珠。吟诵经典，启迪心智，清静灵魂，感悟人生。特别是在小学启蒙教育过程中经典诗文的阅读、诵读等训练，对于提高小学生的汉语言水平、思维能力、识记能力和文化素养，以及对汉语言文字的理解都很有裨益。

一、黄金时期，启迪心智

熟读并且背诵经典，其核心是要增加小学生的原始积累。"书读百遍，其义自见""故书不厌百回读，熟读精思子自知"。积累多了，将来理解能力发展到一定程度时，许多原来理解不深的东西自然能做到"无师自通"。开展儿童经典诵读是激发潜能、学习语言、增强人文底蕴、开启智慧的重要途径，同时又能培养孩子们高尚的情操和人文关怀，使孩子们变得胸怀博大、知书达理、善良聪慧、乐观坚定。

二、品味文本，感悟情感

本课以《凉州词》为载体，引导学生品味文本，感悟情感。并在此过程中学习吟诵的方法和规律，从而更好地体味诗文和作者的情感。

边地荒寒艰苦的环境，紧张动荡的征戍生活，使得边塞将士很难得到一次欢聚的酒宴。有幸遇到那么一次，那激昂兴奋的情绪，那开怀痛饮、一醉方休的场面，是不难想象的。这首诗正是这种生活和感情的写照。诗中的酒，是西域盛产的葡萄美酒；杯，相传是周穆王时代，西胡以白玉精制成的酒杯，有如"光明夜照"，故称"夜光杯"；乐器则是胡人用的琵琶；还有"沙场""征战"等词语。这一切都表现出一种浓郁的边地色彩和军营生活的风味。

诗人以饱蘸激情的笔触，用铿锵激越的音调，奇丽耀眼的词语，定下这开篇的第一句——"葡萄美酒夜光杯"，犹如突然间拉开帷幕，在人们的眼前展现出五光十色、琳琅满目、酒香四溢的盛大筵席。这景象使人惊喜，使人兴奋，为全诗的抒情创造了气氛，定下了基调。

第二句开头的"欲饮"二字，渲染出这美酒佳肴盛宴的不凡的诱人魅力，表现出将士们那种豪爽开朗的性格。正在大家"欲饮"未得之时，马上奏起了琵琶，虽然军令如山，但这种情况下，大家视死如归，催者自催，饮者自饮。

这是一个欢乐的盛宴，它那明快的语言、跳动跌宕的节奏所反映出来的情绪是奔放的、狂热的；它给人的是一种激动和向往的艺术魅力，这正是盛唐边塞诗的特色。

三、感受吟诵，学习规律，习得方法

将吟诵用于小学古典诗歌教学，可以激发小学生学习古典诗歌的兴趣、提高对古典诗歌的审美感受和欣赏能力、增强记忆力、提高记忆品质，进而全面提高小学生的综合语文素养。因此我们迫切需要吟诵教学回归小学古典诗歌课堂。

四年级的学生已掌握一定的学习古诗的方法，而且课本内的古诗内容一般较为浅显，生字不多，学生完全可以自学理解诗意，但传统文化博大精深，关于吟诵，学生要面对的困难是如何运用吟诵的方式，透过古诗中平仄的规律感受诗歌的语言美、结构美、意境美，感受诗歌的魅力，从而吟诵这首诗。

《凉州词》一诗的吟诵教学中，我的课堂设计的主要目标有三个：

1. 体会诗的内容，想象诗中所描绘的场景，体会诗人的思想感情。

2. 培养阅读古诗的兴趣和对古诗词的热爱之情。

3. 有感情地朗诵、吟诵，了解古诗中平仄的规律，掌握吟诵的基本特点和技巧。

其中对于学生最难的也是本课的重点，即了解古诗中平仄的规律，掌握吟诵的基本特点和技巧。但是通过一首诗的细致讲解，可以感受到学生对传统吟诵的方式很是喜爱，对于吟诵的规律也掌握得很快，理解很透，在老师的引导下，可以根据诗文的深刻含义去品读，去吟诵。多数学生一节课下来对于吟诵规律基本已熟练掌握，且能够适时地根据自己对诗文的理解，进行吟诵的尝试。我想这就是吟诵的魅力吧！

经典吟诵，还有助于我们优化技能，净化心灵，升华情感，做一名纯粹的教师。技能的优化，需要坚守与超越。坚守是优化的前提，没有成功经验的坚

守，优化就失去了基础，而超越则是优化的本质。

　　"以千年文化为伴、与中华经典同行"，作为教师，尤其是小学语文教师更应身体力行，不断探索，让经典融于学生们的血液中，芬芳萦绕在他们的生命中！

第四节　送别诗吟诵教学设计及反思

<table>
<tr><td colspan="2" align="center">教学基本信息</td></tr>
<tr><td align="center">教师</td><td align="center">于立君</td></tr>
<tr><td align="center">学段</td><td align="center">小学第三学段　五年级</td></tr>
<tr><td align="center">教材出处</td><td align="center">《中华文化基础教材》——中华书局（2014年11月）</td></tr>
<tr><td colspan="2" align="center">一、指导思想和理论基础</td></tr>
<tr><td colspan="2">

吟诵是古典诗文的诵读方法，也是古代诗文的创作方法之一，作为我国优秀的非物质文化遗产，它将文字的美、声音的美、情感的美、画面的美融合在一起，展示了美的心态和境界。

通过吟诵，我们要让学生在头脑中建立声音、画面和情感之间的联系，感悟古诗文的美，激发学生的学习和积累的兴趣，陶冶情操。富有诗意的生活，使学生有一种健康的生活方式。
</td></tr>
<tr><td colspan="2" align="center">二、教学背景分析</td></tr>
<tr><td colspan="2">

教材分析：

这篇课文选自中华书局主办的《中华文化基础教材》。我把其中的送别诗进行了归类。围绕"送别"这一主题，我选取了3首不同的诗进行了单元整合，分别从不同方面展现出送别诗的特点以及诗人丰富的情感内涵，引导学生在吟诵中感受传统文化的魅力。

《赠汪伦》和《黄鹤楼送孟浩然之广陵》都是李白的诗。《赠汪伦》描绘了踏歌送行，吟诗相谢的情景。吟诵时轻松欢快，声音柔婉曲折，表达了李白对汪伦的感激、惜别之情。《黄鹤楼送孟浩然之广陵》描绘了长江天际流的开阔旷远的景象。吟诵时宏阔缓慢，声音雄浑绵长，表达了李白告别友人后怅然若失的感情。《送元二使安西》描绘了雨后清晨，折柳相送的情景。吟诵时平缓委婉，声音低沉含蓄，体现王维细腻委婉、深沉忧郁的离别之情。这三篇首诗虽然都是送别友人，但是各具特色，写法，情感均有不同。

学情分析：

学生学习的起点就是我们教学的出发点。我分别从学生已有的吟诵知识和对古诗情感的把握这两方面设计了4道前测题。

从前测题反馈的数据看，所有学生都能够熟练写出吟诵的规则。学生能够自学弄懂诗意，83%的学生不能通过吟诵很好地表达诗的意境；学生能感受到三首诗都表达了诗人送别友人时的依依不舍之情，但是80%的同学体会不到三首送别诗表达情感的差别；学生能关注到古诗中环境描写和情感表达，但是50%的孩子体会不到环境描写对诗人情感表达的作用。89%的学生对于关键字的声调高低，声音长短与情感的表达，能说出2~3处。但是与情感的表达关系停留在表层。

教学策略：

1.根据教材和学情，我整合教材，将学生已有学习体验、诗词积累和本课新知进行融合，将语文学科内容和吟诵进行融合，达到文意与韵律的完美统一，知能合一：内融于情，外化于声。
</td></tr>
</table>

续表

2．以小组合作探究为策略，引导学生结合搜集的资料，弄懂诗意，吟诵中感悟、吟诵中想象、评价中提升使学生获得学习方法，充分表情达意。

教学手段：小组合作——集体探究——形成方法。

技术准备：多媒体，音频。

三、教学目标

教学目标：

1．体会三首送别诗的内容和情感不同，想象诗中所描绘的景物，培养学生初步的古诗鉴赏能力，激发学生积累古诗词的兴趣。

2．根据古诗中平仄的规律，有感情地吟诵，在吟诵中感悟文字的美、音乐的美、情感的美、画面的美。

教学重、难点：根据古诗中平仄的规律，有感情地吟诵，在吟诵中感悟文字的美、音乐的美、情感的美、画面的美。

四、教学流程图

一、聚焦规则，回忆吟诵方法

1.感情朗读，整体感知

2.研读文本，深入探究

3.展示成果，感情升华

4.欣赏名家，学会吟诵

二、聚焦感悟，吟诵表情达意

三、聚焦不同，升华学生认知

送别诗吟诵教学过程

一、聚焦规则，回忆吟诵方法

四年级时，我们开始学习诗词吟诵。我们发现，吟诵能将文字的美、音乐的美、情感的美、画面的美巧妙地融合在一起，展示了美的心态和境界。谁能介绍一下吟诵的规则？

1.学习古诗词时，根据文体遵循吟诵规则：平长仄短，入声促，韵字平仄皆回缓，依字行腔；古诗中讲究：一三五不论，二四六分明，节奏点上停一停。

（平声就是我们平时说的一声、二声；仄声就是我们平时说的三声、四声；

入声字现在基本不用了，但是可以在网上查入声字表。）

2.这只是基本的方法，吟诵者加入手势，选择声调的长短，也可以加入自己喜欢的音乐。有时用南方方言读更动听，直接念出来就自成曲调了。

【设计意图：复习吟诵的规则和方法，引导学生进入情境，为灵活处理、灵活运用、个性表达的进一步学习做铺垫。】

二、聚焦感悟，吟诵表情达意

（一）感情朗读，整体感知

1.出示三首诗《赠汪伦》《送元二使安西》《黄鹤楼送孟浩然之广陵》，自己先朗诵，注意字音读正确，有节奏感。指名朗读。

【设计意图：从朗诵入手，便于学生掌握吟诵依字行腔的方法，形成新旧知识衔接】

2.这三首诗内容上有什么共同特点？（都是送别诗）

古代为什么会有这么多送别题材的诗呢？人间最难舍的情就是"别情"。古人由于道路崎岖难行，交通工具落后，一别动辄数年，再会难期，甚至就是永别。因此表达离愁别绪是古代诗歌常见的一种主题。士大夫们送别，不光是备酒饯行、折柳相送，还常常写诗互赠给对方。

【设计意图：了解送别诗题材特点，初步学会比较。】

（二）研读文本，深入探究

1.各组抽签。抽到哪一首就吟诵哪一首。

2.小组合作，分组进行吟诵方法探究。

小组合作要求：

（1）根据搜集资料，小组合作学习，弄懂诗意及表达的感情。

（2）运用古诗中平仄的规律进行吟诵，并根据三首诗的内容以及表达的情感，举例说说某些字为什么这样吟诵。（每位小组成员至少说一点）

（3）小组先一起进行吟诵展示。再派代表举例子说说本小组的吟诵方法：哪些字声音延长或短促，展现出怎样的景象？

咱们比一比，看谁的吟诵最能体现诗人的情感和画面的美，规则运用得更恰当熟练，好不好？各小组开始吧。

自读批画，标出平仄——理解诗意，自悟诗情——交流诗意，感悟情境——吟关键词，想象画面——高低长短，展现意境

【设计意图：通过具体要求，让小组成员明确自己的任务，加强吟诵个体实践，初步建立内容与声音的关系，使合作落到实处。】

（三）展示成果，感情升华

各组汇报时，评价对方好在哪里？有什么建议？没有说到的，或有新想法的及时进行补充，但是不能重复别人说过的想法。因此一定要用心倾听，做些标注。

赠汪伦

[唐]　李白

李白乘舟／将欲行

｜▲—　—　—▲—

忽闻／岸上踏歌声

▲—　｜｜▲—

桃花／潭水深千尺

—　—　—　｜—▲

不及汪伦／送我情

▲▲—　—　｜｜—

送元二使安西

[唐]　王维

渭城／朝雨浥轻尘

｜—　—　｜▲—　—

客舍青青／柳色新

▲｜—　—　▲—　—

劝君／更尽一杯酒

｜—　—　｜▲—　｜

西出阳关／无故人

—▲▲—　—　—　｜—

黄鹤楼送孟浩然之广陵

[唐] 李白

故人／西辞／黄鹤／楼

丨 — — — — ▲ —

烟花／三月／下扬／州

丨 — — — ▲ 丨 —

孤帆／远影／碧空／尽

— — 丨 丨 ▲ — 丨

唯见／长江／天际／流

丨 丨 — 丨 — 丨 —

注意：各组汇报时，如果相同的字处理就不重复说，可以用吟诵体现。

【设计意图：引导学生进行小组间的交流与倾听，展现学生个性化的创作和理解。通过相互交流、启发，能抓住关键词，通过吟诵声调的高低，声音的长短来表达诗人的情感，个性化的理解，突出诗的意境。】

（四）欣赏名家吟诵

1. 用心听，体会三首诗吟诵有什么不同？

2. 自由吟诵，体会诗情。

3. 小结：名家的吟诵既符合了吟诵规则，更注重个性的灵动与创新，使声音更好听，情感表达更充分，而且更具有画面感。

【设计意图：在比较中熟练掌握吟诵的方法，懂得灵活运用吟诵规则，感受吟诵带来的美的享受。】

三、聚焦不同，升华学生认知

（一）分角色吟诵，比较不同

《赠汪伦》

内容：情深意长之别。

情感：欢快、感激。

《送元二使安西》

内容：清新留恋之别。

情感：清新、感伤。

《黄鹤楼送孟浩然之广陵》

内容：怅然若失之别。

情感：孤寂、落寞。

（二）小结

古代送别诗一般表达对友人的留恋、关怀，对友人的宽慰，对友人的思念，表达自己的志节，依依不舍，分别后自己的孤寂、惆怅、落寞等。

四、板书设计

送别诗

情感美　　平 长 仄 短 入 声 促

声音美　　韵 字 平 仄 皆 回 缓

意境美

画面美　　一 三 五 不 论

　　　　　二 四 六 分 明

　　　　　节 奏 点 上 停 一 停

基于学情 整合教材 内融于情 外化于声。

送别诗吟诵教学反思

吟诵是古典诗文的诵读方法，也是古代诗文的创作方法之一，作为我国优秀的非物质文化遗产，它将文字的美、声音的美、情感的美、画面的美融合在一起，展示了美的心态和境界。

通过吟诵我们要让学生在头脑中建立声音、画面和情感之间的联系，感悟古诗文的美，激发学生学习和积累的兴趣，陶冶情操。富有诗意的生活，使学生拥有一种健康的生活方式。

为了更好地帮助学生把握吟诵规则，灵动地进行吟诵积累，我把中华书局主办的《中华文化基础教材》中的送别诗进行了归类。围绕"送别"这一主题，我选取了 3 首不同特点的诗进行了单元整合，分别从不同方面展现出送别诗的特点以及诗人丰富的情感内涵，引导学生在吟诵中感受传统文化的魅力。

学生学习的起点就是我们教学的出发点。我分别从学生已有的吟诵知识和对古诗情感的把握两个方面设计了 4 道前测题。从数据看，100% 的学生能够熟练写出吟诵的规则。能够自学弄懂诗意，83% 的学生不能通过吟诵很好地表达诗的意境；学生能感受到三首诗都表达了诗人送别友人时的依依不舍之情，但是 80% 的同学体会不到三首送别诗表达情感的差别；学生能关注到古诗中环境描写和情感表达，但是 50% 的孩子体会不到环境描写对诗人情感表达的作用。89% 的学生对于关键字的声调的高低，声音长短与情感的表达，能说出 2~3 处，但是与情感的表达关系停留于表层。

首先，根据教材和学情，我整合教材，将学生已有学习体验、诗词积累和本课新知进行融合，将语文学科内容和吟诵进行融合，达到文意与韵律的完美统一，知能合一：内融于情，外化于声。其次我以小组合作探究为策略，引导学生结合搜集的资料，弄懂诗意，吟诵中感悟、吟诵中想象、评价中提升使学生获得学习方法，充分表情达意。

《赠汪伦》和《黄鹤楼送孟浩然之广陵》都是李白的诗。《赠汪伦》描绘了踏歌送行，吟诗相谢的情景。吟诵时轻松欢快，声音柔婉曲折，表达了李白对汪伦的感激、惜别之情。《黄鹤楼送孟浩然之广陵》描绘了长江天际流的开阔旷远的景象。吟诵时宏阔缓慢，声音雄浑绵长，表达了李白告别友人后怅然若失的感情。《送元二使安西》描绘了雨后清晨，折柳相送的情景。吟诵时平缓委婉，声音低沉含蓄，体现王维细腻委婉、深沉忧郁的离别之情。这三篇首诗虽然都是送别友人，但是各具特色，写法，情感均有不同。

这节吟诵课的教学设计特色归纳起来可以用 16 个字概括：基于学情，整合教材，内融于情，外化于声。

在这节课中，我比较好地处理了吟诵的规范和学生个性化理解之间的关系。能充分利用孩子已有经验，发挥小组合作作用，激发学生吟诵的兴趣，培养他们吟诵的能力。

1. 将学生已有学习体验、已学会的吟诵方法和语文知识进行有效融合，在吟诵中获得个性化的体验。

2.同一首诗，不同的人吟诵，因为理解不同，表达的情感也不一样；即使同一个人，因为在不同的境遇下，吟诵的情感也不一样。

3.学生能够根据搜集资料小组合作，理解诗的内容，想象诗中所描绘的景象，体会诗人的思想感情。

4.学生能够根据自己对诗句的理解及古诗中平仄的规律，熟练运用吟诵的规则，有感情地吟诵，展现诗句的内容以及诗人所表达的情感。

5.学生的吟诵，激发起更多人对吟诵的热爱，在全校起到了引领示范作用。

通过这节课的教学我也感受到，作为老师要加强音韵学的学习，对于韵字的感情特点要进一步加强指导。在学习中给予学生音韵学方面的知识，让学生能够运用规律进行吟诵，使吟诵更加优美，更有创新。另外，教学中要注意解读意象，尤其是文化的意向，要不断在课堂中渗透给学生，使声音和意象相映生发。

"仁言不如仁声之入人深也"。传统文化课应聚焦重点，从情感介入，将最核心、最绚烂的部分具体呈现给学生，关注常识，同时感染共情。传统文化唯有通过这样的形式才能真正走进孩子的内心，通古今之变，形成博雅教育！

第五节 《郑人买履》文言文教学设计及反思

教学基本信息	
教师及指导老师	王娜、赵乐林
学段	小学第三学段　五年级
教材出处	《义务教育课程标准实验教科书》语文——北京师范大学（2016 年 5 月）

一、指导思想和理论基础

1.《语文课程标准》中要求"认识中华文化的丰厚博大，吸收民族文化智慧"。古文阅读主要的目的是让学生感受一下文言文的语言魅力，获得语言的发展，为初中的文言文学习做好铺垫，同时也进一步了解祖国悠久灿烂的文化，培育学生热爱祖国语言文字的思想感情，继承和发扬传统文化。

2.《语文课程标准》中指出，小学对文言文的要求是这样的："诵读优秀诗文，注意通过诗文的声调、节奏等体味作品的内容和情感。"崔峦老师在讲到小学阶段的文言文教学时提道："小学阶段的文言文教学，旨在体现小学与初中的衔接，主要是让学生见一见，感受一下，以至于到了初中不感到陌生。"

3.《语文教学参考》关于学习古文的要求是：小学生没有学习古代汉语的任务，学习古文重在积累，感受古代汉语的特点，所以教学应以朗读、诵读、背诵为主，理解课文内容，也应突出整体感知，不要陷入一对一的直译中，而忽视对课文整体内容的把握。

二、教学背景分析

教材分析：

本课选编了两则古代寓言，都是以短小有趣的故事，讽刺了生活中的某些荒唐可笑的现象，揭示了一些深刻的道理。《刻舟求剑》借一个不知舟已行矣而剑不行的求剑人，《郑人买履》借一个宁可相信自己脚的尺码而不相信自己的脚的人，讽刺墨守成规、迷信教条而不尊重客观事实的人。两则寓言都是用可笑的"蠢人蠢事"从反面给人启迪，耐人寻味。

古文寓言故事短小，故事中充满了无限的智慧，引人入胜。能够很好地引导学生懂得一些常识性的东西，学会一些做人的道理。通过文言寓言故事的教学还可以让学生领略文言寓言故事简洁、朴实却能表达深刻道理的文学魅力，从而提高学生文字表达能力、丰富学生文学底蕴，传承中华文化。对学生的思想道德、人格情操的形成也能起到潜移默化的功效。

学情分析：

本班学生已经是五年级的学生了，他们具有一定的阅读能力，通过一些古诗文的学习，对文言有一定了解。他们喜欢阅读寓言故事，但是文言文远离孩子们的现实生活，所以对于古文寓言接触的很少，对于文言寓言的特点不了解，也没有过多的学习文言寓言的方法。学生阅读文言文，存在很大困难。但是孩子们有一些学习古诗的方法，相信能在老师的引导下品读文言寓言，感受它的无限魅力，从中感受历史文化的璀璨与美好。本次阅读想通过指导学生朗读，放手学生自学和小组学习结合，学习和总结出阅读古代寓言的一般方法，让学生真正成为学习的主人，徜徉于古代寓言的世界，感受文言的魅力，领悟文言寓言故事的深意，传承中华文化。

教学策略:

1. 指导学生分层朗读,读准、读通、读懂古文,从而体会古文的韵律,感知古代寓言的特点。勾联现实生活,感受寓言的深刻道理,进一步激发学生阅读古代经典的兴趣。

2. 创设学生展开合理想象,小组合作表演的舞台,读写结合,激发学生思维,深入理解寓意。

教学手段:分层朗读——合理想象——小组合作——勾联生活——领悟寓意——激发思维和兴趣。

技术准备:多媒体 PPT。

三、教学目标

教学目标:

1. 分层朗读,读准、读通、读懂古文,体会古文的韵律,感知古代寓言的特点,感受寓言的深刻道理,进一步激发学生阅读古代经典的兴趣。

2. 合理想象,小组合作表演,读写结合,勾联现实生活,激发思维。

教学重点:读懂古文,感知古代寓言的特点。

教学难点:合理想象,小组合作表演,读写结合,勾联现实生活,深入理解寓意。

四、教学流程图

一、看图猜寓言,导入新课

1. 看图猜谜,话说寓言;

2. 介绍典籍,激发热情;

3. 板书课题,直奔主题

二、品读寓言,明白道理

1. 读准字音,读通句子;

2. 借助注释,读懂故事;

3. 合理想象,创编故事;

4. 勾联生活,明白道理。

三、背诵寓言,回味无穷

四、作业布置,读写结合

《郑人买履》教学过程

一、看图猜寓言,导入新课

(一)看图猜谜,话说寓言

1. 谈话:同学们,我国古代有许多有意思的寓言故事,快来看图,你能猜出是哪个寓言故事吗？

2. 出示画面，猜寓言故事。

3. 自由抢答。

（预设：守株待兔、买椟还珠、自相矛盾、滥竽充数、曾子杀猪、老马识途。）

【设计意图：看图抢答猜谜，符合小学生的年龄特点，激发学生的学习兴趣和热情，创设了学习古文寓言的情境，学生学习古文兴趣盎然。】

（二）介绍典籍，激发热情

1. 过渡：这些古代的寓言故事家喻户晓，它们都出自同一本古书，你们知道吗？

2. 介绍出处及作者。

（预设：《韩非子》这本书是战国时期著名思想家、法家韩非的著作总集。是在韩非逝世后，后人辑集而成的。著作中许多当时的民间传说和寓言故事成为成语典故的出处。）

【设计意图：小学生对于古文寓言的学习接触很少，只是浮于表面，见缝插针地介绍出处和作者，使学生增加一些相关的文学常识，传承古代文化，激发学生对传统文化的探究及热爱之情。】

（三）板书课题，直奔主题

1. 过渡：今天我们要学习的寓言二则中，有一则就出自《韩非子》这本书。这节课，我们就先来学习《郑人买履》这一则寓言故事。

2. 板书课题"郑人买履"，强调"履"字书写。

（预设："履"指的就是鞋的意思，这个字笔画较多，同学们跟我一起书空，半包围结构，外面是个"尸"字旁，里面左右结构，左边双人旁，右边是个重复的"复"，注意里边是一个横，下边是个三笔反文。）

3. 齐读课题。

【设计意图：旧知与新知巧妙结合，直奔主题。板书课题，指导书写，理解题意完美结合，一举多得。】

二、品读寓言，明白道理

（一）读准字音、读通句子

1. 出示《郑人买履》古文。

2. 过渡：要读好古文寓言，先要读准字音，读通句子。自己练习读一读。

板书：读准 读通

3. 自由练读。

4. 指名读。（预设：谁敢接受挑战，其他同学倾听，拿出笔做标记，先来听他字音读的准不准。）

5. 纠正字音，练习读准。

预设：

① 吾、遂、宁。

② 度 dù / duó（据义定音）。

③ 在书上标注正确读音，练习读准。

6. 自由练读。

7. 过渡：同学们读的时候，我觉得这句话读的不够好。如何断句呢？

8. 自由练读。

9. 指名读。

10. 指名读全文。

【设计意图：古文不同于现代文，小学生接触少，在读的时候，存在着不少的困难。分层朗读，读准、读通古文这是第一步要做的，学生在自读、互读、教师指导下，一步步尝试，把古文的字音读准，句子读通，获得读古文的成就感，感受到古文的语言魅力，也为能真正能读懂古文，明白其中的道理做好铺垫。】

（二）借助注释，读懂故事

1. 过渡：古文能够读准字音，读通句子了，意思是否读懂了呢？（板书：读懂）

2. 出示重点注释，自己读懂故事。

（预设：挑战自我，先不看译文，实在不会，再看译文。）

3. 指名讲故事，其他同学补充，教师点拨。

【设计意图：借助注释而不是直接就对照译文来读懂古文的意思，让学生有自读古文的乐趣，获得读古文的成就感，感受到传统文化的博大精深，从而对传统文化产生进一步探究及学习的欲望，热爱古文寓言，热爱传统文化。】

（三）合理想象，创编故事

1. 读中想象，定格画面。

（1）过渡预设：同学们真了不起，故事读懂了，你们觉得这个小故事怎么样？

（2）这么有意思的小故事，让我们再来读一读吧，边读边想，如果我们要将这个小故事拍成短片，按照事情的发展顺序，你会把镜头定格在哪几个画面上呢？

（3）自由发言，定格画面。

想象点预设：自度其足／吾忘持度／返归取之／曰："宁信度，无自信也。"

2. 想象第一幅画面，明确评标。

（1）过渡：同学们都能做导演了，定格的这四幅画面，我们到底要拍些什么情景呢？我们先来看第一幅画面，围绕着"自度其足"的"度"，请你展开合理的想象，准备拍摄哪些情景呢？

（2）自己练习讲一讲，边讲边加上适当的动作。

（3）指名讲述，学生评价。

（4）老师范文，比较评价。（重点刻画郑人量尺码时的动作）

（5）想象画面，感情朗读。

（6）教师小结，出示评标。抓住重点；想象合理；生动具体；表达流畅。优秀；良好；合格。

3. 小组合作，想象表演，感情朗读。

（1）谈话过渡：同学们，其他三幅定格的画面，你又准备拍些什么情景呢？

（2）明确要求：就像刚才想象第一幅画面这样，同学们可以抓住重点，展开合理的想象，把其他三幅定格的画面也生动具体地讲出来。讲的时候要注意语言的流畅性，还可以加上适当的动作。这次我们采取小组合作，看看哪个小组的能被导演选中！

（3）小组合作要求：

①每人重点讲述一个画面，小组内交流。

②四人合作，将四幅画面连贯起来讲述。合作练习时间5分钟。

（4）让我们接着走进郑人买履这个小故事，同学们来做导演，哪个小组来讲述？看看你们能不能被导演选中进行拍摄。

（5）小组展示，同学评价，教师点评。

板书：合理想象、联系生活

（6）相信同学们拍摄的短片一定会获得观众的好评。期待着大家的作品。

4.回顾全文，分角色朗读。

（预设：老师读旁白、男生做郑人，女生做旁人）

【设计意图：在读懂古文寓言字面意思的基础上，在教师范例的引领下，学生进行小组合作，大胆合理的想象并创编故事，表演故事，进行读写结合，激发学生的创作思维，使得学生的想象能力、表达能力、写作能力、合作能力等多种能力得到锻炼和培养，更使得学生对古文寓言的理解从表面意思深入到对内涵的领悟，深刻的寓意不言自明。学生从中感受到了古代寓言故事短小精悍，内涵深刻的无穷魅力，从而热爱古文寓言，传承古代文化的兴趣与热情得到升华。】

（四）勾联生活，明白道理

1.过渡：故事读懂了，同学们认识了一个怎样的郑人呢？

2.自由交流。（死板、教条、不知变通、不尊重客观事实）

3.过渡：我们的生活中有这样的人吗？现实生活中，不能根据实际情况变通做事的人确实不少。你来结合生活的实例讲一讲吧！

4.老师举例，同学思辨。

（1）战国时，赵国名将赵奢之子赵括，年轻时学兵法，谈起兵事来父亲也难不倒他。后来他接替廉颇为赵将，在长平之战中，只知道根据兵书办，不分析敌我形势，乱打乱冲，结果40万大军覆没，自己也被箭射死。

（2）每周二，洒水车都会在道路上洒水，一次的周二，天上下着雨，天气寒冷，洒水车仍然边走边洒水。路上汽车因为打滑，连续出现追尾等交通事故。

（3）每周应当给花浇一次水，但这星期一直阴雨连绵，空气湿度很大，花盆里的土湿乎乎的，妈妈还是按原来的规定给花浇了水。

（4）小红本来准备晚上先复习功课，然后找邻居同学练唱歌，但是停电了，她非要等着来电后复习功课，然后再练唱歌。

5.从这些现实的例子中，你感受到了什么？（自由发言）

6.教师总结，板书寓意。（切合实际 灵活变通）

【设计意图：古文寓言中的道理比较容易明白，但是绝不是只浮于表面，讲讲大道理而已。如何让学生的心灵真正被深深地触动，给予他们人生的启迪与智慧，通过古今生活中的多个实例让学生来进行思辨，从而触动学生的心灵，让他们感受到这个寓言故事中的道理有多么的深刻，达到真正的教育意义。】

三、背诵寓言，回味无穷

1.教师总结：是啊，同学们，韩非子仅仅用了61个字来写《郑人买履》，这样短小精悍的寓言故事却能带给我们如此深刻的内涵，让我们在生活中少犯错误，少走弯路，做个充满智慧的人。这就是它能够流传至今的原因，这更是文言寓言的魅力所在，让我们永远记住它吧。

2. 配乐朗诵，回味无穷。

【设计意图：朗读背诵古文贯穿整节课，"读书百遍，其义自见。"学生在朗读背诵中，润物细无声地播下了对古文的热爱，对传统文化的热爱。】

四、作业布置，读写结合

1.熟练背诵《郑人买履》。

2.《郑人买履》故事扩写。

【设计意图：作业的布置，渗透着读写结合，更渗透着对于中华文化的传承。】

五、板书设计

寓言二则

郑人买履

读准　切合实际　合理想象

读通　灵活变通　联系生活

读懂

《郑人买履》教学反思

《语文课程标准》中的课程目标要求"认识中华文化的丰厚博大，吸收民族文化智慧"。语言文字是文化的载体和体现，文言文是古代历史中通用的语言文字，蕴藏着中华民族古老而深厚的文化，社会制度、文化特征、宗教礼俗、意识形态等方方面面都包蕴其中。从这个意义上说，要想了解古代文化，就有必要学习文言文，积累丰富的文言知识。

文言文是中国古代文化的载体，里面包含了古人的生活、情感、精神、智慧、哲学等。新课标指出"语文课程应培养学生热爱祖国语文的思想感情"。小学古文教学主要目的是让学生感受一下文言文的语言，学习一定的文言词汇和文言知识、感受文言文的魅力，获得语言的发展，为初中的文言文学习做好铺垫，同时也让学生进一步了解祖国悠久灿烂的文化，培育他们热爱祖国语言文字的思想感情。

《郑人买履》这节课，我是想通过小小的一则古文寓言，引导学生在分层朗读中，展开合理想象进行小组合作学习，通过勾联生活，真正领悟古文寓言的深刻内涵，获得人生的启迪与智慧，激发学生的思维及阅读古文经典的兴趣，感受中华文化的博大精深。润物细无声地播下学生对于古文寓言和传统文化热爱的种子，传承传统文化。

第一，分层朗读，方法引领，熟读成诵。

《语文课程标准》中指出："各个学段的阅读教学都要重视朗读和默读。应加强对阅读方法的指导，让学生逐步学会精读、略读和浏览。有些诗文应要求学生诵读，以利于积累、体验、培养语感。"我们从中可以充分认识到朗读的重要性。"读书百遍，其义自见"，对于诗文更应重视诵读。本节课上，我努力通过个人读、同桌互读、小组练读、师生配合读、想象朗读、齐读等多种形式的朗读：充分调动学生尝试古文朗读的积极性，并且通过有层次有方法的朗读指导，引导学生由读准字音、读通句子到读懂文意，讲清故事，最后到明白道理，读出韵味，读出感情，层层深入，方法引领，激发学生读文言寓言的兴趣，熟读成诵，感受中国历史文化的璀璨与美好。

第二，润物无声，享受魅力，激发思维和兴趣。

我们祖国的历史是悠久的。在漫长的岁月里产生了许许多多伟大的、优秀的作家和诗人，他们留下了大量的珍贵遗产。我们应弘扬传统文化，感受其无穷的魅力。作为小学生，从五年级开始已经接触到古文的学习，为了使学生进一步阅读文言文，激发他们阅读古代经典的兴趣。在课堂上，我没有机械地一句一句地讲解文言文的意思，而是通过学生喜欢的拍摄短片的情境创设，自己写下水文，引领学生进行小组合作，大胆合理地想象并创编故事、表演故事，进行读写结合，激发了学生的创作思维，使得学生的想象能力、表达能力、写作能力、合作能力等多种能力得到锻炼和培养，更使得学生对古文寓言从表面意思的理解深入到深刻内涵的领悟，深刻的寓意不言自明。这样润物细无声地使学生从中感受到了古代寓言故事短小精悍，内涵深刻的无穷魅力，深深地陶醉其中，从而热爱古文寓言。激发学生思维的同时，也使得学生传承古代文化的兴趣与热情自然而然得到升华，进一步去大量阅读与探究传统文化，并将其发扬光大。

第三，勾联生活，明白道理，获得人生智慧。

寓言文学是我国光辉灿烂的文化艺术宝库中一颗晶亮的明珠，在浩如烟海的古代文学典籍中，寓言以简明而生动的形式记载和解说了丰富而深奥的哲理。因而，至今还广泛流传。课堂上古文寓言中的道理比较容易明白，但是绝不能只浮于表面，讲讲大道理而已。我们学习了《郑人买履》，其实并不是用来嘲笑一下郑人就行了，像郑人这样迂腐的人，现实生活中也很难找到，他本就是个虚构的人物。但是不能根据实际情况变通做事的人却是不少。故事中的道理，如何真正触动学生的心灵，给予他们人生的启迪与智慧呢？课堂上，我通过列举古今生活中的多个实例让学生来进行思辨，学生在课堂上滔滔不绝地阐述着自己的理解和观点，这是发自他们内心深处的思考，也是发自他们心灵深处的呼唤，他们真正认识到了《郑人买履》中的郑人是多么的愚蠢，认识到在现实生活中死板教条、固执己见、墨守成规、不知道切合实际情况灵活变通处事，会带来多么严重的后果和危害。这样的思辨过程，学生是发自内心的，他们的心灵被深深地触动了，他们获得了人生的智慧，绝不做"郑人"那样的人。我想这样，学生才真正感受到这个寓言故事中的道理是有多么的深刻；我想这样，才是达到了真正教育的意义；我想这样，学生才真正被这小小的寓言故事背后所蕴含的深刻道理所吸引。惊叹古人的智慧，油然而生一种敬佩之情，更对文言寓言产生了热爱之情，他们会发自内心地爱上寓言，爱上古人笔下的寓言，更爱上阅读文言寓言故事，阅读古文经典，将中华文化发扬光大。

　　让我们爱上古文寓言吧，行走在博大精深的中华文化的阅读之路上。

第六节 《活见鬼》文言文教学设计及反思

教学基本信息	
教师	索颖
学段	小学第三学段　五年级
教材出处	《义务教育教材》语文——北京师范大学出版社（出版时间：2010年6月第5版）

一、指导思想和理论基础

全国小语会副理事长丁培忠说："从小学生学习语言的角度讲，对一些典范的作品，只要牢牢地记住即可，不可能也不需要让他透彻地理解。一味地追求理解深透就可能导致倾盆大雨式的讲解。"

小学文言文教学主要的目的是让学生感受一下文言文的语言，了解祖国悠久灿烂的文化，进一步培育学生热爱祖国语言文字的思想感情，为初中的文言文学习做好铺垫。《语文课程标准》指出"阅读是学生个性化行为，不应以教师的分析来代替学生的阅读实践，应让学生在主动积极的思维和情感活动中加深理解和体验，有所感悟和思考，受到情感熏陶，获得思想启迪，享受审美乐趣，要珍视学生独特的感受、体验和理解"。因此，教师在指导学生理解课文内容时可以适当地点拨、讲解，不必逐字逐句地串讲对译。学生能通过自己的理解，大体上说出意思即可。

二、教学背景分析

教材分析：

《活见鬼》是北师大版教材五年级下册以破除迷信为单元主题的一篇文言文，出自冯梦龙的《古今谭概》，又名《古今笑史》。这是一本笑话集，本文也从"笑话"的角度，按照事情的发展顺序向我们讲述了在明代，人们信神信鬼，因生疑而误以为"遇鬼"的可笑故事。这个故事告诉人们：干什么事都不要疑神疑鬼的，世上是没有鬼的，要相信科学反对迷信，否则会闹出笑话。本文语言凝练、言简意赅、用字考究，耐人寻味，同时不失风趣、幽默。文字背后留给读者充足的想象空间。因此，就本文内容而言，学生不难理解。如何把握文中人物的动作，揣测人物心理；抓住原文空白点，展开合理想象，引导学生在文本中探讨笑话产生的原因，在文字中体验"赴饮者"心理巨大的变化，体会到"投伞下者"从疑到恐的心理变化，从而激发阅读文言文的兴趣是本节课的重点和难点。

学情分析：

学生已经进入五年级第二学期的学习中，从四年级起就已经开始接触文言文，《活见鬼》这篇课文已经是他们小学阶段学习的第七篇了。也就是说，学生对于学习文言文"看译文、查资料、查字典"的基本方法比较熟悉，再加上故事本身的内容和蕴含的道理并不难理解，所以读懂文本，了解主旨对于绝大多数学生来讲不难做到。但是本文毕竟出自明代作家冯梦龙的《古今谭概》这本笑话集，年代久远；文本又是文言作品，古今文义的差别较大，所以透过区区百字，真正理解作者"疗腐"的意义，对于十几岁的孩子来讲并非易事。

续表

学生结合工具书自学生字，读准字音、读通文本不难，但是文中一些重点字音、字义是需要在深入理解文本的基础上才能准确把握的，甚至需要一些文本以外的背景资料辅助学生理解。如多音字"撩"，要引导学生明白古人有"凭有没有腿，判定是人是鬼"的说法之后，据义定音。文言文虽有"惜字如金"的特点，但是"愈益恐"三个字中，"愈"和"益"两个字都有"更加"的意思，这样大手笔的"挥霍"，恰恰推动了故事情节的发展，生动形象地表达出"赶饮夜归者"巨大的心理变化。

概括文本主要内容仍是本班学生的难点，文言文主要内容的概括对学生而言尤有难度。大部分学生只能按照译文复述全文，不能做到既语言简练，又表达完整。教学中指导学生抓住故事的梗概——起因、经过、结果，加以提炼，并借助画面和教师的语言引导给学生搭设台阶，逐步实现学生独立、准确表达。

综上所述，教学仅仅遵循以往的规律，停留在原有教学模式上，很难激发学生的学习兴趣，学生的思维发展也会止步不前。因此必须抓住文本本身语言、写法特色，即描述的故事很可笑，给人留下了很大的想象空间这个特点，通过教师富有感染性的语言配合恰当的画面渲染情境，引导学生充分展开想象，以"读准——读懂——读好"为读书路径，边读边想象，边想象边进行个性感悟，读出古文的韵味，读出故事的"趣"，从而体会文言文的特质、感受文言文的魅力，同时获得语言和思维的发展，习得新的学习古文的方法，发展学生思维，提升学生能力。

教学策略：自主探究；合作表演；分层朗读。

教学准备：教学课件。

三、教学目标

教学目标：

1.借助译文和字典，自学生字，读准文中字音，正确、流利、有语气地朗读课文。

2.学习边读边想象的方法，学生读懂文章内容，懂得不要疑神疑鬼；世上本无鬼，要相信科学反对迷信。

3.理解文章内容，感悟文言文语言凝练的特点，产生阅读文言文的兴趣。

教学重点：理解文章内容，能正确、流利、有语气地朗读课文。

教学难点：通过想象读，训练并发展学生思维。

四、教学流程图

一、揭示课题

1.教师板书课题；2.师生一起书写"鬼"字。

二、读文解意

1.读准文言文；2.读懂文言文；3.读好文言文。

三、回归全文，概括主要内容

1.创设情境教师引导学生叙述；2.学生自己概括。

四、揭示主旨，延伸拓展

1.点明主题，回读课题；2.作家作品简介，升华主题。

《活见鬼》文言文教学过程

一、揭示课题

师生共同板书课题，指导书写"鬼"字。

【设计意图：根据学生日常书写中存在的问题，强调汉字的间架结构。】

二、读文解意

（一）读准文言文

1. 初读课文，自学生字。

2. 交流学习，指正字音。

【设计意图：检查学生对文中生字、多音字和不常见字的读音掌握情况，在交流中巩固据义定音的方法和形声字的字理特点。】

3. 抽签查读，师生点评。

【设计意图：激发学生读书热情，调动学生学习的积极性。】

（二）读懂文言文

1. 古今文字对译。

同桌两人合作，逐句对应读，边读边理解文言文。

【设计意图：理解课文内容，在读中发现文言文与现代文的不同之处，感受文言文语言凝练的特点。】

2. 自由读文，感悟文言文语言魅力。

【设计意图：在初步理解文言文内容的基础上，自由体会读文本，在读中加深理解，为深入感悟课文内容奠基。】

（三）读好文言文

1. 出示例句，指导朗读。

出示：久之，不语，疑为鬼也。

（1）指名体会读，学生评读。

（2）范读例句，引导想象。

教师边投影边叙述：读到句子中"疑"这个字，我就好像听到这个人"扑通扑通"心跳加速的声音；读到"鬼"这个字，我仿佛看到了这个人脸色煞白，哆哆嗦嗦的样子……

【设计意图：通过选择典型例句示范朗读，教给学生读好文言文的方法。为学生提供如何展开想象，从哪些方面去想象，从而形成一种读书的能力，为读出古文的韵味做铺垫。】

2. 展开想象，品读文言文。

（1）边读边想象，互相交流。

出示："以足撩之，偶不相值，愈益恐，因奋力挤之桥下而趋。"指导学生展开想象，指导诵读。适时理解"愈"和"益"的意思。

【设计意图：抓住文章中的重点句及句中的重点词边读边感悟文本本身的情趣，并以此带动学生学习的兴趣，从而进一步感悟文言文语言的特点，激发学生阅读文言文的兴趣，为读出文言文的韵味打好基础，同时也为使学生能够准确领悟文章主旨起铺垫的作用。】

（2）师生合作读。

依据原文展开想象，我们把文章读的有滋有味，就让我们师生合作，一同走进那个雨夜……

投影：雨夜画面。

出示：久之，不语，疑为鬼也。以足撩之，偶不相值，愈益恐，因奋力挤之桥下而趋。

教师引读，学生反复诵读。

【设计意图：用语言和画面创设情境，激发学生展开想象，再现当时画面，加深对文本内容的理解，提升诵读文言文能力。】

3. 自由品读全文。

三、回归全文，概括主要内容

1. 教师引导叙述。

2. 指名归纳。

【设计意图：文言文主要内容的概括对学生而言有难度，借助画面和教师的语言引导给学生搭设台阶。】

四、揭示主旨，延伸拓展

（一）点明主题，回读课题

（二）作家作品简介，升华主题

1.冯梦龙和《三言》。

2.冯梦龙和《古今谭概》。

《活见鬼》这篇文章选自冯梦龙的《古今谭概》，作者的写作目的是"疗腐"。什么是疗腐？作者想借《活见鬼》这篇文章疗什么腐呢？

【设计意图：揭示本文主旨，使学生懂得干什么事都不要疑神疑鬼的，世上是没有鬼的，要相信科学反对迷信的道理。】

五、作业设计

1.加入想象，创编故事，再讲给别人听。

2.阅读《聊斋志异》中的《崂山道士》和《促织》。

【设计意图：巩固边读边想象的学习方法，加深对文本内容的理解；培养学生阅读文言文的兴趣，引发学生对所有写鬼文章的主旨进行探究。】

六、板书设计

〔明〕　冯梦龙
相视愕然　　　不觉大笑
破除迷信

《活见鬼》文言文教学反思

《活见鬼》是一篇文言文。文章主要写了明代人们信神信鬼，就在这个信鬼的年代，发生了一个可笑的故事。这个故事告诉人们：干什么事都不要疑神疑鬼的，世上是没有鬼的，要相信科学反对迷信，否则会闹出笑话！

我想，所谓"绿色课堂"应是教师简简单单教语文和学生轻轻松松学语文的课堂；应是教师适时点拨和学生自主探究的课堂；应是师生兴致盎然，学生学有所获的课堂。为了简约而高效地实现教学目标，我先后经过了6次试讲，广泛听取老师们的意见和建议，反复斟酌、修改教学设计，最终呈现出这样一节课。反思这一过程，有很多收获与大家分享。

一、关于课的导入

精彩的开场白会引人入胜，更何况我们把"绿色课堂"的切入点定位于激趣上。所以光是开头的设计就有四种不同的方案。一是开门见山，直接入题。"同学们，这节课我们学习以破除迷信为主题的课文——《活见鬼》。"这样的设计优点在于直截了当，节省时间，但是"趣"在哪里呢？所以改为："同学们，你们都很喜欢听故事。什么故事让你想听又不敢听，越是不敢听就越是好奇？"学生的兴致是上来了，但是总觉得纯粹为了激趣而设计，实效性又何在？于是又出现了第三种设计：上课后老师从包中翻找东西，边找边说："我给大家带来了一个小锦囊，明明放在包里刚才还看到，怎么不见了？此时，我最想说的一句话是什么？"学生回答："活见鬼。"这种方案也因故弄玄虚，费时费力，违背了绿色课堂简约高效的目标被本组的教师否定了。最终反复商讨出既从学生兴趣出发，又能引出本文的时代背景——明朝那个人们普遍信神信鬼的年代，为学生理解课文的内容和把握文章的主旨奠定了基础。

二、关于文章的结构

在自己的备课中，我重在考虑形式上如何激发学生的兴趣，而忽略了学生的知识结构。最初的教案中没有涉及文章的结构指导。试讲之后，教学领导明确地指出了这一设计上的漏洞。于是我把这一环节安排在引导学生理清脉络中，但效果不理想。大家提出中肯的意见，一是边引导学生归纳边板书显得很忙乱，而且板书即将结束之时知识结构才出现，这样失去了作用。最后，我将这个环节调整到导入环节之后，这样，既可以使学生一开始就对文章结构有整体的了解，又使得教学在题目与结果的对比中引发学生思考质疑"两个人为什么'相视愕然又不觉大笑'起来？"这样从整体入手，引导同学们带着问题去学习可谓一举多得。

三、关于学法

学生在上学期已经接触过古文。老师也教给了学生一些学习古文的方法。这学期在学法上应该怎么处理？老师们意见分歧较大。一种设计是引导学生回顾学文言文的方法，并板书出：查字典、看译文、查资料、看注释。让学生自选学法自学。另一种是读中感悟。经过实践，我们感到第一种方法不是典型的针对文言文的学习方法，似乎学任何文章都要这样去做。第二种设计可以呈现出清楚的教学层次，但有限的按部就班比较死板，学生学得也不是很有兴致。于是我们在第二种设计的基础上又做出进一步的调整：依旧按照读正确、读流利、读懂意思、读出韵味的层次引导学生读书，但只进行渗透，不做生硬的归纳。把边读边想象，作为一种新的学习方法教给学生。课上让学生既练习已知的方法，又尝试使用新方法。二者结合理解课文内容，让不同程度的学生均能保持一种较好的学习状态。教案以读贯穿全课，层次上由读正确到读流利、读懂意思、读出味道，以致最终达到读出文章的"趣"。形式上安排抽签读、合作读、想象读、指名读、齐读，调动学生兴致勃勃地参与到课堂活动中来。

四、关于读书

《课标》提出，"小学阶段要诵读优秀诗文，注意通过诗文的声调、节奏等体味作品的内容和情感"。但是在最初的教学设计中，我并没有把这一点很好地体现出来，而是重在让学生借助译文来翻译原文，忽略在读中去体会文章的意思。于是再次试讲时，我大大增加了读书的量，但因为没有很好地激发学生思维，使得他们的想象很肤浅，没能读出古文的韵味。在本组老师们的帮助下，我反复练习了朗读，在对文中每一处想象点究竟可以引导学生想象出什么内容进行深入思考，再通过写下水文去摸索引导学生想象的途径。在课上，启发学生想象真正落实后，再让学生通过读表达出人物的情感，从而读出古文的韵味。

五、关于表演

在最初的设计中，我把表演环节安排在学生都读懂原文之后。试讲之后，老师们觉得在这之前的近半个小时里，课堂气氛都不太活跃，直到老师提出要请同学表演这个小故事时，学生才一下子兴奋起来。由此我感到学生非常喜欢这个环节。于是在第二次试讲时，我们把教案调整为先后安排两次表演。第一次是在学生运用已知学法自学后，三人一组自由组合进行表演。其他同学在观看后，针对他们的表演进行评价。通过评价加深对原文内容的理解。比如，学生在表演时没有做出"撩"的动作，观看的学生就此提出意见，从而加深了对"撩"的含义的理解。在此基础上，再请一组同学上台表演，我们本身设想是通过对前一组表演的评议，学生能够把故事演得更好。但实际效果并不理想。文本本身讲述的故事很可笑，学生毕竟不是专业的演员，没有很好的控制力，刚一上台就想笑，很难把任务的动作、神态等很好地展现出来。加上老师之前没有引导学生对原文展开充分的想象，所以学生的表演也就仅限于把原文中提到的内容演出来，还有的学生，并没有把原文读通、读懂、读出韵味，只是喜欢表演这种形式，也影响了表演的效果。我们感到这种设计虽然满足了孩子的表现欲，但缺少了实效性，因而我们又将教案进行了调整。改为教师就第一句进行示范，教给学生如何想象；可以先想哪些方面的内容；再引导学生挖掘文章中的想象点，让学生以小组合作的方式，通过想象，丰富原文的内容。在所有想象点中，文中的最后一句是最重要的。理解了这句话，也就理解了文章的主旨。

在引导学生对"二人相视愕然，不觉大笑"后的对话展开想象后，再请同学自由组合进行这一场景的表演，这种设计既满足了学生的心理需要，使课堂气氛更加活跃，也使学生在这个过程中更加深刻地理解了文章内容。

六、关于作业设计

作业是对一节课所学知识的延伸。而对待古诗文，我通常给学生留背诵的作业，以丰实学生的古诗文积累。从而激发学生对古诗文的热爱之情。因此，在一连几次的试讲中，作业均设计为把《活见鬼》背诵下来。后来受周老师的启发，我才发觉把课文背诵下来自然是很好的积累方式，但是这样的作业没有关注到不同程度的学生之间的差异。而且是否要求学生背诵，还应考虑文本本身的特色。《活见鬼》是一篇叙事性文章，记叙的是一则令人发笑的小故事。

从文本本身来看，没有多大积累的价值。如果把文本给学生留有很大的想象空间这个特点利用起来，引导学生充分挖掘文章的想象点，对文章进行复述，不但能培养学生的想象力，加深并丰富学生对文本内容的理解，而且，能起到激活学生思维，激发学生积极性的作用。因而我们把作业确定为：必做、选做两类。我们认为学生的表达必须落在笔头上，才能使学生更有收获。选做题的设计则是为进一步激发学生阅读古文的兴趣，满足不同层次学生的需要。

通过本课教学，我深深感到，兴趣是最好的老师，教师在备课时必须充分考虑学生的学习基础和情感需要，精心设计教学环节，课堂上才能呈现出积极、活跃的学习氛围。

第四章　综合实践

中国优秀的传统文化，深埋于山水园林、花鸟鱼虫以及琴棋书画、笔墨纸砚……这点点滴滴之中。我们只有真正走进它们，才能了解到这一器一物背后，那深厚的历史根基与峰回路转的发展史脉络；才能窥见中华民族真实的特质与风貌，才能体悟到其所蕴含的知行合一、惩恶扬善、忠孝仁义……博大精深的人文内涵；才能感受其无与伦比的生命延续力与非凡的包容会通精神。从而能与当下的利弊、自身的欠缺相比对，建立起我们民族的文化自信心与自豪感，自觉挖掘、吸纳、弘扬中华优秀的传统文化。

小学学习，传统的课堂传授与说教显然达不到如上所述的认知经纬度。但是，我们可以为达到这一目标奠定基础，做有益的尝试与无畏的探索，拓展时空、拓展模式、拓展方法、拓展思维、激发创新……让"初升的太阳"（小学生）带着传统文化的魅力光束，光芒四射。

我们选择和小学生生活贴近而又富有文化内涵的经典内容，进行综合性学习。这一章节有六个课例，均为小学教材单元拓展主题，如岁寒三友、母亲河、马、春节、水等，都是学生比较熟知，也较为感兴趣的内容。

《岁寒三友》聚焦科普、诗文、绘画三个方面，通过多种教学手段，学生多方位地了解"岁寒三友"。科普知识的学习以竞赛抢答的方式，让学生意识到植物所显现出的优秀品质与自身生长特点相关；通过松竹梅的诗文绘画交流学习，感悟到"岁寒三友"以其坚贞的气节、顽强的意志和超凡脱俗的品质赢得世人的尊敬，深受文人墨客的推崇。进而感悟人物品质与岁寒三友的关联，了解传统文化中的文学意象，感悟天人合一思想。

《水》这一课例在情境中看图读文；展示诗词积累；穿越时空，走进历史；深刻感悟古诗词。在探究的过程中，学生对水有了更加全面的认识，感受到古代传统诗文中水那刚柔相济的美，感受到水在滋润万物，丰富和美化我们生活，并从多角度了解水的特点，在思辨中也认识到水的危害以及劳动人民自古以来对水利工程重视并不断发展的重要性。体会古代劳动人民利用自然、改造自然的智慧。最后，通过诗词、格言等语言形式，引导学生由自然界的水进入文化层面的水，感知水表达的情意和人生哲理。水让我们的文化更加灿烂。

《寻踪母亲河》从历史溯源、文化遗迹、诗词歌赋、忧患治理四个篇章，对黄河进行综合性学习。在这一过程中，学生感受黄河像人体的血脉流淌中华大地，再由黄河滋生文明的起源，感悟到黄河与我们华夏民族的生息、发展的息息相关，见证华夏民族对黄河的情感之深，体味黄河流域孕育的文明已经融进了人们的日常生活，在历史瑰宝中徜徉，丰富了自己的见识，感受黄河为什么被称为中华民族的"母亲河"。在诵读中、歌曲中、赏析中品味文字，了解黄河精神的内涵，从而为黄河而骄傲，为自己是黄河子孙而自豪，汲取黄河力量，以黄河鼓舞自己前进。

《马》通过马与文字、马与生活、古代的马、艺术中的马几个板块的深入实践探究，学生从物质层面和精神层面认识到马，感受到马的精神力量。感受马的筋骨、血脉、气运、精神，感悟人类不仅欣赏马的外形之美，更欣赏马不屈不挠的精神，体悟那种龙马精神就在我们中国人身上。最后，以不拘一格的方式小试牛刀，通过美术、书法、歌曲、舞蹈等不同艺术方式，体会其中蕴含的马的精神力量，得到人生的启迪。

对中国传统文化了解并能准确用英语表达的学生寥若晨星。小学英语教学中，中西文化的协调以及充分弘扬中国优秀传统文化，有利于发挥其育人功能。如何把中国传统文化渗透到小学英语教学中，是我们当下应该深入研究并尽快解决的问题。

Special Days 一课通过节日名称、时间、庆祝活动、起源的学习和分享这一系列的课堂交流活动，学生理解中外节日文化，并学会用英语谈论、介绍中外节日文化，引导学生在语言学习的基础上关注传统节日背后的文化，并能够向中外友人介绍中国传统的节日文化或其他特殊日子，用英语将富有中国特色的传统节日文化活动介绍给中外友人，并进行中西方节日文化的简单交流。

Spring Festival 一课以春节前夕、除夕之夜、节日期间三个时间点为线索进行英文表述实践研讨。其中包括介绍汉字"福",了解"福"字的书写,弘扬中国文化,并把"福"字倒贴的美好寓意讲述出来。另外,欣赏春节诗词:"爆竹声中一岁除,春风送暖入屠苏。前门万户瞳瞳日,总把新桃换旧符。"

古诗词的英文翻译,让同学们感知到的文化不仅是本国的也是世界的,学贯中西的翻译家把中国传统文化用英语介绍给全世界的人们,这也是"文化自信"的体现。用英文向外国人介绍春节活动,展示丰富的内涵,中国的春节意味着家人、朋友的团聚,表达彼此的亲情、友情。

六个课例从不同的点位深入直击,共同指向中国传统文化的沃土,学生从中各自采掘一抔养料,感知中国传统文化的深厚悠远,得到灵魂的滋养、思想的升华,如能引领追求一种生命的境界,由此开启探究的旅程,则是我们所欣慰看到的。

虽然我们力求呈现完美,但是终究还会有诸多欠缺与遗憾之处,用自己所能为传统文化教育课程助力,是我们殷切的愿望。我们抛砖引玉,希望更多志同道合的同仁同行携手合作,一同打造中华优秀传统文化这个五彩缤纷的大花园……

北京市海淀区翠微小学　何桂兰

第一节 "岁寒三友"语文实践活动教学设计及反思

教学基本信息	
教师	王怡
学段	小学第三学段 六年级
教材出处	义务教育课程标准实验用书《语文》——北京师范大学出版社（2016 年 5 月）

一、指导思想和理论基础

　　优秀传统文化的基本内涵和核心价值旨在让学生感受祖国优秀传统文化的魅力，接受文化血脉熏陶和文化浸润传承，提高学生内在涵养，即知识素养、人文素养、艺术素养、科学素养和信仰的价值观，并从中积累和培养民族精神、伦理道德和审美情趣，激发文化自信心。

　　语文综合性学习是开放而富有创新活力的，利用跨学科的学习和现代科技手段的运用，可以承载传统文化的传承，主要体现为语文知识的综合运用、听说读写能力的整体发展、语文课程与其他课程的沟通、书本学习与生活实践的紧密结合。综合性学习能够实现古今对话，贴近现实生活，联系生活中的实践问题开展学习活动，在实现语文学习目标的同时，提高对历史、对文化、对自然、对社会现象与问题的认识，追求积极健康和谐的生活方式。从关注学生发展出发，形成文化知识的积累、实践能力的培养、道德情操的感化这三种价值指向。

二、活动背景分析

教材分析

　　本单元是以"岁寒三友"为主题编写的，在中国传统文化中，"岁寒三友"松、竹、梅，它们以其坚贞的气节、顽强的意志和超凡脱俗的品质赢得世人的尊敬，深受文人墨客的推崇。《岁寒三友》综合实践活动在主体课文《墨梅图题诗》《墨竹图题诗》《题长松图》和拓展阅读《黄山松》《竹颂》《梅香正浓》学习之后，为学生在诗书画传统文化的赏析上进行综合提升，感悟人物品质与岁寒三友的关联，了解传统文化中的文学意象，感悟天人合一的思想。通过多种教学手段，引导学生多方位地了解"岁寒三友"，打通语文与其他艺术学科之间的通道，扩大学生的知识面，培养学生的审美情趣，提高学生的语文素养，使他们受到美好的品格情操的熏陶。

学生学习学情

　　学生通过学习欣赏本单元的几篇诗文和插图，应对松竹梅的相关文化有所了解感悟，受到祖国悠久文化的熏陶和感染，提升自身的审美水平。五年级学生在学习能力方面也有很大的进步，能够获取信息的渠道非常广泛，学生为解决与学习相关的问题，查找资料、运用资料的能力和善于交流、合作、探究的意识都有明显提升，已经养成有意识地积累知识的学习习惯。但对松竹梅的了解比较宽泛浅表，也没有从历史文化的纵深方向去探究学习。另外，松竹梅的这种文化的传承，五年级学生很少去考虑，所以活动中注重引领学生学习传统文化，同时思考我们怎样去继承发扬传统文化。

　　教学方式：展演、互动、欣赏、探究。

　　教学手段：通过对教科书、板书、计算机课件、视频等的全面使用，进行多媒体辅助教学。

三、教学目标（含重、难点）
教学目标： 　　1. 培养学生为解决问题，查找资料、运用资料的能力和善于交流、合作、探究的精神，在学科的整合中，提高学生的语文素养，培养学生的审美情趣。 　　2. 引导学生多方位了解"岁寒三友"，在学生的互动中提升学生框架思维、纵向深入思维、横向关联思维。深入感知品格，进一步感受中华文化中托物言志的手法，了解松竹梅的文化意象，感悟"天人合一"的中国传统文化。 　　教学重点：培养学生为解决问题，查找资料、运用资料的能力和善于交流、合作、探究的精神。 　　教学难点：深入感知品格，进一步感受中华文化中托物言志的手法，了解松竹梅的文化意象，感悟"天人合一"的中国传统文化。

四、教学准备
（一）学生分工合作 　　课前，学生自己选择关注点，通过不同的形式收集相关资料，收集与岁寒三友松竹梅有关的诗、词、格言、文章等积累并练习背诵，了解松竹梅的知识；通过不同的形式收集有关人们喜欢松竹梅的资料。 　　以主题为核心点建立探究小组，围绕自己探究的主题，整合、转化各项资料，用自己的语言重新编辑加工资料，做成演示文稿，与其他小组沟通交流，表达自己的观点。 　　（二）教师协调指导 　　1. 对小组内容及形式进行把关，协助选取、筛选内容。 　　2. 激发、鼓励学生不断创新，选择富有时代感、易于理解的交流形式。 　　3. 关注整体进度，协调任务分工，让每一个孩子在活动中都能得到充分的尊重和认可感。

五、教学流程
一、谈话导入，聚焦探究 二、学习科普，知晓品质由来 三、欣赏名画摄影，感悟画法表现品质 活动 1：欣赏松树，相同点中悟品行； 活动 2：欣赏竹子，不同点中知傲骨； 活动 3：欣赏梅花，竞赛成语展精神。 四、诵读诗文，感悟文字表现品质 （一）比较中感悟梅的精神 活动 1：梅花诗比较 活动 2：梅花诗竞猜 活动 3：梅花诗发展思维导图梳理 （二）情境中感悟竹的品质 活动 1：扬州个园竹文化一览 活动 2：为竹痴狂的人与物

续表

（三）歌唱中感悟松的内涵

活动1：欣赏《经典咏流传》中孙杨献歌《亭亭山上松》

活动2：朗诵陶铸散文诗《松树的品格》

五、提升认识，感悟松竹梅文化意象

"岁寒三友"语文实践活动教学过程

一、谈话导入，聚焦探究

开课：上学期我们进行了"岁寒三友语文综合实践"策划课的讨论。同学们利用假期查阅资料、分组探究，最终聚焦诗文、绘画和科普三个方面，今天一起来分享探究成果。

二、学习科普，知晓品质由来

首先我们请科普组说说他们的探究。

活动1主持：深冬时候，万木凋零，严寒之下，唯有松竹的颜色依旧；数九寒天，百花失色，白雪之中，唯有梅花鲜妍怒放。那么，这三种植物为什么能够如此不畏惧寒冷，生命力如此顽强？围绕这个问题，我们查阅资料进行了探究。现在我们把这些内容变成了考题，考考大家。

这是我们探究的资料，大家自己阅读。写完的同学可以用手势告诉我。

一、选择题

1.岁寒三友的根部发达，表现在（　　　　）

A.松树根部的长度比树本身还要长。

B.竹的地下茎有节并且多而密，很发达。

C.有的地下茎发育成竹笋，长成竹子，有的则横着生长，发育成新的地下茎。

AB   AC   BC   ABC

2.岁寒三友对温度适应性极强，表现在（   ）。

A.竹类大都喜温暖湿润的气候，不过在热带和寒带也依然能生长。

B.松树可以忍受零下60℃的低温或零上50℃的高温。

C.梅花能耐零下25℃低温外，还能在高温40℃条件下生长。

AB   AC   BC   ABC

3.岁寒三友对土壤要求不高，表现在（   ）。

A.松树一般生活在干旱而贫瘠的土壤，有的甚至生活在岩石缝，耐干旱。

B.梅花对土壤要求不高，比较耐瘠薄，亦能在轻碱性土中正常生长。

C.竹子对土壤的要求有两点：土不要干和不要积水。

AB   AC   BC   ABC

互动：你发现这三种植物不畏严寒生命力顽强的原因了吗？（对温度、土壤的要求都不高，而且根系发达）

介绍：在极其恶劣的条件下，松竹梅依然能够生长得高大挺拔、保有自己的色彩，所以才得到人们的赞颂。

教师评价：我们知道了外在形态正是源于他们的自然特点。科普小组能够把资料转化为问题，和大家互动，激发思考，很有创意。

板书：生长特点 外在形态 资料创新使用

【设计意图：科普知识的学习交流作为岁寒三友品质特点的基础放在最前，让学生意识到植物所显现出的优秀品质进而生成文化意象，这些都来源于他们自身的生长特点。而科普知识的学习打破以往的讲授，而变成竞赛抢答，运用综艺节目中的一些形式，增强了学习代入感，激发潜在学习兴趣。】

三、欣赏名画摄影，感悟画法表现品质

教师过渡：因为松竹梅的形态优美，所以人们常用绘画和诗文形式来赞颂它们。我们首先请摄影绘画组的同学们分享他们的探究内容。

活动1.欣赏松树，相同点中悟品性

出示几幅松树的图片。

互动：请大家看看这些摄影作品和绘画作品，你们发现都有一个什么样的共同背景吗？为什么要用这样的背景呢？（背景都是山石）请大家仔细看哦。

总结：山石和霜雪的背景图案更加凸显出作为百木之长的松，①生存环境恶劣、土地贫瘠（土地）；②顶风傲雪、不畏霜寒，经冬不凋（气候）；③四季常青。

活动2.欣赏竹子，不同点中知傲骨

出示图片：明朝吕瑞俊的《竹雀图》、清朝郑板桥的《竹画》、齐白石的《竹画》。

互动：我们再看看竹子的作品，我们课本里面看过郑板桥的《墨竹图题诗》，知道郑板桥所画竹子的特点，你能猜出哪幅是郑板桥画的吗？为什么？

预设：感觉第二幅是郑板桥的。因为第二幅竹子竹干极细，叶少而肥，更显苍翠茂盛，坚挺。

教师提升：真是画如其人，瘦劲挺拔，甚有傲气。

出示：郑板桥人物图。

互动：第一幅竹子是明代吕瑞俊的《竹雀图》，第三幅齐白石画的竹子与其他竹子有什么不同呢？

预设：第一幅竹子竹竿粗壮挺拔，竹叶茂密成荫，有山石，生命力强。第三幅竹子中竹子能抗飓风，风很大了，生命力顽强。

介绍：无论枝干粗细，无论竹叶疏密，无论常态还是恶劣环境，都彰显了竹子的生命力顽强。

活动3.欣赏梅花，竞猜成语展精神

教师调动：梅花又怎么介绍呢？

互动：下面我们继续竞猜活动。请用成语表达这些梅花作品带给你的感受？

出示图片：《雪中红梅》、王冕的《墨梅图》、罗聘的《白梅图》、文徵明的《冰姿倩影图》、徐悲鸿的《通景梅花图》。

预设：经霜傲雪、不屈不挠、昂首怒放、笑傲冰雪、洁白无瑕、冰肌玉骨、凌寒留香、剪雪裁冰、一身傲骨、迎风斗雪、朴实无华、凌寒独放。

如果同学答不上来，介绍人就说："我也搜集了一些成语，请大家快快记呦，看看半分钟后谁记住的成语多。"

介绍：成语运用得很恰当。我们再来欣赏这些画作。先请看花朵。元代画家王冕，一束梅花横贯画面，构图新奇，花朵疏密相间，都只用淡墨轻染，显示出清润洒脱、生机盎然。清朝画家罗聘的梅花，别出心裁地用双勾白描的工笔来画梅花，突出整个画面的淡雅、素洁，表现出一种纤尘不染的超凡境界。请再欣赏枝干。

互动：梅花枝干姿态各异，都有共同的特点，都是什么颜色，形态都是什么样子？你有什么发现？

预设：一般都用较深的墨色，表现出铁骨铮铮。枝条形状有适度的弓形，展现梅花的柔中带刚。这正体现了迎风斗雪，一身傲骨。

教师提升：在绘画中，我们看到了通过形态而呈现出来的内在品质。绘画组同学的分享有观察，有比较，让手中的资料灵动起来，让分享呈现深度思考，真好。

板书：内在品质　分享呈现思考

【设计意图：通过对书画作品的赏析，带领学生把绘画技法与展现品质特点相结合，关联性学习，从外在形态上感受岁寒三友彰显的优秀品质，感受文人墨客对岁寒三友的喜爱。感悟中国水墨画特有的神韵。】

四、诵读诗文，感悟文字表现品质

主持：中国文化自古讲究诗中有画，画中有诗。何况中华民族自古就是诗的国度，人们又是如何通过诗文来表达对岁寒三友的推崇的呢？

（一）比较中感悟梅的精神

活动1.梅花诗比较

互动：望着这美丽的梅花，我想给大家介绍一位爱梅狂人——陆游。梅花是陆游永远的朋友。其中有一首《卜算子·咏梅》。请女生和我一起朗诵。

《卜算子·咏梅》陆游

驿外断桥边，寂寞开无主。已是黄昏独自愁，更著风和雨。

无意苦争春，一任群芳妒。零落成泥碾作尘，只有香如故。

我们伟大领袖毛主席也曾经写过一首《卜算子·咏梅》，请咱们班男生和我一起朗诵。

《卜算子.咏梅》毛泽东

风雨送春归，飞雪迎春到。已是悬崖百丈冰，犹有花枝俏。

俏也不争春，只把春来报。待到山花烂漫时，她在丛中笑。

小组交流，看看你能找到哪些不同点？

预设：表达的情感不一样。陆游借梅表达坚贞纯洁，毛泽东借梅花赞颂革命志士不畏艰难的乐观精神。这都是"托物言志"。

介绍：虽然都是托物言志，但一个充满着自豪感，一个却是非常哀婉悲戚；一个积极向上，一个落寞孤寂。由于人们的经历、思维方式、个人情怀不同，眼中的梅花也是不一样的。

活动2：梅花诗竞猜

正因此，历代都有许多人歌咏梅花。咏梅诗数量很多，下面我们就玩个诗文游戏，用表格中的字组成一句诗，看看谁能最快。

请看第一个表格，准备好了吗？抢答开始。

自	遥	白	是
梅	开	寒	不
知	凌	望	独

答案是：凌寒独自开。最快的同学是_____。

请看第二个表格，准备好了吗？抢答开始。

路	遥	足	不
颜	人	好	夸
知	马	要	色

答案是：不要人夸好颜色。最快的同学是_____。

请看第三个表格，准备好了吗？抢答开始。

一	翁	梅	放
雪	树	分	逊
一	三	花	须

答案：一树梅花一放翁。

互动：诗中你感受到了怎样的品质？谁想为大家读出那种品质。

墙角数枝梅，凌寒独自开。——王安石《梅》（不畏严寒）

不要人夸好颜色，只留清气满乾坤。——王冕《墨梅》（高洁）

何方可化身千亿，一树梅花一放翁。——陆游《咏梅绝句》（自比）

活动3.梅花诗词发展的思维导图梳理

互动：梅花在世人眼中是一个永远值得歌颂的话题。这是我们在查阅资料中发现。我们还绘制了思维导图，简单梳理了歌颂梅花的记载历史。

从这些思维导图中，我们想告诉大家：①梅花被歌咏的历史悠久长达三千年；②咏梅诗从唐朝开始在宋朝盛行；③唐宋时咏梅诗大多与失意文人的自身高洁相比；④辛亥革命后写梅花凌寒开放不畏艰难，更成为革命志士的化身。

教师提升：用梅花表达自己，与梅相连，人梅合一，这种情怀就是自比。

板书：情怀自比

（二）情境中感悟竹的品质

活动1.扬州个园竹文化一览

陆游是为梅花痴狂的人，其实也有很多对竹子痴狂的人。现在我给大家介绍一处院落——扬州个园，请选择合适的关于竹子的对联。

扬州个园中的竹子，用"多"来形容再恰当不过了。一是数量多，竹林有一万二千多平方米，有近两万竿；二是品种多，园内现有竹子60多个品种；三是与竹子相关的对联很多。尽显园中竹林特色与文学氛围，表达了主人对竹子的喜爱。丛书楼，顾名思义是一处藏书楼，对联是"_____，_____"。从汉学堂的对联是

"_____，_____"也能看出主人对儿孙后代的教育十分重视。
你能选出这两处所使用的对联吗？

备选对联：

①月映竹成千个字，霜高梅孕一身花。

②咬定几句有用书可忘饮食，养成数竿新生竹直似儿孙。

③清气若兰虚怀当竹，乐情在水静趣同山。

出示：汉学堂的丛书楼图片

预设："咬定几句有用书可忘饮食，养成数竿新生竹直似儿孙"（有毅力、专心阅读、正直），放在汉学堂合适。

"清气若兰虚怀当竹，乐情在水静趣同山"（像竹子一样虚心，读书人应注重自己的情趣），放在丛书楼合适。

出示：课件补充内容。

互动：第一个选项也是一句关于竹子的诗，谁能讲讲它与扬州个园的故事？

介绍：

备选对联：

①月映竹成千个字，霜高梅孕一身花（个园名称）。

②咬定几句有用书可忘饮食，养成数竿新生竹直似儿孙（汉学堂对联，学读书、学做人）。

③清气若兰虚怀当竹，乐情在水静趣同山（丛书楼对联，兴趣爱好）。

这个庭院就是扬州的个园。园中遍植翠竹，取东坡诗"宁可食无肉，不可居无竹"之意，以示主人超凡脱俗，品节高尚。个园名字也是来自清袁枚的诗句"月映竹成千个字，霜高梅孕一身花"。个园的主人是黄至筠，名字的"筠"字是竹子的别称。自己的名字中有

"竹"，庭院的名字都有"竹"，可见主人对竹子的推崇，表明自己的清高不俗。

希望大家有机会去扬州亲自探访。正是"烟花三月下扬州"呀。

活动2.为竹痴狂的人与物

说到竹子，你还能想到哪些人，一句话介绍他们与竹子无法割舍的生活与情感？

唐代文人王维规划的"辋川别业"中有"斤竹岭""竹里馆"等竹景；"独坐幽篁里，弹琴复长啸；深林人不知，明月来相照。"表明自己的高洁。

宋代苏东坡一生刚直，种竹、用竹、画竹、咏竹，他曾说："宁可食无肉，不可使居无竹。无肉使人瘦，无竹令人俗。人瘦尚可肥，俗士不可医。"表明自己不落尘俗，看中精神境界和思想品格。

清代"扬州八怪"之一的郑板桥，特别喜爱和擅长画竹，他题于竹画的诗也数以百计。郑板桥画竹不但表现了客观对象的天然特征，而且表现了其人格、思想和对社会的态度。

教师提升：在文人墨客笔下，不仅有诗文还有对联，在历史人物中不仅衣食住行，甚而对子女的期待都展现着对竹子的赞美推崇。这就是人文情怀。

（三）歌唱中感悟松的内涵

活动1.欣赏《经典咏流传》中孙杨献歌《亭亭山上松》

现在我们轻松一下，听一段流行歌曲，是什么内容？

互动：谁会背诵？《经典咏流传》——孙杨（亭亭山上松）。

赠从弟　　　　［魏晋］　刘桢

亭亭山上松，瑟瑟谷中风。风声一何盛，松枝一何劲。

冰霜正惨凄，终岁常端正。岂不罹凝寒，松柏有本性。

互动：背景音乐是古曲《将军令》，前后还选用了流行歌曲《男儿当自强》，谁能说说，这些都是为了凸显什么呢？带给你怎样的感觉？

介绍：《赠从弟》是三国时期刘桢写的一首诗。这首诗里，刘桢正是以松柏为喻，勉励他的堂弟坚贞自守，不要因外力压迫而改变本性。其实，他也是在勉励自己要有坚强的品行和傲骨，号召人们处于乱世的时候要有一种坚定的人格追求。背景音乐古曲《将军令》，前后还选用了流行歌曲《男儿当自强》，正是把这种感觉更充分地表现出来。

活动 2. 朗诵陶铸散文诗《松树的品格》

我还想为大家推荐一篇散文，陶铸的《松树的品格（节选）》。

> 你看它不管是在悬崖的缝隙间也好，不管是在贫瘠的土地上也好，只要有一粒种子——这粒种子也不管是你有意种植的，还是随意丢落的，也不管是风吹来的，还是从飞鸟的嘴里跌落的。总之，只要有一粒种子，它就不择地势，不畏严寒酷热，随处苗壮地生长起来了。它既不需要谁来施肥，也不需要谁来灌溉，狂风吹不倒它，洪水淹不没它。严寒冻不死它，干旱旱不坏它，它只是一味地无忧无虑地生长，松树的生命力可谓强矣！松树要求于人的可谓少矣！这是我每看到松树油然而生敬意的原因之一。
>
> ……

互动：松竹给人以力量、给人以勇敢。挺拔高大、威武坚强是阳刚之美，那么能够展现自身美丽绽放的刚柔并济之美的植物应该是什么？——梅花。

教师提升：书画展现了岁寒三友的外在形态美，诗文展现了岁寒三友的内在品质美，这就是中国传统文化。

【设计意图：通过松竹梅的诗文交流学习感悟到他们的内在品质和与作者的情怀自比。无论是诗文还是建筑都在以不同形式传承着中国传统文化，今天的《经典咏流传》等节目更是运用更加现代时尚的形式进行着发扬光大，让学生意识自己对文化传承的重要意义。】

五、提升认识，感悟松竹梅文化意象

导语：中国文人喜爱借物抒情，借以某种特点的自然物来表达自己的理想品格和对精神境界的追求。这些自然物就具有文学意象。

1. 你能猜猜具有这样的生长特点是什么植物呢？又被赋予怎样的品质情感呢？

互动：

予独爱（　　）之出淤泥　　　　　　荷尽已无擎雨盖，

而不染，濯清涟而不妖。　　　　　（　　）残犹有傲霜枝。

出示：荷花、莲花图片

预设：莲花：独善其身、洁身自好、不同流合污。

　　　菊花：不畏艰苦、顽强不屈、乐观向上、积极努力。

2. 教师手指板书（课件出现时间轴）：

教师提升：这些植物，被历代文人墨客反复吟唱，成为自己人生品格的镜子，就是因为他们契合中国人的气节与风骨。

晋	三国	唐	宋	元	明	清	今
王羲之	刘桢	王维	苏东坡	王冕		郑板桥	毛泽东
			陆游			黄志筠	方志敏
						李方膺	江竹筠

教师总结：这就是王国维在《人间词话》中讲到的"物我合一"，这就是中国的传统哲学观"天人合一"。也希望大家在这次综合实践课后，多走进大自然，从自然中汲取力量，感悟生命的美丽。

【设计意图：从岁寒三友的探究学习，拓展到相关文化意象的传统文化的学习，感悟中国传统文化的博大精深，引领学生向纵深思维发展。】

六、作　业

1. 希望大家从民俗的角度继续探究岁寒三友与人们生活的关联（今天从文

学艺术角度探究的）。

2.像松竹梅莲菊这样具有文化意象的植物还有哪些？希望同学可以继续探究学习。

3.走进自然和人文景观。比如，走进扬州个园感受青青翠竹，走进南京梅花山感受踏雪访梅，走进黄山感受苍劲迎客松。

特别是第 3 项作业，不是一月一年就能完成的，希望成为你一生的努力。

【设计意图：拓展性作业，让学生在学习之后，从其他的角度再继续探究学习岁寒三友，更深入广泛了解学习文化意象。】

七、设计板书

岁寒三友　综合实践活动	
情怀自比	
内在品质	形式新颖时尚
外在形态	合作呈现深度
生长特点	资料创新运用

传承中华文化，浸润核心素养
——"岁寒三友"语文实践活动教学反思

中国传统文化源远流长，博大精深，是中华民族智慧的结晶，是中华民族的历史遗产在现实生活中的展现。现代教育倡导培养学生的"核心素养"，把知识、能力、情感、态度与价值观等多方面进行综合培养，运用语言、活跃思维、审美鉴赏，理解文化的内涵，在自主、合作、探究中，最终形成学生自身的能力与素养。传统文化的学习传承的过程，正浸润着这些核心素养。

学习传统文化，提升学生思维。现代社会中有三种主要的思维能力，即逻辑思维能力、形象思维能力和创新思维能力，极其重要。逻辑思维是科学思维和批判性思维的基础；形象思维能力容易激发创意；而创新思维能力是逻辑思维与非逻辑思维的有机组合，有助于打破心智枷锁，获得突破性解决方案。我们传统文化的传承与发扬，提供了多样的教学情境，使学生在有序的、多样化的、由浅入深的思维训练中，逐步养成良好的思维习惯，非常切合地培养了学生的思维能力。

一、构建传统文化的学习体验，树立思维的宏观调控

思维是一种过程，以体验为基础，在不断解决冲突的过程中，进行个体与环境之间连续不断交互的创造知识。在传统文化的学习中，要给学生一个宏观的思想意识，构建体验学习圈，在头脑中形成更高更大的思维意识，进而不断提升自己。

在传统文化课《岁寒三友》中，首先是策划活动课，梳理资料：学生通过不同的形式收集有关松、竹、梅的资料，聚焦科普、绘画、诗文三大主题建立探究小组，进行梳理，并根据自己的探究主题整合资料，重新编辑加工资料。然后是分享课，分享观点，加深理解：由"科普"板块问答题目，在答题中总结三种植物不怕严寒的生长特点，知道这是他们的自然属性，再由"绘画"板块由美丽的外在形态引导学生理解历代文人歌咏的原因，自然地进入"诗文"板块，用图画和诗文赞颂内在品质，甚至是自我的化身，层级逐步提升，理解也在渐渐加深。最后旁征博引，感悟传统：通过三个板块的探究，全方位的了解了"岁寒三友"后，进行归纳概括，说明中国文人的借物抒情，从而提升到"天人合一"的哲学思想。这样，活动过程的三个阶段环环相扣，有一个自主策划、组织实施、开展活动的整体过程意识，培养了独立思考、问题解决的能力。

无论整体单元、还是不同课型，都是在建立宏观概念，他们之间看似相对独立，但却相互关联、相辅相成，提升了学生框架思维、纵向深入思维和横向关联思维，形成整体性思维观念。

二、创设传统文化的学习氛围，深化思维的微观环境

中国文化自古讲究诗中有画，画中有诗。为了突出体现文化的传承与理解，也为了理解多样的文化意识，我们应当关注参与当代文化，在各种不同的文化学习活动中，增强思维的灵活性、敏捷性、批判性和独创性。

1.对比中感悟梅的精神，理解多样文化，增强辨识比较

理解多样文化是指通过对作品的学习，懂得尊重和包容，初步理解和借鉴不同民族不同区域、不同国家的优秀文化，吸收人类文化的精华。

在"梅花诗狂人"的介绍活动中，首先比较爱梅狂人陆游和毛主席的两首同题梅花诗，找到它们的不同点。学生能够发现因为陆游与毛泽东的生活环境、生活经历以及思维方式、个人情怀不同，同样的词牌同样的内容，眼中的梅花却是不一样的，各自表达了自己完全不一样的情感。陆游借梅花表达坚贞纯洁，毛泽东借梅花赞颂革命志士不畏艰难的乐观精神。虽然都是托物言志，但一个充满自豪感，一个却是哀婉悲戚；一个积极向上，一个落寞孤寂。感悟诗文中的多样文化，对这多样的文化，我们应以尊重、包容和欣赏的态度来对待各自的特点。

进而推出诗文游戏，用表格中的字组成一句诗，看看谁最快。答案很简单，却并不很容易快速答对。第一题和第二题都是诗句中缺少一个字。"遥知不是雪""路遥知马力"分别少了最后一个字，如果答题方向不对，到最后一个字才会发现错了就已经没有时间修改了。而第三题的这句诗并不是很多人都知道，需要对诗文积累有一定的储备量。

在品诗读诗中，引导学生抓住字词，理解感受王安石《梅》中"墙角数枝梅，凌寒独自开"的不畏严寒精神，王冕《墨梅》中"不要人夸好颜色，只留清气满乾坤"的高洁品质，陆游《咏梅绝句》中"何方可化身千亿，一树梅花一放翁"化作梅花的自比精神。

梅花在世人眼中是一个永远值得歌颂的话题，学生绘制的思维导图梳理了记载歌颂梅花的历史。学生了解到，梅花被歌咏的历史悠久，长达三千年，咏梅诗从唐朝开始在宋朝盛行。唐宋时的"梅"大多比于失意文人的自身高洁。辛亥革命后多是写梅花凌寒开放不畏艰难，"梅"成为革命志士的化身。

在同学充分交流赞颂梅花诗的历史后，感悟学习用梅花表达自己，与梅相连，人梅合一，这种自比情怀浓郁，既理解了多样文化，又增强了辨识比较能力。

2.情境中感悟竹的品质，传承中华文化，训练分析判断

在研讨"为竹痴狂的人"的活动中，更要通过学习祖国语言文字的运用，

体会中华文化的博大精深，源远流长，体会中华文化的核心思想理念和人文精神，增强文化自信，区别对联、命名等传统文化的深远含义，加强分析判断的能力。

从展示一处院落——扬州个园入手，进入情境的设置。

扬州个园的竹子，用"多"来形容再恰当不过了。一是数量多，竹林有一万二千多平方米，有近两万竿。二是品种多，园内现有竹子60多个品种。三是与竹子相关的对联很多。尽显园中竹林特色与文学氛围，表达了主人对竹子的喜爱。丛书楼，顾名思义是一处藏书楼，对联是"_____，_____"，从汉学堂的对联是"_____，_____"也能看出主人对儿孙后代的教育十分重视。你能选出这两处所使用的对联吗？让学生独立在三组备选对联中进行比较筛选。

①月映竹成千个字，霜高梅孕一身花

②咬定几句有用书可忘饮食，养成数竿新生竹直似儿孙

③清气若兰虚怀当竹，乐情在水静趣同山

学生细读品味对联，根据意思能知道第二、三幅对联分别适用藏书楼和汉学堂。之后激发了解第一幅对联"月映竹成千个字，霜高梅孕一身花"的兴趣和渴望。探究后知道，这个庭院中遍植翠竹，取东坡诗"宁可食无肉，不可居无竹"之意，以示主人超凡脱俗，品节高尚。"个园"名字也是来自清袁枚的诗句"月映竹成千个字，霜高梅孕一身花"。个园主人是"黄至筠"，名字中的"筠"字是竹子的别称。自己名字中有"竹"，庭院名字有"竹"，可见主人对竹子的推崇，表明自己清高不俗。这时给学生讲解个园的名字由来以及主人的名字更能引起惊叹。

选择合适的关于竹子的对联，学生在讨论比较后知道竹子的对联展现读书人像竹子一样虚心，应注重自己的情趣爱好，感受竹子在人们生活中的重要作用，甚至要几代人传承它们所蕴含的文化。在历史人物中，不仅衣食住行，甚而对子女的期待都体现着对竹子的赞美推崇，充满着人文情怀。

3.歌唱中感悟松的内涵，关注当代文化，渗透创新思维

《经典咏流传》是当前中央电视台新推出的一档节目。这档节目关注并积极交流传播诗词文化，在运用祖国语言文字的过程中，树立文化自信，提高社

会责任感，增强为中华民族伟大复兴而奋斗的使命感。

我在课上播放了《经典咏流传》中世界游泳冠军孙杨唱的一首《亭亭山上松》的流行歌曲，这首歌把魏晋刘桢所作《赠从弟》进行了重新演绎。同学们在交流后知道，这首诗里，刘桢正是以松柏为喻，勉励坚贞自守，坚持本性。引导学生感悟到，将背景音乐定为古曲《将军令》，还选用了流行歌曲《男儿当自强》做补充，正是把松树的坚定充分表现出来。

诗词的重新展示，与现代元素流行歌曲，以及古代乐器鼓相结合，传统文化和现代生活相得益彰，更容易被年轻人接受。做好传统文化的传承工作，培养学生的创新意识。

4. 文化中提升拓展，增强传统文化传承，培养归纳意识

在《岁寒三友》的科普、绘画、诗文三个组块的并列展示后，让学生对它们进行了归纳概括。正所谓培养学生归纳逻辑，就是以一系列经验判断或知识储备为依据，寻找出其遵循的基本规律或共同规律，以培养归纳意识，明确类别概念。

中国文人喜爱寄物抒情，借以某种特点的自然物来表达自己的理想品格和对精神境界的追求，这些自然物就具有文学意象。"你能猜猜具有这样生长特点的是什么植物呢？又被赋予怎样的品质情感呢？"学生在填写诗句时发现是"莲花"和"菊花"，联系生活中自然特点"出淤泥而不染""凋落后仍然有挺立的枝丫"以及人们赋予"独善其身、洁身自好、不同流合污……""不畏艰苦、顽强不屈、乐观向上、积极努力……"的品质，与松竹梅形成类比，感受理解文化意象。

课件出示时间轴，这些植物被历代文人墨客反复吟唱，就是因为它们契合中国人的气节与风骨，也因此成为文人们人生品格的镜子。出示王国维在《人间词话》中讲到的"物我合一"，也是中国的传统哲学观"天人合一"。进一步感受文化意象在人们心中的崇高地位。在这次综合实践课后，学生愿意走近植物，走进自然，从自然中汲取力量，感悟生命的美丽。

科普组块中展现植物的生长特点，绘画组块中体现植物有自然特点才有美丽的外在形态，才会成为绘画、诗文歌咏的对象，进而人们才会赋予它们内在品质，甚至成为自己的化身进行情怀自比。而三个组块又呈现出语文综合实践

的三个注意事项：资料要创新使用、合作要呈现深度、形式要新颖时尚。课堂上的四大组块在内容上都是相对独立的，但它们之间也有着很密切的关联。老师的板书非常好地展现出了它们的关联。组块间多方位渗透了"岁寒三友"的相关知识，提升学生框架思维、纵向深入思维和横向关联思维。

文化传承的学习结束了，但后续作业中要注意引导学生树立终身学习意识，把"探究植物的品质，感悟自然的力量"作为自己的生活模式。这样的探究，由表及里，让传统文化步步深入，层层提升。如果说传统文化学习的整个活动过程作为宏观调配形成思维的一个大场，那么，其中的不同方面、不同层级就是传统文化的微观环境，组成思维的一个个小点，相互配合，促使学生形成自己的思维认知体系。

中华民族传统文化上下五千年，经过了时间的考验，蕴涵着丰富的科学文化精神，是中华民族的重要凝聚力。因此，在新时代今天的我们，就更应该提升自己的素养，努力学习传统文化，继承并发扬光大。

第二节 "水文化"语文实践活动教学设计及反思

教学基本信息	
教师及指导教师	孙秋生、周金萍
学段	小学第三学段 五年级
教材出处	义务教育课程标准实验用书《语文》——北京师范大学出版社（2016年7月）

一、指导思想和理论基础

中华人民共和国《教育法》第七条规定："教育应当继承和弘扬中华民族优秀的历史文化传统，吸收人类文明发展的一切优秀成果。"优秀传统文化课程蕴含着十分丰富的、健康向上的道德元素、做人原则、处世态度、民族精神、价值取向，它的基本内涵和核心价值旨在让学生感受祖国优秀传统文化的魅力，接受文化血脉熏陶和文化浸润承传，提高学生内在涵养，即知识素养、人文素养、艺术素养、科学素养和信仰的价值观，并从中积累和培养民族精神、伦理道德和审美情趣，激发文化自信心。

在《北京市中小学培育和践行社会主义核心价值观实施意见》中强调，语文课要将强化母语教学与社会实践进行整合，《水的世界》一课，不仅将学生多年的关于"水"的认识进行梳理，还让学生对"水"的认识更加全面，在学生的实践过程中，了解水的作用，通过水利工程了解到劳动人民的智慧，通过对有关"水"的格言、诗歌的探索，体会到作品中蕴含的不同情感、不同哲理。学生充分体会到母语的魅力。把学生原来一提到"水"就只是"节约用水"的观念，变得更加多元化。使学生更加乐于实践，乐于探索。

二、活动背景分析

教材分析

北师大小学语文教材有关"水"这个题材的文章，老师课前进行了粗略的统计，发现每一内容在每一册书都或多或少的存在，简要做了分析，从以下几个方面进行梳理：介绍或赞美自然界的水；利用自然界的水；用水来表达情感或者道理；关于水的成语、谚语以及格言的知识积累与运用；有关水的民俗、传说故事；对于有关水的动物介绍、保护。

虽然教材中每册书都涉及有关水的知识、文化，但缺乏内在的系统，教师让学生对"水"有一个较为清晰、灵动的认识和体验，并进行有效的知识梳理还是有必要的。

学生学习学情

在北师大小学语文教材中，每册教材都有关于"水"的内容的文本，学生能够通过对"水"有关的文章的学习，对水有了很多认识，但由于学生在每个学段的年龄不同，教学要求不同，对水的认识不同，而且每个学段关于水的认知如果不加以梳理的话，在学生的脑海里，在学生的知识体系中也没有建立一个综合的、完整的、相互联系的有关"水"的全面、透彻的认识。如果乍一问起有关学生对于水的认识，很多学生的回答就是："水是很珍贵的资源，我们要节约用水。"

教学方式：展演、互动、欣赏、探究。

教学手段：通过对教科书、板书、计算机课件、视频等的全面使用，用到多媒体辅助教学。

续表

三、教学目标（含重、难点）
活动目标：通过自主、合作、探究的学习方式，走进水的世界。通过本次活动，增强学生搜集信息、处理信息的能力，能将课内知识和课外知识进行有机地整合。引导学生从实践中感受"水"这一单元主题，加深对水的认识，认识历史中的水利工程，理性地对待水，引导学生了解水的文化意味，体会水这一主题中蕴含的传统文化。 　　活动重点：以小组的形式采用自主、合作探究的学习方式，加深对水的认识，理性地对待水以及历史中的水利工程。 　　活动难点：引导学生了解水的文化意味，体会水的传统文化。
四、教学准备
（一）学生分工合作 　　课前，学生自己选择关注点，用两周的时间通过不同的形式收集相关资料；观看关于水的纪录片，收集积累与水有关的诗、词、格言、文章等，并练习背诵；通过不同的形式，收集有关中国历史中著名的水利工程的资料，了解中国劳动人民的智慧。 　　之后根据全班收集的素材，根据主题内容对学生进行分组。各小组围绕自己探究的主题，要求人人有任务，整合、转化各项资料，做成演示文稿，并分别制作小报进行展览评比。 　　（二）教师协调指导 　　"台上一分钟，台下十年功"，活动课的关键还在于活动前的准备，学生实际操作的能力，以及判断分析、综合整理和设计文稿、表达互动等多方面的能力，都是在活动的准备阶段逐步得到培养的。在小组整个准备过程中，老师的指导、协调尤为重要：要对小组内容及形式进行把关，还要激发、鼓励小组不断精改创新；更要关注小组进度，协调任务分工，让每一个孩子在活动中都能得到充分的尊重和认可感。 　　（3）《水的世界》导学卷 　　1. 出示干旱图片，你可以用哪些词来形容？写出词的关键字即可，看你能写出几个？说明这里缺什么？ 　　2. 试着连线，并准确地朗诵相关的句子 　　《望天门山》　　　　　　　　　绵绵春雨的水 　　《六月二十七日望湖楼醉书》　　涓涓细流的水 　　《浙江之潮》（周密）　　　　　千回百转的水 　　《望庐山瀑布》　　　　　　　　飞流直下的水 　　《春晓》　　　　　　　　　　　疾风骤雨的水 　　《小池》　　　　　　　　　　　波澜壮阔的水 　　3. 出示洪水泛滥的图片，你用哪些词来形容呢？写出词的关键字即可，看你能写出几个？现在水又给你怎样的印象呢？

4. 倾听诗歌朗诵《大禹治水》，回答问题：

（1）禹的父亲是谁？

A 尧　　　B 舜　　　C 鲧

（2）禹治水用了多长时间？

A 3 年　　　B 9 年　　　C 13 年

（3）大禹为了治水把当时的中国分为几个州（可选择）？

A 四州　　　B 九州　　　C 七州

（4）为了治水，大禹几过家门而不入？

A 一过　　　B 两过　　　C 三过

（5）大禹治水为什么能够成功？

5. 阅读片段，结合自己的知识积累，回答问题：

就在秦始皇下令修长城的数十年前，四川平原上已经完成了一个了不起的工程。它的规模从表面上看远不如长城宏大，却注定要稳稳当当地造福千年。如果说长城占据了辽阔的空间，那么，它却实实在在地占据了邈远的时间。长城的社会功用早已废弛，而它至今还在为无数民众输送汩汩清流，有了它，旱涝无常的四川平原成了天府之国，每当我们民族有了重大灾难，天府之国总是沉着地提供庇护和濡养。因此，可以毫不夸张地说，它永久性灌溉了中华民族。秦始皇筑长城的指令，雄壮、蛮吓、残忍；他筑坝的命令，智慧、仁慈、透明。

结合你查阅的资料，回答问题：

A. 现在的四川平原有"（　　　）"的美誉。

B. 四川平原上已经完成了一个了不起的工程指的是（　　　）水利工程。

C. 在"他筑坝的命令，智慧、仁慈、透明"中，他指的是。

D. 请你说说都江堰的作用有哪些？

五、教学流程

一、创设情境，明水重要

二、积累运用，词句赞美：

1. 体会生活中水的美好；

2. 体会诗文中水的特点。

三、结合历史，了解水利：

1. 大禹治水；

2. 都江堰工程；

3. 现代水利工程。

四、水的意蕴，文化延伸：

1. 体会不同诗句中水表达的情意

2. 体会不同风格的词中水的刚柔

3. 体会水格言中蕴含的人生道理

"水文化"语文实践活动教学过程

一、创设情境，明水重要

1.出示干旱图片，你有什么感受，可以用哪些词来形容？在导学卷上写出词的关键字即可，看你能写出几个？说明这里缺什么？

2.出示文章《生命和水》片段：

水是生命的摇篮，是人体进行新陈代谢的大功臣，是人体这部机器不能缺少的润滑剂，是调节体温的散热器，是护卫身体的防护兵。

这段话中将水比喻成什么，运用了多少个比喻？为什么用这么多比喻，说明什么？在导学卷上写出来（水对生命的重要）。

【设计意图：通过"导学卷"这种方式，让全体学生参与，并反馈修改，注意参与的深度。】

二、积累运用，词句赞美

1.体会生活中水的美好：出示学生旅游图片，你想用哪些词和句来形容它。（含有水的词句）

2.体会诗文中水的特点：诗歌与水的不同特点内容连线。

（1）你觉得这些诗歌分别描绘了哪些有关水的景象，试着连线，并准确地朗诵相关的句子。

《望天门山》	绵绵春雨的水
《六月二十七日望湖楼醉书》	涓涓细流的水
《浙江之潮》（周密）	千回百转的水
《望庐山瀑布》	飞流直下的水
《春晓》	疾风骤雨的水
《小池》	波澜壮阔的水

（2）四人一组交流。交流后展示，反馈、修改。

通过连线练习和朗诵，你体会到什么？（水的多彩，自然的神奇、观察的

细致、语言的魅力）

【设计意图：通过个人自学和小组交流，让全体学生参与，并通过展示、反馈、提问，提升参与的深度，体会中国传统诗歌的广博与深厚。】

总结：同学们从内容上感受到水在滋润万物，丰富和美化我们的生活，从语言形式感受到古代传统诗文中水的刚柔相济的美。

（3）出示洪水泛滥的图片，这种水的景象，同学们又想用哪些词来形容呢？在导学卷上写出词的关键字即可，看你能写出几个？现在水又给同学们怎样的印象呢？

【通过"导学卷"这种方式，让全体学生参与；通过问题，引发深度思考，让学生不仅在前面感知水的美好，还要在此处感知水的危害，让学生从多角度了解水的特点，形成辩证思维方式。从而认识到中国劳动人民自古以来对水利工程重视，并不断有所发展的重要性。】

总结：水的好处不少，水的危害也不小，那我们人类就想想办法来利用水，利用它的好处，转化它的危害，造福人民，这就不能不提到——治水。

三、结合历史，了解水利

我国自古以来有很多治水名人以及水利工程：大禹治水、西门豹治邺、郑国渠、都江堰、京杭大运河等，今天就讲其中的两个。

1. 大禹治水

朗诵诗歌，回答问题：先出示问题

（1）禹的父亲是谁？

A 尧　　B 舜　　C 鲧

（2）禹治水用了多长时间？

A 3 年　　B 9 年　　C 13 年

（3）大禹为了治水把当时的中国分为几个州（可选择）？

A 四州　　B 九州　　C 七州

（4）为了治水，大禹几过家门而不入？

A 一过　　B 两过　　C 三过

（5）大禹治水为什么能够成功？

（变堵为疏划分九州奉献精神）

大禹治水（诗歌）

学生1：洪水泛滥，浊流横溢

九年治水，无果而终

鲧的颈血，喷溅在湿漉漉的沼泽……

学生2：你继承父业，挺身而出，总结教训，为了更好地治水

你划分九州，变堵为疏，效果显著

栉风沐雨，饱受辛苦

学生3：过家门而不入

面对肆虐的洪流

心想威严的使命

你义无反顾

你的奉献精神

被永记千秋

治理四海，九州太平！

【设计意图：通过读、听、思、写的融合，让全体学生参与，并反馈修改，注意参与的深度。】

2.都江堰工程

（1）朗诵文章片段，回答问题。

当代的著名文化学者余秋雨先生也曾经在《文化苦旅》中赞美过都江堰，现节选部分内容给大家朗诵欣赏，然后试答下面的问题：（出示投影）

就在秦始皇下令修长城的数十年前，四川平原上已经完成了一个了不起的工程。它的规模从表面上看远不如长城宏大，却注定要稳稳当当地造福千年。如果说长城占据了辽阔的空间，那么，它却实实在在地占据了邈远的时间。长城的社会功用早已废弛，而它至今还在为无数民众输送汩汩清流，有了它，旱涝无常的四川平原成了天府之国，每当我们民族有了重大灾难，天府之国总是沉着地提供庇护和濡养。因此，可以毫不夸张地说，它永久性地灌溉了中华民族。秦始皇筑长城的指令，雄壮、蛮吓、残忍；他筑坝的命令，智慧、仁慈、透明。

结合你查阅的资料，回答问题：

A. 现在的四川平原有"（　　）"的美誉。

B. 四川平原上已经完成了一个了不起的工程指的是（　　）水利工程。

C. 在"他筑坝的命令，智慧、仁慈、透明"中，他指（　　）。

D. 请你说说都江堰的作用有哪些？

【设计意图：通过导学卷这种方式，引导全体学生结合查阅的资料参与，并引发进一步探究的欲望，导入下一个环节。】

（2）观看纪录片，探究问题。

通常认为，都江堰水利工程是由秦国蜀郡太守李冰及其子率众于公元前256年左右修建的，以无坝引水为特征的宏大水利工程，它科学地解决了江水自动分流、自动排沙、控制进水流量等问题，消除了水患，使川西平原成为"水旱从人"的"天府之国"。两千多年来，一直发挥着防洪灌溉作用。

听了介绍，同学们还想知道什么？

看视频，谈感受，体会巧妙之处。

（3）教师总结

都江堰是中国建设于古代并使用至今的大型水利工程，被誉为"世界水利文化的鼻祖"，又被称为"活的水利博物馆"。李冰被后人称为"川主大帝"。有"二王庙"每年的清明时节，当地人去拜祭，成为习俗。

（追问：小卷还有不会的吗？）鼓励学生课下读一读这篇文章的全文。

3. 现代水利工程

（1）学生简要介绍三峡工程、南水北调工程。

（2）提出一些感兴趣的问题？请参与此项活动的专家进行解答。

A. 长江三峡大坝的修建对下游的生态环境影响大吗？

B. 地震能把长江三峡大坝震塌吗？

C. 都江堰采用了自动排沙的方法巧妙排沙，那长江三峡大坝是怎样排沙呢？

D. 南水北调工程有很多管道埋在地下，时间长了，是怎样检查和清除泥沙的呢？

（3）总结：四大文明古国无不伴水而生，古埃及的尼罗河流域、古巴比伦的两河流域、古印度的恒河流域、中国的长江、黄河，文明的发展和人类利用智慧去治水是密不可分的。

【设计意图：通过资料查阅的简要展示和视频资料的播出，引发新的思考，引入专家回答，扩大语文学习天地，激发学生探究欲望。体会古代劳动人民利用自然改造自然的智慧。】

四、水的意蕴，文化延伸

在我们探索水的过程中，还发现它富有更深的情意。在诗人的眼里有时会是一份对家人、友人思念，一份对时间流逝的感慨：借物抒怀，情真意切。

1. 出示诗句，体会不同诗句中水表达的情意

哪些是表达朋友的情意？哪些是感叹时间的流逝。请你动情地表达。

（1）《赠汪伦》（友情）

（2）《送孟浩然之广陵》（友情）

（3）百川到东海，何时复西归？（珍惜时间）

（4）蒹葭苍苍，白露为霜。所谓伊人，在水一方。（思念朋友或亲人）

（5）滚滚长江东逝水，浪花淘尽英雄。是非成败转头空。青山依旧在，几度夕阳红。（感叹时间的流逝）

2. 出示宋词，体会不同风格的词中水的刚柔。

即使同样的江水，奔腾东去，但由于人物的境遇不同、阅历不同，所写出的文章风格也不相同，请同学们欣赏两首具有代表性的宋词。（可问学生哪两种风格）

《虞美人》李煜

春花秋月何时了？往事知多少。小楼昨夜又东风，故国不堪回首月明中。雕栏玉砌应犹在，只是朱颜改。问君能有几多愁，恰似一江春水向东流。

《念奴娇·赤壁怀古》苏轼

大江东去，浪淘尽，千古风流人物。故垒西边，人道是，三国周郎赤壁。乱石穿空，惊涛拍岸，卷起千堆雪。江山如画，一时多少豪杰！

遥想公瑾当年，小乔初嫁了，雄姿英发。羽扇纶巾，谈笑间，樯橹灰飞烟灭。

故国神游，多情应笑我，早生华发。人生如梦，一樽还酹江月。

3. 出示格言，体会水的格言中蕴含的人生道理。

在我们的生活中，你经常会听到这些有关水的格言，你能说说他们蕴含怎样的人生哲理呢？其他学生可以结合生活以及积累的知识来谈感受。

（1）问渠哪得清如许，为有源头活水来。

（2）受人滴水之恩，当以涌泉相报。

（3）学如逆水行舟，不进则退。

（4）海纳百川，有容乃大。

（5）君子之交淡如水。

（6）不积跬步，无以至千里；不积小流，无以成江海。

希望同学们在生活中牢记这些启迪你人生的格言。

【设计意图：通过诗句、诗词、格言等语言形式，不仅引导将所学的知识进行归类和提升，同时引导学生由自然界的水进入文化层面的水，感知传统文化层面水表达的情意和人生哲理。】

五、总结拓展

1. 总结：通过今天的实践课，我们对水有了更进一步的了解，它不仅哺育了世界万物，在人类利用水资源的过程中也充满了智慧，它也让我们的文化更加灿烂，随着你们的长大，知识的丰富、文化的积淀，你们对水所描绘出的人生哲理体会更深。

2. 拓展，布置作业：

（1）结合北京的地名了解北京过去的水资源状况。小提示：

A. 查阅和水有关的地名如：洼、沟、桥、潭等。

B. 参观有关自来水的博物馆，通过记录、拍摄、观察等手段了解北京的水资源状况。

C. 了解一下现在北京供水的途径，以及北京的河流、水系等。

（2）收集有关水的成语或者歇后语，了解它们的意思。

【设计意图：通过拓展性作业，引导学生扩大语文学习天地，走进社会，走进博物馆，生动活泼学语文、主动探究问题、解决问题。】

六、板书设计

水的世界			
水美	享受	水	抒情
水患	治理	水	寓理

"水文化"语文实践活动教学反思

一、备课中的思考

在北师大小学语文教材中，每册教材都有关于"水"的内容的文本，学生能够通过对"水"有关的文章的学习，对水有很多认识，但由于学生在每个学段的年龄不同，教学要求不同，对水的认识不同，而且每个学段关于水的认知如果不加以梳理的话，在学生的脑海里，在学生的知识体系中也没有建立一个综合的、完整的、相互联系的有关"水"的全面、透彻的认识。如果乍一问起有关学生对于水的认识，很多学生的回答就是：水是很珍贵的资源，我们要节约用水。

对于一个具有五千多年文明的中国，在长江、黄河这两条母亲河哺育下的华夏子孙来说，只认识到这一点是远远不够的。让我们先看看北师大教材有关"水"这个题材的文章，到底有多少？我进行了粗略的统计，发现这一内容在每一册书或多或少的存在，简要做了分析，包含了以下几个方面：

1.介绍或赞美自然界的水；

2.利用自然界的水；

3.用水来表达情感或者道理；

4.关于水的成语、谚语以及格言的知识积累与运用；

5.有关水的民俗、传说故事；

6.对于有关水的动物介绍、保护。

虽然教材中每册书都涉及有关水的知识、文化，但缺乏内在的系统，怎样才能让学生对"水"有一个较为清晰的、灵动的认识和体验呢？

我开始了有关"水"的综合实践课的思考。起初我的思路和语文第9册教材5单元的思路是一致的，即，了解水——亲近水——赞美水——珍惜水（活动思路）。我还想通过一些北京的地名的研究，探索北京在过去是否是水资源丰沛的城市，从而达到赞美水和珍惜水的目的。但这样做的目标过于单一，没有让所有的学生参与进去，只是一小部分学生进行北京的一些地方实际考察，对于路途远或者周六日有其他安排的学生来说不能够进行此项活动，教学资源单一不能适合每一位学生。我想语文综合实践课要体现以下三方面的特点：1.在知识与能力上，要体现语文学科的思维与表达的融合，语文知识与生活的融合；2.在活动组织上，要人人乐于参与，参与中深度体验，多重思考中提升；3.在资源组织，需要内容聚焦，环节简约，富有空间，保证学生个性化发展。

二、上课后的反思

（一）参与要全面：为了使学生能够全员参与，各尽所长，我们根据教材的特点把学生分为不同的实践活动小组：

第1组：自己在生活中都去过哪些有关水的景点，可以把有关照片拿来，说一说，体现水的不同特点，从而展现自己对水的喜爱之情，展现祖国山河的美丽来（如，大海、江南小镇、九寨沟、瀑布等）。学生们积极性很高，纷纷把自己的照片拿来，向同学们展示，在这项活动中，不仅让学生领略到水的魅力，在展示的同时也锻炼了学生的语言组织能力、表达能力，甚至有的学生为了表达美景还查阅古诗词来引经据典表达。

第2组：查找有关水的成语、谚语、格言，体会水在汉语中的作用，以及古人的观察与发现，体会古人的智慧，有的学生把谚语、成语做成谜语的方式或者图片的方式让同学们猜，为了查找格言，有的同学翻阅了大量的书籍，或者上网查阅大量的资料、他们还要请教老师、家长来领会这些格言的含义，有的学生还把有关水的格言做成书签来展示他们的奇思妙想，在此过程中又认识了很多名家名作。

第3组：查找有关水的诗歌，文章，体会诗歌表达的不同情感、道理或者品质。在学生搜集、整理、归纳总结中，发现古人们有时用水表示人们的思念之情；有时表达朋友之间的友情；有时又表达时间的流逝；有时还表达人的一些美好的品德。通过孩子们的探索发现，他们不断地进行交流、切磋，碰撞出很多思想的火花，体会到语文实践活动的快乐。

第4组：考查北京地区地名，探究北京的水资源，查找有关中国水利工程的资料。这个小组不但自己动起来，还发动家长和他们一起查资料，走访，拍摄。在研究中国水利工程时，要把我国的治水历史、不同时期的著名水利工程、名人都要研究一番，涉及地理、气候、力学、建筑、诗文、生态平衡等多方面多种知识，为了不让自己的组出现纰漏，该组的胡睿宸同学还把他的母亲（在国务院三峡办规划司工作）请到学校，为同学们答疑解惑，巧妙地利用了家长资源。

（二）参与要有深度：在学生参与实践活动中，发现有些话题不容易深入展开，出现了以下几个问题：

1.学生觉得太简单的语文实践活动。

这样的活动虽然看着热闹，参与的人很多，但由于学生司空见惯、耳熟能详，所以对此类实践活动提不起兴趣。比如关于水的成语、谚语、歇后语的整理、展示，学生不能够进行深度思考，一看就会或者是学生不学就会的知识，在语文实践活动中需要精简下去。

2.学生觉得太难太偏的语文实践活动

这样的活动由于学生所储备的知识不够，学生虽然能够找到相关资料，但由于没有和此类知识相关的历史、地理、气候等相关知识，往往只是照本宣科的空谈。比如，在谈到水利工程时，有些学生不了解在修建郑国渠时的"疲秦"的策略，这样的内容学生学也学不会的，只是应当舍弃下去。

3.学生觉得面太窄的语文实践活动

在老师布置给学生的实践活动任务要给学生留有广阔的施展空间，发现多元的结论，展现学生不同的见解，不能够在几个学生探究之后，觉得没有什么内容可供他们学习。过于单一、太窄的活动面会让学生丧失探究的兴趣，那些实践与不实践没什么两样的活动，也不如不布置，比如，除了《捞铁牛》古人还有哪些巧妙地利用水的浮力的故事？（学生只知道《曹冲称象》）像这样的实践活动也需要优化下去。

（三）学生要感兴趣

在语文实践活动中，选择那些学生感兴趣的话题，他们带着自己的探究结果来，在和同学们交流以及老师导学卷的引导下，对很多话题除了学到自己意料之外的知识外，还产生了新的问题，课下还想进行进一步的研究，探讨。那这样的实践活动就选对了。否则教师就要进行深入思考，看看教学内容是否进行优化，所布置的内容学生是否有兴趣。

本次活动中，经过调查问卷发现，很多学生喜欢其中所学的内容，他们喜欢在活动中交流自己的想法。

很多学生在活动课后写出了对于"水"的认识，较之以前有了更加全面深刻的见解。

这样的学习激发了学生学习语文的兴趣，学生的学习感受如下：

我眼中的水是欢快的，清凉的。"小桥流水人家。"我去过扬州，那里的水别具一格。两排春柳长在小河旁边，把河水映成了黄绿的颜色。小船在水中飘荡，我站在船上，把手伸到水里，感觉水是清凉的。

老师讲到君子之交淡如水时，让我知道，人与人之间交往要像水一样，不是为了贪图一些小恩小惠，而要像水一样纯洁。"人生贵相知，何必金与钱？"

水也可以造福人类，我国的都江堰既可以防洪，又可以灌溉，它可以自动分流，让泥沙流出去，让清水流进农田，做到了无坝饮水，一举三得。

这就是我心中的水。

——孙程午

我眼中的水是美丽的，我眼中的水是智慧的。它创造了千岛湖，让人和大自然彼此和谐。也让我更加了解大禹是怎样治水的，大禹的父亲鲧，治水那么多年都没有消除水患。大禹为了治水把当时中国化分成九州，为了治水大禹三过家门而不入，我知道了大禹之所以能成功是因为他勇于奉献，变堵为疏，化分九州。

我们还看了一些同学们的照片，有的是小桥流水人家，还有的同学张开双手拥抱大自然呢，通过这次课，我觉得我们应该珍惜水，让我们的子孙后代有水喝，让那些旱地变成水田。

——张名雅

今天我们上了一节有趣生动的实践课。孙老师讲得非常精彩，同学们表达自己对水的了解也特别积极，我也参与其中。

这节课讲的就是各种各样的水：有海水、河水、湖水等，水对人们非常重要，我们每个人都离不开水。因为，没有水就没有生命！但是，大自然中的水，有时候却"很不听话"，会给人们带来灾害，在观看图片时，我看到洪水把人们居住的房子一扫而光，人们无法生活。也看到在古时候，人们就开始与洪水抗争，相信大家都听说过《大禹治水》的故事，他是一个非常有毅力的人，为了治水，十三年中三过家门而不入。另外，都江堰大坝让我很佩服古时候的人们，他们用自己的聪明才智建成飞沙堰和宝瓶口，不但有自动排沙的功能，还能让河水不再到处泛滥，真是造福子孙后代。

在这节课中不但了解了很多关于水的知识，也让我记住了很多关于水的格言：海纳百川，有容乃大；学习如逆水行舟，不进则退；时间如流水，一去不复还，等等，让我明白了珍惜时间，努力学习的道理。

——陈明翀

第三节 "黄河文化"语文实践活动教学设计及反思

教学基本信息	
教师及指导教师	贾雪芳、周金萍
学段	小学第三学段 六年级
教材出处	义务教育课程标准实验用书《语文》——北京师范大学出版社（2016年5月）
一、指导思想和理论基础	

中华人民共和国《教育法》第七条规定："教育应当继承和弘扬中华民族优秀的历史文化传统，吸收人类文明发展的一切优秀成果。"优秀传统文化课程蕴含着十分丰富的、健康向上的道德元素、做人原则、处世态度、民族精神、价值取向，它的基本内涵和核心价值旨在让学生感受祖国优秀传统文化的魅力，接受文化血脉熏陶和文化浸润承传，提高学生内在涵养，即知识素养、人文素养、艺术素养、科学素养等，并从中积累和培养民族精神、伦理道德和审美情趣，激发文化自信心。

语文课程应通过优秀文化的熏陶感染，要充分开发和利用课程资源，创造性地开展各类活动，增强学生在各种场合和专题下学语文、用语文的意识，培养学生语文综合运用能力、探究精神和合作态度，使语文学习变得更有意思，更有价值，让学生爱学语文，勤于积累，乐于表达，善于思考，用活语文，切实帮助学生提高语文素养，获得语文学习能力的综合发展。

本教学设计是以《完善中华优秀传统文化教育指导纲要》为指导思想，以提高传统文化素养、传承中华民族优秀文化为基本目标，以语文学科为依托，秉承"把中华优秀传统文化教育系统融入课程和教材体系"原则，培养学生文化素养，包括知识素养、人文素养、艺术素养、科学素养和信仰价值观。依托课程整合，开展素的研究，即开展学科纵向的梳理与整合，树立再创中华民族辉煌的使命感和责任感，以达成学习中华优秀传统文化的本质。

二、活动背景分析

教材分析

六年级语文上册第三单元"母亲河"中的课文有一个共同点：以"长江"或"黄河"为主题。长江与黄河是炎黄子孙的母亲河，是中华民族的摇篮，她们哺育了数以万计的华夏儿女。作为中华儿女，我们要热爱长江与黄河，更要保护长江与黄河，让母亲河随着时代的变迁焕发出更迷人的风采。为了更深切地了解母亲河，促进学生语文素养的提升，我们结合学生的生活，将"寻踪母亲河"制定成一个项目学习。"黄河"是华夏的摇篮，精神的寄托，民族的脊梁，要让学生真切感受黄河和华夏民族息息相关、血脉交融的情感；我们不是停留在赞美黄河和华夏民族的文明瑰宝是多么伟大，更是要传承黄河魂的精髓，要有一种民族的忧患意识。这是一种思维的延伸，品位的提升。

学生学习学情

六年级学生已经具备了初步的解决与学习相关的问题，查找资料、运用资料的能力，能够有意识地从多渠道搜集资料，有小组合作分工的意识，由此这次语文实践活动就放手让孩子们操作。相对来说，学生筛选信息和组织语言表达的能力还有待提高，教师要及时指导点拨。对于"黄河文化"，孩子们有了解却不深入，对黄河有崇敬之心却缺少息息相关的情感，对于"黄河精神"知道者寥寥无几。在这次语文实践活动中，不仅要提高学生探究表达等语文素养，更要起到精神上的营养，汲取民族力量，唤起作为一个中国人的情感认同。

教学方式：展演、互动、欣赏、探究。

教学手段：通过对教科书、板书、计算机课件、视频等的全面使用，多媒体辅助教学。

三、教学目标（含重、难点）

活动目标：本次活动旨在增强学生搜集信息、处理信息的能力，能将课内外知识进行有机地整合。引导学生从实践中感受"母亲河"，了解黄河对华夏民族的生存意义和精神力量，体会黄河文化；感受黄河的现状危机，激发学生热爱、保护黄河母亲的责任感与使命感。

活动重点：以小组的形式采用自主、合作探究的学习方式，培养学生乐于观察、思考和探究的兴趣，提高表达、沟通、合作等能力，增强"黄河人"的民族自豪感。

活动难点：从多样的内容出发，在活动中感受黄河为什么被称为中华民族的"母亲河"？

四、教学准备

（一）学生分工合作

课前，学生自己选择关注点，用两周的时间通过不同的形式收集关于黄河文明、治理黄河等的相关资料；收集与黄河有关的诗、词、文章、歌曲等积累并练习背诵。

之后根据全班收集的素材，根据主题内容进行分组合作。全班36人，分为了四大版块（文明起源、灿烂文化、诗词歌赋和民族精神），五个小组（地理流域、现状及治理、古诗、歌曲、景观图片和神话传说）。各小组围绕自己探究的主题，要求人人有任务，整合、转化各项资料，做成演示文稿，并分别制作小报进行展览评比（各两张）。

（二）教师协调指导

"台上一分钟，台下十年功"，活动课的关键还在于活动前的准备，学生实际操作的能力，以及判断分析、综合整理和设计文稿、表达互动等多方面的能力，都是在活动的准备阶段逐步得到培养的。在小组整个准备过程中，老师的指导、协调尤为重要：要对小组内容及形式进行把关，还要激发、鼓励小组不断精改创新；更要关注小组进度，协调任务分工，让每一个孩子在活动中都能得到充分的尊重和认可感。

（三）"寻踪母亲河"导学卷（"黄河"综合实践活动）

第一关：文明篇

1.7000年前，_____奏响了古老黄河文明的序曲，黄河文明的形成期主要是_____时期，到春秋战国时期，创造了以_____为代表的精神财富。

2.你知道有哪些古战场吗？（写出三个）

3. 你知道中国有哪些古都吗？请选择（　　　）

A 西安、洛阳、开封　　　　B 昆明、洛阳、北京　　　C 郑州、西安、西宁

4. 黄帝姓_____，号_____氏

第二关：诗词篇：

白日依山尽，黄河入海流。	王之涣《凉州词》
九曲黄河万里沙，浪淘风簸自天涯。	王之涣《登鹳雀楼》
黄河却胜天河水，万里萦纡入汉家。	白居易《生别离》
黄河远上白云间，一片孤城万仞山。	司空图《浪淘沙》
黄河水白黄云秋，行人河边相对愁。	刘禹锡《浪淘沙》

第三关：诵读篇

领：风在吼，马在叫

合：黄河在咆哮，黄河在咆哮

领：河西山岗万丈高，河东河北高粱熟了

　　万山丛中抗日英雄真不少

　　青纱帐里游击健儿呈英豪

　　端起了长枪洋枪

　　挥动着大刀长矛

合：保卫家乡，保卫黄河

　　保卫华北，保卫全中国

五、教学流程

开篇引入　单元话题篇：名人眼中的黄河

第一篇章　历史溯源篇：孕育华夏慈母情

第二篇章　文化遗迹篇：灿烂文明耀中华

第三篇章　诗词歌赋篇：黄河情系民族魂

第四篇章　忧患治理篇：现状堪忧急拯救

"黄河文化"语文实践活动教学过程

一、开篇引入——单元话题篇：名人眼中的黄河

1. 学习了"母亲河"这一单元，我们知道黄河是我们的母亲河，经过对黄河一个多月的深入探究，有的同学还亲自去黄河岸边感受了黄河风采，你能用一句话来说一下对黄河最深的感受吗？

2. 名人眼中的黄河

华夏子孙对黄河的感情，正如胎记一般地不可磨灭。——余光中

毛泽东每每提到黄河，无不一往情深，1948 年，毛泽东曾和周恩来等人乘坐小木舟过黄河，面对滔天的江水，他心潮澎湃，沉思良久，深深地感叹道："你们可以藐视一切，但是不能藐视黄河。藐视黄河，就是藐视我们这个民族。"

3. 说说自己的理解。

4. 质疑问难，展开学习。

那黄河到底是一条怎样的河？为什么把它比作华夏子孙的胎记，同民族尊严紧紧联系在一起？今天，就让我们漫游黄河，沿河拾珍，从历史溯源、文化遗迹、诗词歌赋、忧患治理几方面去体味一下黄河与我们血乳交融的联系。

【设计意图：带着问题，每个小组选择主题内容，从不同角度探究，最终呈现对黄河的整体认识，从而深切地体会黄河对中华民族的重要，体会中华民族繁衍的文明，文化离不开黄河。】

二、第一篇章——历史溯源篇：孕育华夏慈母情

（第一小组展示，并和全班问题互动。）

1. 内容：地图（黄河的布局形状）黄河流域、黄河的由来、文明的起源、黄河的贡献（以养育为内容，一人结合家乡的变化看民族的繁衍）。

2. 试题互动内容：多长、流经区域、古都、发源地、中华的由来……

3. 问题互动：从我们的介绍中，你感悟到什么？（黄河，无私养育了华夏民族，体现了黄河的慈母心，让我们发自内心地对黄河叫一声"母亲"。）

【设计意图：从对地貌的观察，感受黄河像人体的血脉流淌中华大地，再由黄河滋生文明的起源，让孩子们从概念化的认识真正转化为形象的感知，从身边的种种现实感悟到黄河对我们华夏民族的生息、发展那样息息相关，衍生出黄河的形状都是中国的象征，这也足以见证华夏民族对黄河的情感之深。】

三、第二篇章——文化遗迹篇：灿烂文明耀中华

（第二小组展示，并与全班问题互动。）

在黄河水的滋润中，华夏人民的智慧充分被激发，创造出了令世界惊叹的

伟大成就。

1.内容：文化遗址（重点介绍了仰韶文化遗址、黄帝陵、龙门石窟等）、黄河文化之最、文化传承（有关黄河的成语和传说、人民币的图案）。

2.试题互动内容：成语、俗语的运用。

【设计意图：了解黄河流域孕育的文明，体味黄河流域孕育的文明已经融进了人们的日常生活，在历史瑰宝中徜徉，丰富自己的见识，积累语言的运用。】

四、第三篇章——诗词歌赋篇：黄河情系民族魂

（第三、四小组展示，并与全班问题互动。）

无数的骚人墨客站在黄河岸边，心情澎湃，写下了数以万计的名篇佳作，就让我们来欣赏一下。

（一）诗词诵读

1.内容：历代赞颂黄河的篇章，从《诗经》一直到现代诗《黄河魂》，重

点赏析李白笔下的黄河。

2.试题互动内容：诗词填空连线，鉴赏李白《赠裴十四》。

3.目的：黄河融进了人们的血液，用黄河倾诉自己的情感和志向。

4.总结：我们在感叹"逝者如斯夫，不舍昼夜"的黄河文化，更要想到的是黄河人，是黄河人靠着一股劲儿挺起了民族的脊梁。

（二）《保卫黄河》

1.内容：《保卫黄河》歌曲、诗的朗诵、创作背景、歌曲背后的故事。

2.试题互动内容：从《保卫黄河》的大合唱中，你听出了什么？一起朗诵，谈论诗歌创作者背后的民族精神。

3.黄河精神指什么？

4.让我们面对黄河母亲，唱出心中的赞歌：朗诵《黄河颂》，配黄河图片。

【设计意图：文化的底蕴是一生的受益。在诵读中、在歌曲中、在赏析中品味文字，积累阅识，从而为黄河而骄傲，为自己是黄河子孙而自豪，汲取黄河力量，了解黄河精神的内涵，以黄河鼓舞自己前进。】

五、第四篇章——忧患治理篇：现状堪忧急拯救

（第五小组展示，并与全班问题互动。）

1.黄河，伟大的母亲河，她哺育滋养了世代炎黄子孙。历史上，黄河还被称为"祸河"，你了解吗？（简单出示一下历史上的灾难）那人们为什么还称他为母亲河？

2.勇敢的华夏民族从不畏惧自然条件的恶劣，他们凭着自己的才智和坚韧，不断地与黄河斗争着，改变着它。如果没有了黄河，会怎样？

3.然而，令人震惊和痛心的是，我们正在让母亲哭泣，甚至会让她死去！

（1）黄河的现状：黄河现在存在什么危机？小组归纳。你看到这些什么心情？想说什么？

（2）面对这么严峻残酷的事实，保护黄河刻不容缓，那我们为母亲都做了什么呢？

（3）黄河的治理工作，你的思考是什么？

（4）作为一名小学生，我们能为黄河母亲做些什么呢？站在黄河岸边，你又会对我们的妈妈说些什么呢？

4.小组合作，请针对黄河断流和水污染这一严重的生态危机，设计一则公益广告，呼吁人们保护母亲河。广告要件应包括图画或照片、广告词、设计思路说明。可以用手绘，也可以利用电脑设计，力求有创意。

广告词：_____。

设计思路说明：_____。

【设计意图：了解事物的两面性，激发孩子的危机意识，不仅要索取，还要知道奉献和环保，在讨论和小组活动中不仅了解黄河的现状，积极出谋划策，发挥小主人作用，更是一种参与、实践的运用。】

六、结束篇

只要每一位炎黄子孙行动起来，那么，赤地变青山之时，便是黄河流碧水之日，伟大的母亲河一定能重新焕发昔日光彩！黄河，中华民族的象征；黄河，华夏精神的展现，他将和中华民族一同在新的时代焕发勃勃生机！

七、作业设置

1.阅读余光中的《黄河一掬》。

2.请针对黄河断流和水污染这一严重的生态危机，设计一则公益广告，呼吁人们保护母亲河。（广告要件应包括图画或照片、广告词、设计思路说明。可以用手绘，也可以利用电脑设计，力求有创意。）

八、板书设计

	历史溯源	
	文明瑰宝	华夏人
寻踪母亲河	诗词歌赋	中华魂
	忧患治理	

"黄河文化"语文实践活动教学反思

黄河，华夏的摇篮，精神的寄托，民族的脊梁。

一个多月的文化活动实践，让我和孩子们收益颇多。每一个孩子都在说好喜欢这节课，虽然有些苦和累，但在这堂课中收获了很多，突破了自己，是一次成功的体验。这样真实的反应，让我不禁思考，语文文化活动实践课给孩子带来的是什么？沉下心来回顾这堂课走过的历程，恍然明白，孩子们的得意之处源自哪里。

一、成功的收获

（一）情趣的激发

寓教于乐，启智于趣，是语文活动课的主要特征。从课堂的形式上来讲，以学生的交流展示为主，孩子们是主人，丰富的内容、新颖的展现形式、生生之间的提问竞猜互动，一改课堂中的沉思，吸引着孩子们的眼球，可以轻松活跃的参与，可以没有顾忌的发言提问，这就是一种情趣的激发。这些形式是外在的展现，更重要的是努力挖掘活动中的"文化蕴育点"，在生活中营造文化气息，发掘内容背后思维情趣的深入。

这堂课，不仅仅讲黄河，更多是把黄河和华夏民族息息相关、血脉交融的情感让孩子有一个真切的感受；我们不只是停留在赞美黄河和华夏民族的文明瑰宝是多么伟大，更是要传承黄河魂的精髓，要有一种民族的忧患意识。这是一种思维的延伸，品位的提升。如果这节课后孩子们能在脑海中烙印下一些文化和情志上的思考，真的有兴趣再去查找资料，学习并深入探究。我想这节实践课就是成功的，也是作为老师努力后想看到的成果。

（二）素养的提升

我们看到的语文活动实践课，是活动结题部分，主要形式是学生的展示与汇报，在课堂的内容中力求体现思维的碰撞和语文素养的提升。但"台上一分钟，台下十年功"，语文活动课的关键还在于活动前的准备，学生实际操作的能力，以及判断分析、综合整理和设计文稿、表达互动等多方面的能力，都是在活动的准备阶段逐步得到培养的。

在活动的过程中，孩子们浏览搜集资料，内容涵盖了黄河的概况、神话故事、文化发展、诗词歌赋、忧患治理、音乐歌曲等诸多内容，在这么大量的阅读中，不就是在体验生活语文，增大阅读量吗？孩子们在筛选整理资料，针对一个问题深入研究找到依据，这也是语文学习的重要环节呀；孩子们在完善资料慎重写出文字稿，一遍遍地修改精致，这更是语文写作能力的一种体现吧；在课堂的展示环节，能在众人面前，大胆自信的演示表达，不也是每个语文老师所希望自己的学生所具有的一种语文素质吗？

可以说语文实践课把孩子的听说读写的全方位能力提升浓缩在一节课上展现了出来，让每一个孩子都可以进行练习，是全方位提升孩子语文素养一个最好基地。

（三）品性的养成

语文是人类"诗意地栖居"的精神家园。语文课程应通过优秀文化的熏陶感染，提高学生的思想道德修养和审美情趣，使他们逐步形成良好的个性和健全的人格。孩子们在课后随笔中，提到最多的词语是"成功""突破""我很棒"，让我感受到孩子在语文实践课上收获了一种体验成功的喜悦和自信，感慨莫名。一个多月来的一些小画面清晰浮现在眼前：从不发言的小牛，我一直认为他内向不善言辞，可他站在台前开口第一句话就把我震住了，声音是多么利落洪亮；舒扬为了在小组中多争取展示的机会，让别人看得起他，和妈妈练到晚上十一点；朝中为了完成小组的任务，在网上一遍遍和组员沟通，精改幻灯片熬至深夜，第二天眼睛肿肿的……

一幕幕感人的画面，让我看到了孩子们的热情和潜力，语文实践课为他们提供了展示自己才能的舞台。其实在准备的过程中，孩子们收获了更多：在小组磨合中孩子们学会了合作，试着去理解、包容，让每一个成员都愉快的练习；在准备自己的任务中，孩子们知道了责任，每一个人都要完成好自己的任务，才不会影响大局；孩子们还发动了家长，帮助小组练习，学会了倾听，不断的改进拓宽自己惯有的思维模式……

就这样，孩子们在潜移默化中改变着。虽然这些品性的养成，我们日常也在强调，希望孩子们形成，可远不及这一次语文实践课来得那么明显，来得学生心甘情愿，这是我所没有预料到的，也是让我最感惊喜的。

教学是一门遗憾的艺术。这节语文实践课后，让我不由思考，还可以怎样做，让语文实践课能更多回归学生，给学生更多的自主性和掌控权。

二、缺憾的反思

（一）缺乏整体策划

《寻踪母亲河》这节语文实践课，在准备过程中我有一个最大的失误，让孩子们走了很多回头路。为了保证课堂的新鲜感，分组后的小组准备，孩子们只知道自己小组的研究方向是什么，却不知道别的小组在做什么。为了更好地说明自己小组的话题，孩子们就尽可能多的找来依据。可汇总到我这里，却发现了很多重复的内容，小组话题就不够突出了。为此，我又重新和各个小组沟通，调整内容。

现在想来，在分组后，应该组成一个"导演组"，可以让小组长担任，让各组组长聚在一起，先召开"导演会"，让孩子心中有个全局观念，进行整体策划，知道自己要完成的重点以及自己小组在整节课中所处的环节和承担的目的，这样就可以有的放矢的准备小组工作，还可以小组间互通有无，找到适合自己小组的展示形式，避免雷同。

（二）缺乏样例指导

给学生自主权，还得学生有能力。为了语文素养的全面提升，在语文实践活动中，老师还不能一开始就全盘放手，否则就会是一盘散沙，达不到任何效果。老师在平时可以安排一些小型的演练。比如针对一个小话题，让各个小组都去准备，然后进行展示评比。在这样的活动中，孩子们对话题研究的深入性、文学性、思想性以及表达形式等方面就会有一个直观的感受，准备什么，怎么准备，如何展示才是最好的。有了这样平时的培养，再放手给孩子们，让孩子们去策划、去练习、去展示，才是真正有效地给孩子们自主权。这样才是老师解放出来，作为欣赏者去感受孩子们的进步，为他们骄傲。

第四节　"马"语文实践活动教学设计及反思

教学基本信息	
教师指导教师	辛悦、孙秋生
学段	小学第三学段　五年级
教材出处	《义务教育教材》语文——北京师范大学出版社

一、指导思想和理论基础

　　本教学设计是以《完善中华优秀传统文化教育指导纲要》为指导思想，以提高传统文化素养、传承中华民族优秀文化为基本目标，以语文学科为依托，秉承"把中华优秀传统文化教育系统融入课程和教材体系"原则，培养学生文化素养，包括知识素养，人文素养，艺术素养，科学素养和信仰价值观。依托课程整合，开展素养的研究，即开展学科纵向的梳理与整合，树立再创中华民族的辉煌的使命感和责任感，以达学习中华优秀传统文化的本质。

　　这节关于马的综合实践活动课是与中国文化密切相关的研究性学习活动，通过实践研究让学生获得情感体验、能力方法和知识经验。在教育实践中我们发现，孩子们在经历每一个主题实践活动都生成了一些与学科课程相关的能力。于此，我想以学科实践活动为基点，开展系统性的综合实践活动，以推动学生综合学习和实践研究的能力，真正落实中华优秀传统文化的继承与弘扬。

二、活动背景分析

　　教材分析：

　　五年级上册有"马"这一单元的教学，要让孩子们全方位的了解马，还要承载着语文工具性的作用，只是几篇文章是远远不够的。为了更深切的了解马，体会马的精神品质，于是结合学生的生活，制定了本节语文综合实践课。

　　学生学习学情

　　语文综合实践活动课的关键还在于活动前的准备，六年级的学生有一定的实际操作的能力、搜集资料的能力以及表达能力也有一定的基础，重点就是老师要在准备的过程中引导学生整理、筛选资料，形成每个小组的探究方向，组织学生进一步深入探究，确定文字稿后再指导孩子大胆自信的演示表达。

　　教学方式：展演、互动、欣赏、探究。

　　教学手段：通过对教科书、板书、计算机课件、视频等的全面使用，用到多媒体辅助教学。

三、教学目标（含重、难点）

　　教学目标：

　　1.了解马的特点、习性、历史等知识。

　　2.培养学生收集和处理信息获取新知识的能力，在活动中培养活动策划和实施能力，合作和探究能力，交际与创新能力。学会总结方法，形成清晰的思维路径，为其他不同主题的语文综合实践探究起到指导作用。

3.能够从物质层面和精神层面认识到马的重要性，感受到马的精神，在今后的学习生活中学习马的精神。

教学重点：了解马的特点、习性、历史等知识，收集和处理信息获取新知识的能力。

教学难点：引导学生了解和学习马的精神力量，在活动中全面提高语文素养。

四、教学准备

（一）学生分小组合作

课前，学生根据主题自主选择自己感兴趣的内容，用两周的时间通过不同的形式收集相关资料；观看关于马的相关书籍、纪录片或电影，收集与马有关的诗、词、格言、文章等积累并练习背诵；通过不同的形式收集中国关于马的著名历史故事，感受到马的血脉、气运、精神。

之后在全班范围内进行头脑风暴，将大量收集的素材进行分类，学生再次依兴趣进行分组合作。各小组围绕自己探究的主题，要求人人有任务，整合、转化各项资料，做成演示文稿，并分别制作小报进行展览评比。

（二）教师帮助协调指导

在学生的课前准备中，老师也扮演着很重要的角色。要对学生原有的关于马的认知进行前测，目的在于知道学生长板以及短板，以便激发学生的兴趣点，不必把时间浪费在一些浅显的认知层面上；在准备的过程中，帮助学生解决他们所遇到的问题，给予一定具有提升性的指导。帮学生拓宽知识面，加入一些学生没有查到的资料等。这样一来，让活动更具实效性。

（三）《马》小组策划书

活动名称	
活动主题	
小组负责人	
小组成员	
活动内容以及展示形式	
活动具体过程（包括时间安排及内容）	
过程评价标准（在相应的括号里画打"√"）	过程全员参与（　　） 探讨话题新颖（　　） 呈现巧妙互动（　　） ……

五、教学流程

一、创设情境，开篇导入

二、积累运用，小组展示

1.诗词比赛；2.马与文字；3.马与生活；4.古代的马；5.艺术中的马

三、发挥特长，实践创作

1.作品展示；2.自排小品《马虎图》3.朗诵三毛的《送你一匹马》节选；4.朗诵海子《以梦为马》节选。

四、马的精神，文化延伸

五、作业布置

"马"语文实践活动教学过程

一、创设情境，开篇导入

1.由单元导入：我们已经学完了马这个单元，但对于马的探究没有停止，同学们有了更深层次的思考，人们为什么那么崇拜马？它在精神层面和文化层面又有什么含义呢？

2.这段时间大家都进行了策划，实践，探究，今天就来彼此分享探究的成果。（出示各组策划书）分享前，我知道大家都进行了非常精心的策划和分工，同学们的策划书已经提前交给我了，我们一起来看一看……各组都有自己的特色，那么策划到底成不成功，就要用今天你们的探究的成果来说话了！好，我们开始小组汇报！

【设计意图：通过活动策划，让实践活动探索具有目的性，简练、聚焦、让学生学会制定标准、利用标准。】

二、积累运用，小组展示

（一）诗词比赛（第一小组组织和展示）

导入：马与人息息相关，在诗中有很高的地位，接下来让我们通过诗词赛来感受诗人笔下的马。我们将通过以下四局，和大家切磋互动一下。首先，这是我们的任务书以及分工。

第一局，飞马令。规则：以"马"为主题，说出带"马"字的诗句，答对有奖励。首先，我先举两个例子，王翰《凉州词》中的"葡萄美酒夜光杯，欲饮琵琶马上催"；孟郊《登科后》中的"春风得意马蹄疾，一日看尽长安花"像这样，诗中带有"马"字的即可。

第二局，猜诗句。规则：识别出九宫格内隐藏的诗句。如，例子中的答案应为"而无车马喧"。（萧萧班马鸣；欲饮琵琶马上催；不教胡马度阴山；雪上空留马行处。）

第三局，填诗词。规则：说出田字格中的字，如例子中的答案应为"铁马"二字。（射马；骏马；马蹄；挟风；凭轩。）

杜甫是唐代伟大的现实主义诗人，与李白合称"李杜"。杜甫的咏马诗有十一首。杜甫的马诗，文脉意气时而如骏马狂奔，时而如老骥伏枥，时而如狂飙乱突，让我们一起通过"连连看"游戏来欣赏杜甫的马诗吧！请大家拿出课前发给大家的学习单，也可以参考我们之前搜集的资料。

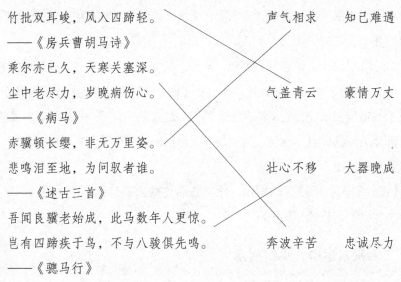

胡马大宛名，锋棱瘦骨成。

竹批双耳峻，风入四蹄轻。

——《房兵曹胡马诗》

乘尔亦已久，天寒关塞深。

尘中老尽力，岁晚病伤心。

——《病马》

赤骥顿长缨，非无万里姿。

悲鸣泪至地，为问驭者谁。

——《述古三首》

吾闻良骥老始成，此马数年人更惊。

岂有四蹄疾于鸟，不与八骏俱先鸣。

——《骢马行》

声气相求　知己难遇

气盖青云　豪情万丈

壮心不移　大器晚成

奔波辛苦　忠诚尽力

教师总结：这个小组，聚焦诗词，展现了文学中的马，通过内容的精心设计、采用互动的方式，让更多的同学参与。下面哪一组是马的文字的探究，有请。

【设计意图：通过诗词互动这种学生喜闻乐见的形式，调动课堂氛围，激发学生收集、处理、整合信息的能力和积累诗词的积极性。】

（二）马与文字（第二小组组织和展示）

1."马"字的演变过程

今天我们组将从马的文字研究出发，和大家分享。同学们，你们有人知道"马"字的演变过程吗？它从最初的极像一个马，到越来越抽象的符号化，这是马的早期甲骨文、晚期甲骨文、大篆、金文、小篆、隶书、楷书的演变过程。早期马的象形文字，像马眼、马鬃、马尾之形。"马"也是汉字的一个部首。

2.马字字谜

说到马字，我有几个马字字谜，来猜一猜吧：

一口马是什么？——"吗"　　二口马呢？——"骂"

三匹马？——"骉"　　加匹马？——"驾"

也是马？——"驰"　　又是马？——"驭"

3.马字偏旁不同意思

（1）先问同学，再行讲解展示：其实古籍中常以马为形旁的形声字还有很多：骐、骥是良马的名称；驽、骀是劣马的名称；骐，指青黑色纹理的马；骢，青白杂毛的马，今名菊花青马；骏，指良马，腥赤色的马亦泛指赤色；骊纯黑色的马；骁，强壮的马。

（2）先考问同学，再进行讲解展示：为了更深入的研究，我们还将汉代说文解字和新华字典进行了对比，发现说文解字中蕴含了大量文化信息，对马的特征进行了分类，表格中我们看到在说文解字中，共收录"马"部字115个，与马的毛色相关的字25个，与马优势相关的字9个，与马名字相关的字6个，与马性别和脾性相关的字5个，与马的年龄相关的字3个，与马高矮相关的字2个。

与之相比，《新华字典》"马"部简体字一共收录了80个马部字，同学们，你们说说是什么原因造成了马部字减少了35个之多呢？

究其原因，古代和近代主要用于军事、交通方面的马，由于历史文明的进程，基本退出了历史舞台，（除了草原牧区）因此很多马字旁的文字使用频率越来越低，致使许多马字旁的字越发不常见甚至几近消失。

4.关于马的词语、成语、故事

关于马字的词语我们学习过很多，而且很常用。"露马脚"，你们知道什么意思吗？今天由我重点来为大家解释"露马脚"这个词的由来，"露马脚"的意思是显出破绽、暴露真相。

据传，明太祖朱元璋自小与一位未经缠过"大足"的马姑娘结了婚。女子大脚在当时是一大忌讳。朱元璋当了皇帝以后，身为皇后的马氏为脚大深感不安，在人前从来不敢将脚伸出裙外。一天，马氏忽然游兴大发，乘坐大轿走上街头。有些大胆者悄悄瞧上两眼，正巧一阵大风将轿帘掀起一角，马氏搁在踏板上的两只大脚赫然入目。于是，一传十，十传百，顿时轰动了整个京城。从此，"马脚"一词也随之流传于后世。

不仅是马的词语，我相信同学们对于关于马的成语也相当熟悉。我先来说几个吧：塞翁失马、青梅竹马、指鹿为马等。你们能再说出几个有马字的成语吗？（互动）

说了这么多，咱们来做几个小游戏，来猜一猜图片中都是什么成语吧！准备好了吗？指鹿为马的意思是指着鹿，说是马，比喻故意颠倒黑白，混淆是非。

其实很多成语背后都是有一个很有意思的故事。那接下来，我就给大家讲其中一个：

塞翁失马：靠近长城一带居住的人中，有位擅长推测吉凶掌握术数的人。一次，他的马无缘无故跑到了胡人的住地。人们都为此来宽慰他。老人却说："这怎么就不是一件好事呢？"过了几个月，那匹马带着胡人的良马回来了。人们都前来祝贺他。那老人又说："这怎么就不能是一件坏事呢？"算卦人的家中有很多好马，他的儿子爱好骑马，结果从马上掉下来摔断了大腿。人们都前来安慰他。他的父亲说："这怎么就不是一件好事呢？"过了一年，胡人大举入侵边塞，壮年男子都拿起弓箭去作战。靠近长城一带的人，大部分人都死了。唯独这个人因为腿瘸的缘故免于征战，父子俩得以互相保全。

这个故事给你们什么启示呢？

小结：通过文字和词语的研究，我们知道了其中蕴含的丰富的文化，给予我们多方面的知识和种种人生的启迪。

5. 老师总结点评：他们真是做了深入的研究，其中有一个特别值得学习。谁有发现？（探究方法——统计比较、归纳分类）

过渡：文字文学是生活的写照，有一组探究了马与生活的关系。有请。

【设计意图：通过文字和词语的研究，让学生获得收集、处理、整合信息的能力，学会统计比较、归纳分类，体会其中蕴含的丰富的文化，给予学生多方面的知识和种种人生的启迪。】

（三）马与生活（第三小组组织和展示）

1. 导入：同学们好，今天我们小组将和大家一起探讨马与生活！马是驯养动物中对人类帮助最大的动物之一，是人类忠实的伙伴，古往今来，马与我们的生活息息相关。在农业生产、运输、征战、竞技、娱乐等方面发挥着重要作用。我们先来认识一下马在农业方面的贡献。

2. 农业生产中的马

马最开始和牛一样被用于农业耕种，但是和牛相比，马的耐力差，对饲料的要求高，这样对于农户来说成本太高，所以在农业耕种上，一直是牛为主，马为辅。

	环境适应力	智力	运动速度	耐力
牛	★★★★	★★★	★★	★★★★★
马	★★★	★★★★★	★★★★★	★★★★
驴	★★★★	★★★	★★	★★★★★

从这张表格中你们发现什么了？是呀，马虽然缺乏耐力，但是在速度和智力方面远远超过牛和驴，利用这一点，便有了马的运输。

3. 交通往来中的马

随之而来的古代的驿道和驿站。驿站是用于供传递官府文书和军事情报的人或来往官员途中食宿，换马的场所。其中盂城驿是一处水马驿站，在江苏高邮古城南门大街外，是全国规模最大、保存最完好的古代驿站。还有鸡鸣山驿在河北怀来，是我国仅存的一座较完整的驿城。

而古驿道中，我们最熟知的便是"荔枝古道"亦称"子午古道"，是指起始于古代中国涪陵，连接四川陕西湖北的古代陆上商业贸易路线。"一骑红尘妃子笑，无人知是荔枝来"。当年，唐玄宗为杨贵妃飞骑送荔枝，走的就是这一条专供荔枝运输的驿道。

4. 军事中的马

同样利用马速度和智力，军事上也广泛运用。提到军事，我们自然会想到古代战争，马成为战场上的龙头老大，是纵横驰骋的主角。以我国为例，从春秋战国时期的马车开始，一直到清末的蒙古骑兵，2000 多年的历史，马的作用不可小视。

值得一提的是，汉武帝是中华文明几千年历史长河中雄才伟略的一任皇帝，汉武帝曾派兵和匈奴进行了多次作战，其中决定性的战役有三次：河南之战、河西之战和漠北之战。他派卫青、霍去病等大将率数以万计的骑兵，给匈奴以致命打击，出现了"匈奴远遁，漠北无王庭"的局面，他在位期间使得中国的国土面积扩大两倍，这些都得益于他组织的战马部队。

其实从我们都背过的木兰诗中，（出示）也可以看出来马在战争中的作用，给马配备了这么多行头，就是要让它在战场上勇往直前。而花木兰也是带着这种如马一般的勇于拼搏的精神才能成为巾帼英雄。

我们一起来读一读吧：东市买骏马，西市买鞍鞯，南市买辔头，北市买长鞭。阿爷无大儿，木兰无长兄，愿为市鞍马，从此替爷征。

战争未始，兵马先行，马在古代战争中占据非常重要的地位。其实，战争中有真马，还有假马。你们知道木牛流马的故事吗？它是谁发明的？（学生回答）

嗯，其实是诸葛亮所发明，为蜀国十万大军运送粮食之用。我们都知道蜀道难行，难于上青天，那么运送粮草的时候就面临很大的挑战，而这个木牛流马的机械原理特别适合在山地行走，一次可以运400多斤的粮草呢。

现在马几乎退出了我们的军事和交通领域，但产生了马的赛事。

5. 马的赛事

你们都知道哪些呢？学生：赛马，马术……其实关于马的活动还有很多，马术、马球等，而且关于赛马还有一首非常好听的二胡乐曲。（放音乐《赛马》）你从这首曲子里听出什么了？（预设：勇往直前，奔腾，热烈，自由）

6. 有关马的logo

正因为马有这么多美好的品质，很多高端品牌都将马作为logo来展示企业文化。下面的国际知名品牌大家都认识吗？（宝马、人头马）

宝马是世界上非常有名的汽车品牌；人头马是白兰地的一种。

7. 马与日常生活用品。

不过我们也不能只追求品牌，还应在意提倡生活用品与马的关联。

看看这个，同学们知道这是什么吗？（学生回答问题）

A. 对了，这就是由北方少数民族牧民带入中原的，它可以折叠，方便扎在马上。我们常见的马扎儿。

B. 原先是马走的路。虽然现在在道路上飞驰的是汽车，但是它曾经的名字一直沿用至今。这就是我们熟悉的马路。

C. 大家穿过这个吗？对的，原来是马匹的护身甲，后来被改造用于士兵着装，因其没有衣袖便于活动，逐渐为老百姓所喜爱，成为日常穿着。

D. 这个大家可能没见过，这是一款网红的日本护肤品。它将高寒地区马的腹部颈部的脂肪混合物，经过热蒸、溶解、提纯而成，治疗手足干裂粗糙和炎症效果非常好。这就是马油。

老师总结点评：通过小组分享，我们最大的感受就是马与我们的生活密不可分，可以说是我们亲密的朋友。法国作家布封曾说过这样一句话："人类所曾做的最高贵的征服，就是征服了这豪迈而彪悍的动物——马。"其实我们觉得不应该是征服，而应该是马与人成为朋友。

听了他们这组的介绍，你们觉得有没有值得学习的探究方法？（探究方法——联系生活、按历史进程）

过渡：刚才在介绍中涉及马在古代、近代军事中的运用，有一组同学兴趣很浓，他们单单探究了英雄与名马的故事。

【设计意图：引导学生感受马与我们的生活密不可分，让学生获得收集、处理、整合信息的能力，学会联系生活、按历史进程进行探索，并深刻感知我们亲密的朋友。】

（四）古代名马（第四小组组织和展示）

1. 连线题内容：赤兔马、的卢马、乌骓马、呼雷豹

2. 互动：介绍、连线

3. 总结品质：忠诚、勇敢

（1）导入：我们最感兴趣的是古代名马，现在跟大家分享。今天我们组给大家介绍的是古代的名马。大家知道的名马都有哪些呢？（视回答情况）看来大家知道不少名马呀，那今天我们就和大家重点分享这五种古代名马。

（2）了解名马：首先了解一下汉代的乌骓马。乌骓马出自《西汉演义》中霸王项羽的坐骑，在项羽时期号称天下第一骏马。乌骓是一匹黑马，通体黑缎子一样，油光放亮，唯有四个马蹄子部位白得赛雪，乌骓背长腰短而平直，四肢关节筋腱发育壮实，这样的马有个讲头，名唤"踢云乌骓"。相传，楚霸王项羽在垓下全军覆没，败退至时乌江，拔剑自刎时，乌骓马也投江殉主。有诗云：力拔山兮气盖世，时不利兮骓不逝。骓不逝兮可奈何，虞兮虞兮奈若何？

这里提到的就是乌骓马。

再看三国时期，千古名马——赤兔马。有人知道这是谁的坐骑吗？

学生：千古名马，当说赤兔胭脂兽。其"浑身上下，火炭般赤，无半根杂毛；从头至尾，长一丈；从蹄至项，高八尺；嘶喊咆哮，有腾空入海之状"。关于它的记载，最早见于《三国志·吕布传》，"布有良马曰赤兔"。所以吕布与赤兔是息息相关的，所谓"人中吕布，马中赤兔"。吕布死后，曹操将其马赠予关羽。后人通过诗来赞美它：奔腾千里荡尘埃，渡水登山紫雾开。掣断丝缰摇玉辔，火龙飞下九天来。

三国时期英雄辈出，英雄配宝马，于是各种宝马也如雨后春笋般涌现出来，刚刚黄柳欣已经给大家介绍了宝马赤兔。不过，三国时期还有另一匹名气不亚于赤兔的宝马，大家知道是什么吗？（视学生回答情况）对，它就是刘备的坐骑——宝马的卢。那么接下来，我代表我们组来给大家介绍一下的卢马。宋代词人辛弃疾的《破阵子·为陈同甫赋壮词以寄之》中曾有一句："马作的卢飞快，弓如霹雳弦惊"——说的就是的卢马。的卢马，是额上有白色斑点的马，古人认为这种马妨主，但是对于刘备而言，并非如此。三国时期刘备的坐骑就是的卢马，的卢马的奔跑速度飞快，曾背负刘备跳过阔数丈的檀溪，摆脱了后面的追兵，救了刘备一命。可以说，没有的卢马，就没有刘备，就没有后来的三国鼎立。

接下来，我来给大家介绍一下呼雷豹。呼雷豹是隋唐时期名将秦琼的坐骑。据说此马长一丈，高八尺，被认为是龙驹。这匹马还很奇特，经常要喝酒，喝完酒后雄武有力，每次月夜下试练，能奋力跨越三顶黑毡房，秦琼将军去世后，这马也不吃不喝，悲伤地嘶鸣不已，不久也死去了，实乃忠义之马。

（3）问题互动：同学们，刚才我们组员介绍了几种古代名马，下面进入到问答环节。请大家根据我们刚刚的讲述，为这些名马找主人。（根据PPT逐一提问。）

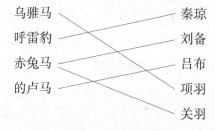

乌骓马　　　　　　　秦琼

呼雷豹　　　　　　　刘备

赤兔马　　　　　　　吕布

的卢马　　　　　　　项羽

　　　　　　　　　　关羽

小结：马是人类最早驯化并应用于战争的动物之一。骏马与武士、英雄有着难以割舍的亲缘关系，彼此作用的相互发挥、彼此气质的相互补益，曾经创造出多少叱咤风云的壮美形象！我们历代名马的筋骨、血脉、气运、精神也都遗传下来了。那种龙马精神就在我们中国人身上！

教师小结：他们刚才说的马，你发现都有什么样的特点吗？你有什么感受？

过渡：正是因为马与人如此亲近，人们才会更加爱马，敬马；正因为马这种忠诚、勇敢，马文化才能一直从古至今源远流长，艺术创作层出不穷。

【设计意图：学生通过我们历代名马的故事，获得收集、处理、整合信息的能力，感受到马的筋骨、血脉、气运、精神也都遗传下来了，那种龙马精神就在我们中国人身上。】

（五）艺术中的马（第五小组组织和展示）

1.导入：大家好！今天我们来给大家介绍艺术中的马。大家看到这幅图有什么感受？（自由）是的，我们今天的主题就是"灵动的形象，不羁的灵魂"。国人对马，似乎总有着对其他动物不一样的情感。从先秦到清代，无数诗篇中留下了"马"矫健的身姿；而在文学之外，马的形象也跃然"纸下"奔入"寻常百姓家"，马形器物逐渐成为王公贵族以及文人雅士家中常见的摆件，从帝王传说到寻常人家，从政治到审美，马的形象在文化领域经历了历史诸多变迁……在历史的长河中，每个朝代都有属于自己的辉煌，让我们来看看吧！

2.历史节点中的马的艺术

周朝的铜鼎，马纹铜簋为西周时期的青铜器。通高 30.6 厘米，座长 20 厘米，1982 年出土于湖南桃江县连河冲金泉村。现收藏于湖南省博物馆。这就是周朝的马纹铜簋（出示图片）。

秦朝的兵马俑，即秦始皇兵马俑，第一批全国重点文物保护单位，第一批中国世界遗产，位于今陕西省西安市临潼区秦始皇陵以东 1.5 千米处的兵马俑坑内。兵马俑是古代墓葬雕塑的一个类别。兵马俑即制成兵马（战车、战马、士兵）形状的殉葬品。这些都是兵马俑的图片（出示图片）。

在历史的长河中穿梭，我们来到了汉朝。汉代的图画是汉代艺术中一个重要的组成部分，它常常绘制在丝绸、陶器、漆器、墓壁等材质上，也有雕刻在石块上的。这就是汉朝的汉画。

（PPT出示图片）大家还记得这是什么吗？没错，这就是我们上学期学过的"马踏飞燕"，同学们看到这有什么感受呢？学生：艺术构思的巧妙。是的，马踏飞燕形象矫健俊美，别具风姿。马昂首嘶鸣，躯干壮实而四肢修长，腿蹄轻捷，三足腾空、飞驰向前，一足踏飞燕着地。表现了骏马凌空飞腾、奔跑疾速的雄姿。也正是因为有这样形象和象征，马踏飞燕被确定为中国旅游标志，象征前程似锦的中国旅游业。

大家看，这是唐朝的昭陵六骏，谁知道为什么是6匹马吗？对，六骏是李世民在唐朝建立前先后骑过的战马，为了纪念它们，命画师刻在自己的陵墓之前，可见李世民是一任贤明的君主，对大臣，对子民，都十分仁慈。日日思念着6匹战马。

昭陵六骏造型优美，雕刻线条流畅，刀工精细、圆润，是珍贵的古代石刻艺术珍品。看，图中的两幅作品，虽然姿态、色泽各不相同，但是大家发现有什么共同点了吗？没错，就是肥硕。这就是唐代的宫廷画师韩干的作品，唯画肉不画骨者，自成一家之妙。老师补充：少陵翰墨无形画，韩干丹青不语诗。

接着，大家看这两个雕塑有什么样的感受吗？（PPT出示唐代的唐三彩）学生：颜色鲜艳。唐三彩马是唐三彩陶器中最常见的题材，一般作为随葬品。作为中国艺术瑰宝，唐三彩马可以多方面折射出唐文化的绚丽多彩，为人们提供了认识中国唐文化历史价值的宝贵实物资料，描绘了大唐盛世。

转眼来到清朝，有这样一位画家，他是意大利人，他就是郎世宁，大家看到这幅是一种怎样的画面？将中国绘画技巧和西方艺术巧妙结合，形成自己独有的风格。此图描绘了姿态各异的骏马百匹放牧游息的场面，画面的首尾各有牧者数人，体现了一种人与自然界中其他生物的和谐关系。

虽然朝代更迭，但是人们对马的喜爱从未减少，就像古老的图腾一直在人民心中。（PPT陆续出示图片）原始民族对大自然的崇拜是图腾产生的基础。也是人类历史上最早的一种文化现象。可见马在人们心中的地位之高。

接着，请同学们和我们一起来到20世纪40年代，你们知道这是谁画的吗？奔马图是徐悲鸿在1941年开始作的一幅画。画中的马雄骏、矫健、轻疾，颇有"瘦骨铜声"之美感，奔马强壮有力，生气勃勃，这幅《奔马图》不仅表现了马的精神和特征，更赋予了画家自己的个性和理想——为振兴民族艺术而奋斗！

3. 民间马的艺术作品

由于马在人们心中的地位很高，人们信马、爱马、敬马，逐渐地，马的形象也开始飞入寻常百姓家。这些都是各个时期关于马的邮票；看，剪窗花、雕塑作品等，这些都是在民间的马的艺术作品。（PPT 出示图片）

4. 马的精神感悟提炼

马，从远古的沙场尘烟中驰骋而来，雄浑、高昂、豪迈。几千年来，马用自己的力量和赤诚经历了血与火的洗礼，随人类的发展流动为一种精神，成就了源远流长的神韵。马的精神，是忠诚，是高贵，是奔驰，是不可征服。马的神韵，则是马在与人类同生死、共荣辱的历史中所表现出来的一种奉献美的史诗。

小结：我们通过这次活动感悟很深，人们用这样多的形式表现马，不仅说明马在人类眼中是非常重要的伙伴，也说明人类不仅欣赏马的外形之美，更欣赏马不屈不挠的精神！它矫健有力却不让人畏惧，毫无凶暴之相；它优美柔顺却不任人随意欺凌。马永远的是人类忠实的好伙伴！（板书：不屈不挠、矫健有力）

【设计意图：让学生通过这样多形式的表现马，感受不仅说明马在人类眼中是非常重要的伙伴，也说明人类不仅欣赏马的外形之美，更要欣赏马不屈不挠的精神。】

教师总结点评：我们随着马的身姿，穿梭历史，感受到马的勤劳、忠诚、勇敢、团结等，传达着人们对马的喜爱和赞美。同时你们还运用统计比较、联系生活（板书）等多种方式学习马的精神，那么其实还可以发挥我们特长，进行实践创作，接下来，就用我们自己的创作来展现马吧！

三、发挥特长，实践创作（第六小组组织和展示）

1. 作品展示（一副学生书法作品；一副美术作品；两张摄影作品）。

2. 小品《马虎图》。

3. 朗诵三毛的《送你一匹马》节选。

4.朗诵海子《以梦为马》节选。

【设计意图：通过不同艺术方式、多角度来展示、比如：美术、书法、歌曲、舞蹈等，尊重学生，并在理解消化的基础上、在表现上进行生成，以及升华。】

四、作业布置

1.写一写你这次在实践活动中遇到的困难以及你是如何解决的，从中你收获了什么？

2.将你搜集的资料装订成册，制作作品集。

五、板书设计

认识马——赞美马——展现马——反思马

统计比较 归纳分类 联系生活 按历史进程 实践创作

自由 灵动 忠诚 勇敢 健康 威武

"马"语文实践活动教学反思

一、以生为本

本堂综合实践活动课坚持以生为本。本着尊重学生的原则，让学生在前期进行自主选择自己感兴趣的角度去进行研究；中期放手让学生去收集整理资料、通过自主的合作、分工、研究、制作，形成成果；后期小组上台展示。整个活动过程，不流于形式，而是让学生真正有所获，全面发展学生的语文素养。

二、师生都是策划者和参与者

对于高年级的学生来说，已经有了一些获取知识、资料的方法，对于老师布置的任务领会更快一些，学生已经具有在小组中合作的意识。但是，如果老师只是一味地放手，学生盲地的去查找资料、汇报展示，那么学生的认知水平也不会得到很高提升，有的甚至在原地打转转，思维品质得不到提升，得不到更谈不上艺术审美、鉴赏以及文化的传承了。所以老师就扮演了一个关键的参与者角色。在活动开始前，老师要对学生原有的关于马的认知进行前测，目的在于知道学生长板以及短板，以便激发学生的兴趣点，不必把时间浪费在一些浅显的认知层面上；在准备的过程中，帮助学生解决他们所遇到的问题，给予一定具有提升性的指导。帮学生拓宽知识面，加入一些学生没有查到的资料；在展示的过程中，老师适当参与，在精彩的部分点评，抑或是对于重点部分进行补充。这样一来，让活动更具实效性。

三、真正有所得

语文综合实践活动课，着重的是培养学生自主、合作、探究的学习能力，通过听说读写能力与情感、态度、价值观的协调发展，从而促进学生语文素养能力的整体提高。整个活动过程强调学生的亲身经历，侧重学生的体验和理解，让学生在实践活动中有不同方面的感悟，发展实践能力和创造能力，最终达到学生个性的发展和完善。

那么，以此为核心目标，通过这堂语文综合实践课，学生有了很多收获，不仅是对马有了更全面的认识，更使自己的语文综合素质有了很大的提升。学生有很多感受，如，

在上这节语文综合实践课之前，马在我印象中仅仅是一个普通的动物，而现在，我对它有了很多新的认识。再提到马，我知道它在文字方面蕴含的丰富文化；了解了马在历史战争中的重要作用；更懂得了历代名马的筋骨、血脉、气运、精神也都遗传下来了。而那种龙马精神就在我们中国人身上！我们中华少年身上！想必今后我也会在遇到困难的时候发挥我的龙马精神，不断向前进。

——孙经洲

在这次语文综合实践课中我收获了很多。我作为第四小组的队员，活动过程中得到了很大的成长。在前期的准备中，我们遇到了不少困难，令我印象最深的是在查找"马纹铜簋"的时候，我们翻阅了很多网络资料，甚至询问家

长，但是结果都不尽如人意。同组的小伙伴们提议放弃这个物品的介绍，但是我和同组的陈忠杰同学还是想把这个有意思的古代文物介绍给大家，于是我们没有放弃。我们跑去国家图书馆翻阅了整整一个下午，终于在《国宝大档案》中找到了答案。同组的小伙伴们看到都笑了，说："看，这不就是马的精神吗？"

——李紫祺

在五年级时，我们已经初步学习并认识了马，但是我们对马的探究从未停止，最近，我们班成立了专项小组，一起更深入的了解马。首先，我们根据自己感兴趣的内容制定了我们组的研究内容：生活中的马。然后我们各自分工，一切顺利，直到我们一起做PPT的时候。做了几次，总觉得内容太过于乏味，害怕不能激发同学们的兴趣。我们小组内开始了激烈的讨论，最终得到了两个方案：加些有趣的图片与增加互动性。加图片容易，可是互动却难住我们了，有些摸不着头脑。我们考虑到加互动是为了让气氛活跃，可是如果问的不恰当，反而适得其反。我们只得去请教辛老师，辛老师拿着我们的发言稿，一点一点给我们点拨。每一处的细节我们都一遍遍的修改，看到辛老师的认真模样，我们几个更是充满动力，最后的发言稿我们都十分满意。这次活动，我们可不仅仅懂得了关于马的知识，更多的是思考问题的方法、思路，面对困难时的态度。

——罗锦燕

第五节 *Special Days* 综合实践课教学设计及反思

教学基本信息	
教师	宣腾
学段	小学第三学段 六年级
教材出处	《新起点英语》——人民教育出版社（2016 年 3 月）

一、指导思想和理论基础

《标准（2011 年版）》指出，英语课外活动是学生英语学习的重要组成部分；北京市教委 2014 年提出，加强英语学习的开放性和实践性，强调英语学习不仅要求学生大量接触真实、地道的英语，而且要求学生能有更多使用、应用英语的机会和条件，让学生在亲身感知、体验、参与、实践的过程中发展语言能力，思维能力以及合作交流能力。

因此，教师要尊重学生的选择，充分发挥学生的自主性，及时提供指导和帮助，让学生在丰富多彩的实践活动中，提高语言运用能力和团结协作精神。

二、教学背景分析

教材分析：

二年级上册 Unit6 Happy Holiday，《快乐的假期》一节中学习过 Father (Christmas), (Christmas) tree, card Christmas, present；

三年级上册 Birthday，《生日》学习过月份的英文表达 January–December，When is your birthday? It's in …Please come to my birthday. We can…

四年级上册学习过 Activities，《活动》内容；

五年级上册 Chores 中学习过家务活动的英文表达，五年级下册通过第三单元 6 课时的学习，学生已经可以就一个节日的日期，特点流利表达。例如，Father's day is on the third Sunday in June. I am going to make a card to my dad. 春节是学生熟悉的中国节日，饮食特点，新年祝福，礼物红包等习俗对于五年级的学生是熟悉且易于表达的题材。

学生学习学情：

通过一个单元，6 课时特殊日子的学习，学生已经掌握了用英文表达节日时间，习俗的语言能力。

通过课前的学习单，展开 spring festival 的深入学习，从饮食特点、活动、礼物、祝福等 7 个方面进行个性研究；通过小组合作学习，整合不同内容的知识，从而通过实物、ppt、视频、手工制作等不同方式向其他小组同学展示自己小组的成果。

教学方式：规划活动内容，分组整理信息，互动展示讨论结果。

教学手段：通过对教科书、板书、计算机课件、视频等的全面使用，用到多媒体辅助教学。

续表

三、教学目标（含重、难点）
教学目标： 　　1.学生能够在未来独立运用学习到的英语知识、技能和策略理解并简单谈论中西方主要节日，并能够向中外友人介绍中国传统的节日文化特点。 　　2.如何用英语将富有中国特色的传统节日文化活动介绍给中外友人、并进行中西方节日文化的简单交流？ 　　3.通过节日名称、时间、庆祝活动、起源的学习和分享最喜爱节日的综合实践活动，理解中外节日文化，并学会用英语谈论、介绍中外节日文化。 　　教学重点：能够听、说、读、写节日名称、时间、庆祝活动、起源等相关的词汇、句型和语段。 　　教学难点：引导学生在语言学习的基础上关注传统节日背后的文化及小组合作表达。
四、教学流程图
一、 分组选择话题，明确节日介绍细节 二、分组整合内容，提高学生总结能力 1.分组准备汇报，增强学生展示能力；2.多角度汇报，提升学生运用能力。 三、总结节日内容，布置作业内容

Special Days 综合实践课教学过程

一、分组选择话题，明确节日介绍细节

* Food and Drink

* Paper Cutting

* Fire workers

* Gifts and wishes

* Clothes

* Activities

二、分组整合内容，提高学生总结能力

* Food and Drink

南北方的饮食区别、习惯、寓意，以及不同实物的简单介绍。

* Paper Cutting

福字、春联、窗花，如何制作？寓意如何？并板书。

* Fire workers

为什么要燃放鞭炮？将燃放鞭炮的传说故事介绍给同组同学，以及燃放鞭炮对空气有什么污染，发出自己的倡议。

* Gifts and wishes

展示自己收到的礼物和自己送出的礼物，介绍一下红包的含义。

* Clothes

春节不同地区的服饰特点以及不同的含义。

* Activities

拜年、庙会、糖葫芦、糖果、灯笼制作等，让学生感受浓浓的年味。

1. 分组准备汇报，增强学生展示能力

* Food and Drink　　软陶饺子制作，传统菜肴的英文名字。

* Paper Cutting　　剪纸福字，贴春联，贴窗花年年有余。

* Fire workers　　视频展示烟花，引导学生关注空气污染，保护环境。

* Gifts and wishes　　展示自己得到的最喜欢的礼物和原因，发放祝福红包。

* Clothes　　图片展示不同地域的春节服饰特点以及寓意。

* Activities　　图片展示庙会，视频展示舞火龙，带领同学们进行糖葫芦的制作。

* Chinese Zodiac　　图片展示中国 12 生肖的英文和形象。

2. 多角度汇报，提升学生运用能力

小组合作，制作海报，用自己学到的方法，介绍其他的 special Days。

Tree planting day is on 12th

　　March. As we know, tree are important to us. They can keep the air clean. They can give us much fresh air which is good for our body. Trees can keep us cool. So we need to plant more trees.

Mother's Day is important to us.

It's on the second Sunday in May. We usually buy some flowers for mother. We can help mother do some chores, such as clean the floor, wash the dishes or make the bed.

Children's Day is on the first day in June. We like children's Day so much. We usually have one day off. We can go out to play with our friends. We often have a big fun on this day.

Chinese New Year as Lunar New Year is the Chinese festival that celebrates the beginning of a new year on the traditional Chinese calendar. The festival is usually referred to as the Spring Festival in mainland China, and is one of several Lunar New Years in Asia.

Teachers' Day is on the 10th in Sep.

We can give teachers gifts on this day. Kongzi was a famous teacher. He said, '己所不欲勿施于人' It means 'Do not do to others what you would not want them to do to you.'

Mid-Autumn Day is marked by family reunions, moon gazing, and eating moon cakes. The moon gets full on Mid-Autumn Day, the family gets prosperous through union. We tells story about Chang E.

三、总结节日内容，布置作业内容

四、板书设计

Special Days 综合实践课教学反思

本课内容围绕中国传统节日这一主题，设计综合实践活动，激发学生的学习兴趣以及通过参加活动，完成任务，从而学有所获。回顾本课的内容，我从自主选择、分工合作、拓展学习渠道以及教师参与指导几个方面进行反思。

1.引导学生质疑，激发学生探究欲望，自主选择研究方向和操作模式。

学生的探究欲望，来源于学生对知识的质疑和好奇。因此怎样激发培养学生的支应能力，从而激发学生的探究欲望就显得尤为重要。学生有了探究的欲望，才会真正找到自己感兴趣的内容，从而自主选择研究方向和自己喜欢的模式。

2.广泛调动学生参与积极性，全员参与，进行活动前分组分工的指导。

在真正的实践活动中，任何任务和研究都不是一个个体独立完成的，都需要互相的合作，而现在孩子们的合作能力以及小组分工能力都比较薄弱，因此我们要研究更多的孩子们喜欢的方式，愿意接受的方式帮助他们形成这样的能力，并且能够根据成员特点进行有效的分工。

3. 拓展学生学习方式和学习渠道。

现在是一个信息爆炸的社会，学习方式和渠道很多。我们要改变教师一言堂的现状，鼓励学生通过多种渠道获取知识。在综合实践活动课程中，我们主要培养孩子的这种学习能力，不是他们把老师讲得掌握了多少，而是针对一个主题，他们能够获取多少知识，从而分享多少知识，最后就懂得学习了多少知识。

4. 关注学生实践过程，适时提出建议和指导。

在英语综合实践课程中，教师的角色尤为重要。适时地进退，在学生什么情况下应该出现指导，又在哪些情况下让学生大胆尝试。这些时机的把握都需要在不断地研究中总结经验，寻找感觉。

第六节 *Spring Festival* 综合实践课教学设计及反思

教学基本信息	
教师及指导教师	武琰、周金萍
学段	小学第三学段 六年级
教材出处	无教材 自己网上、书籍中收集的材料

一、指导思想和理论基础

　　教育部印发了《关于全面深化课程改革落实立德树人根本任务的意见》指出，要把培育和践行社会主义核心价值观融入国民教育全过程……努力使学生具有中华文化底蕴、中国特色社会主义共同理想、国际视野，成为社会主义合格建设者和可靠接班人。[①] 习近平总书记提出："中华优秀传统文化史中华民族的精神命脉，是社会主义核心价值观的重要源泉，也是我在世界文化激荡中站稳脚跟的坚实根基。"深入挖掘和阐发中华传统文化讲仁爱、重民本、守成信、崇正义、尚和合、求大同的时代价值。

　　中国传统文化历史悠远、博大精深，中华优秀传统文化是中华民族的突出优势，是我们最深厚的文化软实力。无论英语多么"热"，终究不能取代国学，那是国家的根基、民族的精神。在英语教学中融入中国传统文化的内容是十分重要且必要的。如何把中国传统文化渗透到小学英语教学中，这是我们当下应该深入研究并尽快解决的问题。学生觉得学习的内容贴近自己的生活、能在生活中实际应用，才会感兴趣、愿意学。

二、教学背景分析

　　教材分析：

　　1. 涉及的词汇：阖家团圆 reunion；年夜饭 New Year Feast；过年 having the Spring Festival；年画 New Year paintings；春联 Spring Festival couplets；剪纸 paper-cuts；买年货 do Spring Festival shopping；敬酒 propose a toast；灯笼 lantern；烟花 fireworks；爆竹 firecrackers；红包 red envelopes；舞狮 lion dance；舞龙 dragon dance；杂耍 variety show, vaudeville；灯谜 riddles written on lanterns；灯会 exhibit of lanterns；守岁 staying-up；拜年 give New Year's greetings；禁忌 taboo；去晦气 get rid of the ill fortune；压岁钱 gift money, lucky money；辞旧岁 bid farewell to the old year；扫房 house cleaning.

　　2. 所需短语句型：clean the house; buy New Year food and snacks; buy decorations and snacks; buy gifts; paste paper cutouts and couplets; hang up red paper lanterns; enjoy the family reunion dinner; watch the CCTV New Year Gala, give lucky money to children; set off firecrackers; put on new clothes and say "gongxi"; visit relatives and friends; write riddles on lanterns; eat yuanxiao, etc.

[①] 姚建华，陈聪. 大学英语教学中传播中国文化和价值观的探讨 [J]. 时代教育，2014，21：149—150.

续表

学生学习学情：

我在小学任教英语近 20 年，小学英语课程中体现了大量的西方文化价值观，而中国传统文化却严重缺失。这体现在中国传统文化在英语教学中的极少渗透，无法将传统文化与小学英语教学相结合。但是在当下，传统文化知识的稀缺，导致老师没有这方面的知识可教；对中国传统文化了解并能准确用英语表达的学生寥若晨星，更不用说去弘扬传承了。小学英语课程作为基础教育的必修课，承载着培育和践行社会主义核心价值观的任务，小学英语教学中中西文化的协调以及充分弘扬中国优秀传统文化，有利于发挥其育人功能。

中国传统节日文化对于孩子们并不难，但是用英语比较正确的表达有一定的挑战，因此在教学过程中先期的知识积累就尤为重要。视频的播放、阅读理解这些环节能较好地唤醒学生已有的知识储备量，也为最后的输出奠定基础。

教学方式：自主探究　互动交流　分享体会。

教学手段：通过对教科书、板书、计算机课件、视频等的全面使用，用到多媒体辅助教学。

三、教学目标（含重、难点）

教学目标：

1.通过探究、分享进一步了解中国传统节日春节的文化习俗，体会中国传统节日文化的意义，增强学生民族自豪感。

2.通过阅读语篇，了解春节活动的英文表述方式，尝试用英语讲述自己的春节。

教学重点：让学生收集并分享与春节有关的历史典故、相关习俗、饮食文化、文学作品等，借助多种媒体查找、编写准确译文内容。

教学难点：用英语表述如何庆祝春节的活动。

四、过程与教学资源设计（可附教学流程图）

一、谈话切入引出传统节日春节

二、人们如何庆祝传统节日春节

（一）春节前夕

（二）除夕之夜

（三）节日期间

三、感受中国古诗词的翻译之美

四、了解中国传统节日春节的意义

Spring Festival 综合实践课教学过程

课前交流：

明确中国传统节日，教师谈话引入

In China, we have a lot of traditional festival, what festival do you know?

What traditional festival is the most important to Chinese people?

你都知道哪儿些中国传统节日？哪儿一个传统节日对于中国人最重要？

教学过程：

一、谈话切入引出传统节日春节

1.欣赏小视频，开启传统文化之旅

Spring Festival is the most important Chinese traditional festival. It's a family reunion festival.It's the beginning of a New Year, so we also call it Chinese New Year. 春节是中华民族最隆重繁荣传统佳节，是中华民族阖家团圆的节日。它是新年的开始，也叫中国新年。

出示：视频。

【设计意图：通过视频引出话题，给学生一些有关春节的词汇作为下一活动的语言热身。为接下来的阅读活动做准备。】

二、人们如何庆祝传统节日春节

1.阅读文本，找出时间词和活动词语

Read the story about Chinese New Year, find out the words of different time 读故事，找出不同的时间词语：Before Chinese New Year 新年前，On New Year's Eve 除夕夜，During Chinese New Year 春节期间。

要求：学生默读小语篇，划出时间词和相应的活动词语。在阅读中体会用英语表述传统节日活动的方式。

【设计意图：春节的庆祝活动有很多，根据时间词可以较好地帮助学生梳理庆祝活动，活动内容孩子们并不陌生，关键是如何用英文表述，大量的语言输入为后面活动的展开奠定基础。】

2.小组内相互讨论，完成任务学习单

要求：学生四人为一组，小组内一人执笔填写任务单，其余三人分别找出新年前、除夕夜、春节期间的活动内容，小组内成员可以互相补充。

活动结果如上图所示，完成后在班级内展示学习成果。按照节日时间为学生梳理知识要点，清晰明了便于学生理解记忆。

【设计意图：学生通过小组内交流讨论和班级汇报等多种形式的输出，对于中国传统节日的庆祝活动的英文表述有了一定的感知，并为脱离阅读文本表述自己的活动内容奠定一定的语言基础。】

3. 结合阅读材料，延伸庆祝活动内容

要求：学生可以结合自己的经历，在班级内自由交流春节的庆祝方式。

延伸活动：介绍中国汉字"福"。过观看学生的视频，了解汉字"福"的书写并讨论"福"字倒贴的原因。

【设计意图：脱离文本后，根据孩子的认知扩展学生感兴趣的庆祝活动内容，鼓励孩子们用英语介绍中国的传统节日。"福"字的书写弘扬中国文化，并把"福"字倒贴的美好寓意讲述出来。激发学生用英语介绍传统文化内容的意识。】

三、感受中国古诗词的翻译之美

1. 欣赏春节诗词，感受翻译的韵律美

要求：耳熟能详的春节古诗词有很多，但是很少涉足用英文表述，本环节让孩子们感受一下英文翻译的诗词之美，诗词为录音内容，让学生跟读并朗诵。

Spring Festival Wang Anshi (song)

As the clattering crackers send away the old year,	爆竹声中一岁除，
A warm breeze of spring drifts into the cup of wine.	春风送暖入屠苏。
On a thousand doors, in the first rays of sunshine,	千门万户曈曈日，
New pairs of tutelary deities in gaiety all appear.	总把新桃换旧符。

【设计意图：古诗词的英文翻译，让同学们感知文化不仅是本国的也是世界的，学贯中西的翻译家把中国传统文化用英语介绍给全世界的人们，这也是"文化自信"的体现。】

2. 文字输出，向外国人介绍春节活动

要求：学生前期的语言基础，已经具备了输出的可能性。同时教师给予学生一定的语言支持（板书内容）学生可以表述活动内容。

Talk about your plan for Spring Festival

小组内谈论自己的春节打算

Before Chinese New Year, ...

On New Year's Eve, ...

During Chinese New Year, ...

【设计意图：前期的信息输入，最终需要语言的输出，落实到笔头上可以更好地了解学生对于语言的理解和运用程度。】

四、了解中国传统节日春节的意义

学生自由讨论，教师归纳总结：

Chinese New Year means a family reunion for Chinese people and the time to show love to family and friends. 中国的春节意味着家人的团聚，也是向家人和朋友表达彼此的亲情有情。

Chinese traditional festival culture is the treasure of our Chinese culture. We have excellent traditional culture, we should have Cultural confidence.

中国传统节日文化是中国文化的瑰宝。我们有优秀的传统文化，应该传承。我们应该有文化自信。

【设计意图：将中国传统节日文化渗透到小学英语教学中，实现英语与优秀传统文化传承的有效对接，既是"英语热"的理性回归，更是让民族传统节日文化从小学生群体中就焕发出应有的民族文化意识，更是文化自信的很好体现。】

五、板书设计

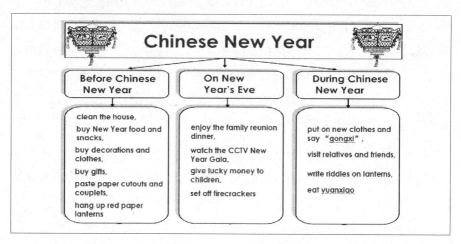

Spring Festival 综合实践课教学反思

中国传统节日的"世界化"正在悄悄兴起，越来越多的海外国家对中国的传统节日文化产生浓厚的兴趣，春节就是一个很好的例子。据外国媒体报道：中国人的春节已逐渐成为世界级的节日。这是中国"软实力"向外传播的里程碑。中国传统节日较西方节日文化相对复杂，比如春联、包饺子，要跨文化传播面临着语言、饮食习惯的障碍。所以其传播必将是一个循序渐进的过程，一步到位是不可能的。

本课旨在探讨研究中国传统节日文化在小学英语教学中的渗透实践。节日体验是学生了解和感受中西方文化最有效、最贴近孩子们生活的方式。结合中国传统节日文化，引导学生了解中国节日内涵，帮助学生了解节日的起源、节日典型食物、风俗习惯、活动等。用英语作为语言媒介，把中国优秀的传统文化展示出来，把所学英语运用到实际中来。增加了英语学习的实操性，以达到外语教育的最终目标——培养学生的跨文化交际意识，使他们具有与不同文化背景的人进行交际的能力，也让英语学习有了更高的目标和意义。

对于六年级学生，春节的各种庆祝活动并不陌生，但是如何用英语表述我们的节日活动，对于十几岁的小学生是一个比较全新的内容。因此我才用循序渐进的方式一步步挖掘孩子们已有的语言积累同时还给予他们一定的语言支持。开篇的动画内容让孩子们感受用英语表述春节并不是一件很难的事情。接下来的阅读活动，通过庆祝时间的不同：新年前、除夕夜、春节期间分别归纳出相应的庆祝活动，让学生梳理已有的认知活动，同时感知这些内容的英文表述。接下来自由说的环节就是不断挖掘学生已有的语言储备，用英语表述自己所经历的各种春节内容。

古诗词的介绍作为拓展，让学生感受诗词之美、韵律之美，开阔学生的视野。最后通过大量的语言输入，让学生写出自己如何向外国人介绍中国的春节活动。让实践活动落到实处。

通过此次英语教学实践活动，不仅可以提高自身的理论水平与研究能力，还可以深深感受到一名小学一线英语教师应承担着沟通不同文化、传播中华文明的使命。英语不仅仅是一门外语，更应是跨文化交流、传承中国传统文化的有效工具，将中国传统文化传承并发扬光大。

第五章　语言文史

在中国优秀的传统文化宝库中，中国的各形式语言丰富多彩，中国特色的文学史脉源远流长。学习、了解、感悟它们，你就能找到中国的各形式语言、中国特色的文学史脉发展的根系。你顺藤摸瓜，看到当下中国语言、中国文学的利弊，你会期待中国的语言更富有生命力，幽默风趣、意味深长、隽永清新，会期待中国文学更富有丰富的表现形式，更富有实在绵长的内涵情韵，更富有汪洋恣肆的大家风范，从而身体力行去继承传播优秀，埋没革除腐朽，创造孕育鲜活。

小学学习似乎很难做到如上所述的系统和深刻，但为如上系统与深刻做奠基性工程，我们需要在这个处女地播种，打下坚实的基础，播下兴趣，播下格调，引导方法，开阔视野，培养习惯，让"尖尖的小荷"蕴含传统文化的生命活力，美丽绽放。

我们选择了小学生想探究的领域，喜欢的内容，喜欢的方式，进行拓展整合性的学习。这一章节有六个课例，有小学教材中涉及的成语寓言、有拓展的歇后语、对联，文学名家李白，文学形式小说，都是学生比较喜欢、也能接受的内容。

看图猜说、整合发现、了解寓言古今、探究寓言作用、洞悉现代意义、利用情境运用，在学习成语寓言过程中，它的故事性、虚构性、寄托性、哲理性轻而易举地被揭示出来。学生们超越了教材的学习，体会了寓言的文体特点，了解它丰富的内容，体会其在生活中的作用，并激发他们积累寓言、运用寓言的兴趣，培养他们对经典文化寓言的热爱和在现实社会生活中适度运用的能力。

歇后语更好玩。老师用歇后语串联整个课堂学习语言，激发了学习歇后语的浓厚兴趣。如开篇老师的激励："希望同学们'八仙过海，各显神通'；希望大家像'老母猪啃碗碴——满口冒词'；希望在座各位充分发挥水平，'长颈鹿的脑袋——高人一头'。结束时老师的期待，希望同学们在生活与学习中注意歇后语的积累与创造，相信同学们的水平如'芝麻开花——节节高'，祝同学们、老师们的生活如'胸口上挂钥匙——开开心心'，如'新疆的哈密瓜——甜甜蜜蜜'，如'灿烂的朝霞——红红火火'！"更不消说学习过程中各种妙趣横生的活动，如用古典文学的四大名著的内容说一句歇后语，循环进行竞赛；如创设使用歇后语的语言环境，幽默风趣地创造歇后语。

对联的学习有些难度，但更有情趣。学生从交流收集的对联，欣赏老师收集的对联，感知对联的特点；再逐步深度品味名联，赏内容、赏手法、赏意境，感受对联文化的博大精深；最后小试牛刀，学生利用情境创作，拓展想象创作。学生们在教师的引领下学会以新的眼光，自觉地、主动地感受着母语文化、母语人文情怀、母语的审美特点，以及民族文化的精粹都深深地印入学生的脑海中。丰富多彩的对联，为学生语文学习打开了一扇清新自然、色彩斑斓的窗子。

前三个课例都是对中国特色语言的学习、积累、运用，更多的是以学生探究性活动为形式，进行小组学习、互动和展示。后面三个课例需要学生学习文言文，感受历史、文学，在内容上基本包括以下要素：经典原文、拓展园地、思考实践、诗词长廊、汉字寻根。由于学生的学识所限，对文言阅读有较大的困难，对文字所表达的意思更加难懂。因此，在课堂上要借助教师讲解，将直观的图片与学生生活的结合，以及多媒体课件辅助教学，帮助学生感受历史和古典文学的魅力。

"一字褒贬"的课例看起来和语文学习有关，其实是历史学习，获得一种历史态度，历史学习的方法。首先要读懂"经典原文"，理解《春秋》一字褒贬的含义；再通过秉笔直书的故事，理解史官为了维护历史的真实宁可献出生命；最后感受史学家的风骨与正史的巨大影响，激发读史的兴趣。

小说这一体裁的作品是高年级学生喜欢阅读的，但关于中国小说的由来、特点，学生是不清楚的。教师首先引导学生学习教材中"经典原文"，感受"三国事"在民间的影响力；其次学习"汉字寻根"，领略"诗词长廊"，了解"经典导读"，参与"思考实践"，自主"拓展园地"；最后借助小说发展的年表，了解中国灿烂的古典文学及相关理论，使学生自觉成为传承中华优秀传统文化的小使者。

关于文学大家，一部分学生只局限于知道，缺少一定程度的探究，不知道如何探究。这一课引导学生如何进行探究使其知道了解一名文学大家的途径和方法。首先学习"经典原文"，了解李白基本履历，性格特点，赏析相关诗句，深刻理解李白是中国的"文学翘楚"；其次建立李白作品与传记之间的联系，了解李白的作品对中国文化的贡献；最后还通过学习"汉字寻根"，进行"日积月累"，积累"诗词长廊"，赏析"拓展园地"。

六个课例如蜻蜓点水，见微知著，学生由此片羽知道中国的各形式语言丰富多彩，中国特色的文学史脉源远流长，并能激发其好奇心，促进他们未来的学习和探究。我们可能只能做到这些。

这些课例有老师个人的特点，有教材呈现的特点，自然也有局限性，以一孔之见丰富小学传统文化教育课程，这是我们愿意并能做到的。希望阅读此书的读者提出宝贵意见，并欢迎更多的人加入传统文化教育这支队伍，让中华优秀传统文化异彩纷呈地传承创新，绵延不断。

北京市海淀区翠微小学　周金萍

第一节 《歇后语大观园》教学设计及反思

教学基本信息	
教师及指导者	张媛媛、周金萍
学段	小学第三学段 五年级
教材出处	义务教育课程标准实验用书《语文》 北京市海淀区翠微小学校本教材《传统经典在我心》——北京师范大学出版社（2016 年 5 月）

一、指导思想和理论基础

　　《语文课程标准》指出：语文是实践性很强的课程，应着重培养学生的语文实践能力，而培养这种能力的主要途径也应是语文实践……语文综合性学习有利于学生在感兴趣的自主活动中全面提高语文素质，是培养学生主动探究、团结合作、勇于创新精神的重要途径，应该积极提倡……

　　通过语文综合实践活动，开发和利用课程资源，创造性地开展语文各类活动，增强学生在各种场合和专题下学语文、用语文的意识，培养学生语文综合运用能力、探究精神和合作态度，努力使语文学习变得更有意思，更有价值，让学生爱学语文，勤于积累，乐于表达，善于思考，用活语文。

　　为了使学生了解祖国的语言，对歇后语有一定程度的认识和喜爱，同时通过小组竞赛的方式引导全体学生参与，学会合作、学会倾听、学会展示，教师设计了一节语文活动课——歇后语大观园竞赛。在这节课上，学生能在自主的语言实践中感受歇后语的特点，丰富歇后语的积累，并强化运用歇后语的意识。进一步激发学生学习祖国语言的浓厚兴趣，养成自我感悟、自我积累、主动运用语言的好习惯。

二、教学背景分析

　　教学内容构建：

　　《歇后语大观园》是以北师大版教材为基础，拓展出的高年级实践活动课内容。教师需要和学生共同进行学习内容构建，最终聚焦日常数字歇后语、名著中的歇后语、语文学习运用中的歇后语，以及自己创作歇后语，以感受幽默风趣的生活味道。

　　学生情况分析：

　　经过课前学情调研，五年级学生对歇后语了解不多，只知道几个常用的歇后语。因此，本课对于孩子来说具有难度。但是他们很感兴趣，因此课前布置学生对于自己感兴趣的内容查阅相关资料。歇后语诙谐幽默，学生兴致盎然，课前积累了各式各样的歇后语。

　　学习活动准备：

　　1.学生自己收集歇后语，并进行归类。

　　2.日常数字歇后语、名著中的歇后语、语文学习运用中的歇后语，以及自己创作歇后语。

续表

三、教学目标（含重、难点）
教学目标： 1.学生了解祖国的语言，对歇后语有一定程度的认识和喜爱，感受祖国语言的魅力。 2.通过小组竞赛的方式引导全体学生参与，会探究、会合作、会展示。 3.引导学生积累运用歇后语，让自己的语言幽默风趣。 教学重点：归类积累歇后语，感受祖国语言的魅力；学会自主、合作、探究式的学习。 教学难点：在恰当的情境运用积累的歇后语，让自己的语言幽默风趣，并使生活充满情趣。
四、教学流程图
教学流程图： 一、用歇后语开场，激发浓郁兴趣。 二、歇后语大比拼，展示学习成果。 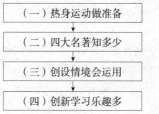 三、用歇后语结束，进行颁奖表彰。

（一）热身运动做准备

（二）四大名著知多少

（三）创设情境会运用

（四）创新学习乐趣多

《歇后语大观园》教学过程

一、用歇后语开场，激发浓郁兴趣

任务：同学们从整理的歇后语中发现它有什么特点、作用、分类。

A：老师们、同学们，今天我们将漫步歇后语大观园。同学们从整理的歇后语中发现它有什么特点、作用、分类。

特点：它是中国劳动人民在日常生活中的一种特殊语言形式。它一般有两个部分，前半截是形象的比喻，像谜面，后半截是解释说明，像谜底，十分自然贴切。

作用：由于约定俗成，在一定的语言环境里，通常说出上半截，"歇"去下半截，就可以领会和猜想出它的本意，所以称它为歇后语，它也叫俏皮语，让生活充满幽默风趣的味道。

分类：谐音类，如"和尚打伞——无法（发）无天"；喻事类，如"一人一把号——各吹各的调"；喻物类，如"棋盘里的卒子——只能进不能退"；故事类，如"刘备借荆州——只借不还"。

B：今天我们就共同感受歇后语语言的魅力，吮吸智慧的甘露。

A：希望同学们"八仙过海——各显神通"。

B：希望大家像"老母猪啃碗碴——满口冒词"。

A：希望在座各位充分发挥水平，"长颈鹿的脑袋——高人一头"。

B：欢迎张老师做我们的裁判，请张老师讲话。

B：我们的比赛分四部分，分别是"热身运动做准备""四大名著知多少""创设情景会运用"和"创新学习乐趣多"。

A：如果在比赛中，小组所有成员都参加了，总分上再加 5 分。

【设计意图：活动中鼓励全体学生参与，合作探究地学习。】

二、歇后语大比拼，展示学习成果

（一）热身运动做准备

任务：以自己的组号作为第一个字，说一句歇后语，循环进行竞赛。

A：现在就进入第一部分"热身运动做准备"。

B：怎么准备啊？

A：以自己的组号作为第一个字，说一句歇后语，进行两轮比赛，说对一个给各组加一分。

B：准备好了吗？从第一组开始。

（学生资料整理：一个巴掌拍不响——孤掌难鸣；一个萝卜一个坑——没有空地方；一个人打官司——全是理；一口想吃个胖子——性子太急；二十五只老鼠进膛——百爪挠心；二郎腿一翘——自得其乐……）

A：这轮比赛大家说得真好，让我们大开眼界。

B：看大家跃跃欲试，想投入二次战斗了。

A：那还等什么？

B：马上进入第二部分"四大名著知多少"。

【设计意图：在活动要求中，特别提到尊重同学与学会倾听这两点。学生自己寻找喜欢的歇后语，对歇后语产生了浓厚的兴趣，愿意主动学习与积累。】

（二）四大名著知多少

任务：用古典文学的四大名著的内容，说一句歇后语，循环进行竞赛。

A：知道我国古典文学的四大名著吗？谁来回答？他们中间蕴含很多生动有趣的歇后语。

B：同学们展示一下吧！注意内容不要重复，说了别人说过的歇后语，倒扣一分，所以千万注意听别人的发言。四大名著各两个轮回，准备两分钟。

A：《三国演义》两个轮回，开始。

B：《西游记》两个轮回，开始。

A：《水浒传》两个轮回，开始。

B：《红楼梦》两个轮回，开始。

学生资料整理：

《三国演义》：赵子龙上阵——战无不胜；赵子龙救阿斗——单枪匹马；鲁肃讨荆州——空手去，空手回；鲁肃宴请关云长——暗藏杀机；草船借箭——坐享其成；曹操献刀——随机应变；曹操斩水军头领——悔之晚矣；曹操败走华容道——不幸中万幸；关羽斩华雄——马到成功；百万军中的赵子龙——浑身是胆……

《西游记》：白骨精照镜子——里外不是人；王母娘娘的蟠桃会——不请等闲之辈；唐僧念书——一本正经；唐僧取经——多灾多难；唐僧念紧箍咒——叫人头痛；太上老君炼丹——炉火纯青；孙猴子救唐僧——尽心尽力；女儿国招驸马——一厢情愿；孙猴子赴蟠桃宴——不请自来……

《水浒传》：武松鸳鸯楼留字——敢作敢当；武松打虎——靠的是拳头；吴用智取生辰纲——不用刀枪；吴用派时迁盗甲——用其所长；宋江三打祝家庄——里应外合；宋江看花灯——大祸临头；宋江嗑瓜子——有仁有义；泼皮戏耍鲁智深——自讨苦吃……

《红楼梦》：红楼梦里的大观园——门路多；林黛玉的身子骨——太弱；宝玉出家——一去不回；刘姥姥进大观园——大开眼界（尽出洋相）；大观园门前的石狮子——清清白白；晴雯撕扇子——痛快；黛玉葬花——怜香惜玉；黛

玉进贾府——小心翼翼；王熙凤的眼神——笑里藏刀……

【设计意图：了解"四大名著"中的主要人物及故事，对"四大名著"产生浓厚的兴趣，学会倾听。】

（三）创设情景会运用

任务：运用歇后语，创设语言情境，恰当地造句。

A：其实何止是文学作品包含歇后语，在我们生活中也常用到歇后语，它使我们的生活变得轻松幽默，富有情趣。

B：是啊，积累了一堆歇后语，不会运用，很快就会在知识的仓库里霉烂的。

A：下面进入第三部分"创设情景会运用"。

B：也就是运用歇后语，恰当地造句。如，"坐飞机旅游——一日千里"可以造这样的句子：我们祖国经济的发展真是"坐飞机旅游——一日千里"。

学生资料整理：

草堆上走路——不踏实；长白山的人参——来之不易；长江流水——滔滔不绝；吃了生姜吃黄连——辛苦啦；大象的鼻子孔雀的尾巴——各有所长；竹笋出土——冒尖了；珠峰上用蒸笼——气到极点；蜘蛛结网——一丝不苟；张飞战马超——不分高低；摘星亭上看云彩——眼光抬高……）

A：现在，先请各组小组长上来抽签。

B：请小组长读你抽到的歇后语，每一小组要注意听，一会儿用本组抽到的歇后语造句。

A：各组准备两分钟。看看哪组造的句子最精彩。

B：现在请张老师来抽座位号，看谁那么幸运，站起来给大家动情展示。

A：同学们的造句真是精彩纷呈，不过在具体的语言环境中用上歇后语就困难了。

B：是啊，太难了，你们敢试一试吗？

A：请各组推荐一名队员上来抽签，按抽签的顺序来选择大屏幕上的题号。

B：抽到题号后，给这位同学半分钟思考作答，可以有一次求助本组同学的机会，答对，加两分。如果回答错误，其他组可以抢答，抢答对，也可以加两分。

A：同学们都明白比赛规则了吗？好，现在开始。

题目提供：

1.等到什么时候？你穿个衣服可是（　　　　　　　　　　）。

2.别看我现在貌不惊人，才不出众，但我一直很努力，您不是说只要坚持下去，一定（　　　　　　　　　）。

3.真是（　　　　　　　），这次考试，你到底怎么考的，竟能得双百？

4.想占便宜，结果怎么样？（　　　　　　）你还是好好学着怎么吃亏吧！

5.现在后悔？（　　　　　　）你准备老老实实交代问题吧。

6.如果你不是（　　　　　　）事情哪会像现在这个样子？

【设计意图：培养学生使用语言、运用语言的能力。让每个学生都"动"起来，积极思考，学会交流与合作。】

（四）创新学习乐趣多

任务：从相处的师生特点入手，创造歇后语，要求积极健康。

A：同学们，歇后语是人生经验的结晶，是人们善于观察与提炼的结果，从我们身边的生活现象中，你能创造几句歇后语吗？

B：现在进入第四部分——"创新学习乐趣多"。

A：这题范围太广，还是从我们班同学的特点和教过我们老师的特点入手。

B：创造一句让别人听了高兴的歇后语，如牧云吹长笛——天籁之音；哪位同学愿意说一说？

【设计意图：学生结合本班同学的个性特点，自创了歇后语，体现了创新能力。】

三、用歇后语结束，进行颁奖表彰

A：同学们真是出口成章，太富有创造性了！

B：是啊，不过今天我们创造的歇后语在能在我们班级用，走出去可不行。

A：为什么？

B：因为歇后语必须是约定俗成，被广大中国人所承认的。

A：原来如此，相信总有一天，我们会做到。歇后语生动有趣，可以说是"一句话文学"。

B：它是心灵智慧的闪光。

A：是语言大树上永不凋谢的花朵。

B：思想上给人以无尽的启迪，艺术上给人以审美的享受。

A：一句话希望同学们在生活与学习中注意歇后语的积累与创造。

B：相信同学们的水平如"芝麻开花——节节高"。

A：祝同学们、老师们的生活如"胸口上挂钥匙——开开心心"；

B：如"新疆的哈密瓜——甜甜蜜蜜"！

A、B：如"灿烂的朝霞——红红火火"！

A："歇后语大观园"竞赛到此结束。

B：请裁判员张老师宣布竞赛结果，请各组小组长准备上台领奖。（颁奖音乐）

总结：希望同学们在我们的语文学习和生活中继续积累、灵活运用歇后语，让生活多姿多彩，充满情趣。

四、板书设计

```
                歇后语大观园
              热身运动做准备
              四大名著知多少
              创设情境会运用
              创新学习乐趣多
```

《歇后语大观园》教学反思

小学语文综合实践课即小学语文活动课，它是小学语文教学的重要组成部分。其内涵主要是指学生在课外进行的各种听、说、读、写的具体实践活动。它的内容丰富多彩，形式多种多样。为了使学生了解祖国的语言，对歇后语有一定程度的认识和喜爱，同时通过小组竞赛的方式引导全体学生参与，学会合作、学会倾听、学会展示，本学期我设计了一节语文活动课——歇后语大观园竞赛。在这节课上，学生能在自主的语言实践中感受歇后语的特点，丰富歇后语的积累，并强化运用歇后语的意识。进一步激发学生学习祖国语言的浓厚兴趣，养成自我感悟、自我积累、主动运用语言的好习惯。

开展这样的语文活动课，有利于激发学生学习的自觉能动性。课外活动作为活动的形式出现，正好符合儿童好动的天性，能吸引他们积极参与、大胆尝试，在活动中发现、体味语文的精髓、趣味，进一步扩大其学习语文的兴趣，使学生学习语文的自觉能动性得到充分发挥。本节活动课，学生的学习兴趣就十分浓厚，课堂气氛活跃，把教师的讲台变成了学生的舞台，真正做到了以学生为主体，体现了人文性与工具性的有机融合。

本次语文活动课分四关进行，即："热身运动做准备""四大名著知多少""创设情景会运用""创新学习乐趣多"。在竞赛前的一个多月，我就把活动的要求与需要准备的内容告诉学生。在活动要求中，特别提到尊重同学与学会倾听。教师再给学生讲一些有关歇后语的小知识以及歇后语在我们生活中的作用，所以学生从一开始就对歇后语产生了浓厚的兴趣，表示愿意去学习，去积累，对最后的竞赛充满期待。

准备过程分为两个阶段：第一阶段是利用早读和管理班的时间，引导学生积累歇后语。第二阶段是积累展示。首先，培训各组小组长，把活动要求跟小组长讲清楚，让他们将任务分配给组内的每一位组员，注意细节，组长要逐个落实检查。其次是每个学生按活动环节自己先准备资料，听从小组长的安排。最后，我再利用课余时间了解学生准备的情况并及时指导。赛前，学生通过自己查找工具书、上网搜集歇后语，请教老师、家长、相互交流等形式，使学生有了一定的储备。每个小组长都十分负责，把各部分内容在组内进行了分工，让每一个组员都有展示的机会。

在活动过程中，学生们个个摩拳擦掌、跃跃欲试，情绪高昂。活动以比拼的形式，以小组为单位合作学习，让学生一起策划、组合和研究，公平竞争，大大调动了学生的学习积极性和主动性，学生思维活跃敏捷、始终兴趣盎然，台上台下互动交流，气氛热烈。每个学生都是学习的主体，教师则是组织者、引导者。在愉快的合作学习中，在友好而激烈的竞争中完成了一节语文课的学习。

"热身运动做准备"和"四大名著知多少"这两关是需要学生赛前进行积累与准备的，而后面两关"创设情景会运用""创新学习乐趣多"则是培养学生使用语言、运用语言的能力。在课上，学生在后两个环节中彰显了个性，既提高了运用语言的能力又学会了与同学合作，可谓一石二鸟。比如在"创设情景会运用"环节中，由小组长当场抽两条歇后语，给各小组两分钟时间准备用抽到的歇后语造句时，每个学生都"动"了起来，积极思考，为小组同学出谋献策。像第一小组造的句子是："历伟的进步真是邮箱没口子——难以置信"，第二组造的句子是："胡东辰和赵雪琪的学习成绩真是张飞战马超——不相上下"，第三组造的句子是："学习就要像银行里的存款——多多益善"，第四组造的句子是："同学们今天把老师气得像珠峰上的暖壶——气到极点"，第五组造的句子是："小明把花瓶摔了，可没有告诉妈妈，心里真像草堆上走路——不踏实"……再比如"创新学习乐趣多"环节，学生结合本班同学的个性特点，自创了歇后语，体现了创新能力。像一些学生说道："刘牧云吹长笛——天籁之音""张楚卿弹柳琴——余音绕梁""张颢骞跑步的速度——风驰电掣""杨煦数学考一百——司空见惯""高文杰投篮——百发百中"……可能学生说的歇后语不是很准确，也不是很规范，但他们乐于尝试创造歇后语，"兴趣是最好的老师"，只要能培养学生学习语文的兴趣，就会在语文教学中产生事半功倍的效果。

通过这节课，我深切地感受到：积累和运用歇后语培养了学生的语文实践能力，学生能知道这么多不同类型的歇后语，并能灵活运用，这都是学生在收集歇后语活动中的成果。当然，由于初次尝试这类语文活动课，所以还有很多需要改进的地方。比如学生对学生以及老师对学生的有效评价机制，教师应该在这种实践课中扮演什么角色，是不是只当个赛前组织者与赛时旁观者？在类似语文活动课上，教师应该如何突破教学难点，让学生学有所得？如何引导学生分辨歇后语的感情色彩等。总之，每上一堂课，作为教师都应该有意识地把方法和能力渗透进课堂教学中，并及时地总结与反思，在不断地完善中与学生共同成长。

短短的四十分钟，学生仍意犹未尽。我想学生学到的不仅仅是一个个歇后语，还有语文学习的过程和方法以及学习过程中所获得的乐趣，同时学生的语文素养得到了提高。这节语文活动课，学生一直沉浸在兴奋之中，得到了多感官、多方位的刺激，迸发出了令人惊喜的灵感火花，锻炼了学生的思维能力，达到了积累、理解、运用歇后语的目的，更体验到了歇后语的无穷魅力。今后，我将多多开展语文实践活动课。

第二节　《寓言》教学设计及反思

教学基本信息	
教师及指导教师	张艳苹，周金萍
学段	小学第三学段　六年级
教材出处	义务教育课程标准实验用书《语文》——北京师范大学出版社（2016年5月）

一、指导思想和理论基础

　　高年级传统文化教学要立足于整体，准确定位其文本内涵，真正为学生良好的人生观、价值观，形成良好的个性和健全的人格打好基础。所以，本课我将采取内容的多样化、要求的层次性、反馈的及时性、学生的引领性等策略，就寓言再做更深入的体会和运用，使学生对经典文学体裁的寓言有进一步、更为全面的了解，在原有基础上进一步了解它丰富的内容，并结合寓言的创作情境，以及学生现实生活，初步体会寓言的作用，并激发学生积累寓言、运用寓言的兴趣，培养学生对经典寓言的热爱和在现实社会生活中适度运用的能力。

二、教学背景分析

教材分析：

　　中华传统文化，是中华文明成果根本的创造力，是民族历史上道德传承、各种文化思想、精神观念形态的总体。寓言则是传统文化中较古老的一支，它与我们生活息息相关。北师大版教材中有很多寓言故事，特别是中国古代寓言，其中就有《郑人买履》《刻舟求剑》等。我们想就寓言再做更深入的体会和运用，使学生对经典文学体裁的寓言有进一步，更为全面的了解。

学生情况分析：

　　学生在教材和生活中都接触到过寓言，并从这些寓言小故事中获得道理，简单了解其内容但多不能深入，知其然而不知所以然。特别是在寓言的作用、寓言的运用等方面，学生少有涉猎。

教学方式：利用自主、合作、探究的学习方式开展语文活动。

三、教学目标（含重、难点）

教学目标：

　　通过自主、合作、探究的学习方式，走近寓言，体会寓言的文体特点，了解它丰富的内容，体会其在生活中的作用，并激发学生积累寓言、运用寓言的兴趣，培养学生对经典寓言的热爱和在现实社会生活中适度运用的能力。学习委婉地表达意思，让别人能接受，注意说话的场合和情境。

教学重点：

　　体会寓言在生活中的作用，并激发学生积累寓言、运用寓言的兴趣，培养学生对经典寓言的热爱和在现实社会生活中适度运用的能力。

续表

教学难点：

通过对寓言的了解，学习委婉地表达意思，让别人能接受，注意说话场合和情境。

教学准备：

教师：搜集比较典型的寓言故事和图片，引发学生兴趣，便于引导学生理解。

学生：搜集三两篇寓言故事，并能说出为什么喜欢？

四、教学流程图

教学流程图：

走近寓言 —— 1. 看图猜说寓言；
2. 发现寓言特点；
3. 了解寓言古今；

走进寓言 —— 1. 探究寓言作用；
2. 洞悉现代意义；

运用寓言 —— 1. 利用情境运用；
2. 拓展想象运用；

总结收获

《寓言》教学设计

一、走近寓言

（一）看图猜说寓言

同学们，寓言古今中外兼有之，中华寓言是传统文学中的一块瑰宝，数千年来以其独特的智慧和艺术魅力历传不衰。今天就让我们一起走近它，对它进行一番了解。

看图猜出这些寓言的名字？在纸上写出寓言的关键字即可，看你能猜出几个？指名一组来汇报，大家看自己是否写对了。全对的举手，大家观察得很认真。

【设计意图：通过"纸上写"这种方式，让全体学生参与，提高参与的深度广度，并提高学生的兴趣。】

（二）发现寓言特点

谁来给我们讲讲其中的一个寓言故事？大家思考寓言有几个特点？手势表示有几个特点？具体说一说。

（课件出示）故事性、虚构性、寄托性、哲理性。

对照这四个特点，你原来知道几个，现在你能说出几个呢？同桌互说。

【设计意图：通过"手势"这种反馈方式，让全体学生参与；通过和原来比，同桌互说提高参与的深度，让孩子感受自我进步。】

教师总结：寓言为文学体裁的一种。是含有讽喻和教育意义的故事。故事中的主角可以是人，可以是动物，也可以是无生物。其表达方式，都透过具体浅显的故事，寄寓深刻的道理。俄国文学评论家别林斯基说："寓言是哲理的诗。"俄国寓言家陀逻雪维支称："寓言为穿着外套的真理。"寓言故事真的有如此大的魅力吗？寓言到底怎样来的？

（三）了解寓言古今

1.寓言的由来

教师介绍："寓言"一词，最早见于《庄子》寓言篇中的这一句"寓言十九，藉外论之"。

指名读，说说意思。

2.寓言的发展

我们知道了中国寓言的由来，这样有特点的文学体裁它在中国是怎样发展的呢？它原是民间口头创作。在先秦时期已具雏形，春秋战国时代就相当盛行了。寓言经历了这样五个阶段。你能按顺序排一排吗？

打开导学卷，试一试。为什么这样排，说原因。

先秦的说理寓言、两汉的劝诫寓言、魏晋南北朝的嘲讽寓言、唐宋的讽刺寓言和明清的诙谐寓言等五个阶段。

【设计意图：通过"导学卷"这种方式，让全体学生参与；再通过说原因让学生深度参与，注意提醒学生及时改正，提高教学的针对性。】

3.战国时期寓言

在寓言的盛行阶段，在战国时代中运用和保存寓言最多的是《孟子》《庄子》《韩非子》和《战国策》，我们小学生所学习的也大多都是这其中的寓言。

大家能说上几个战国时期寓言的名字和意思吗？

（1）先说寓言的名字。你能说出几个？交流一下，看一会儿，你还能多说出几个？如，《拔苗助长》《自相矛盾》《郑人买履》《守株待兔》《刻舟求剑》《画蛇添足》《庖丁解牛》《南辕北辙》《鹬蚌相争》《井底之蛙》《螳螂捕蝉》《老马识途》《螳臂当车》《呆若木鸡》《学弈》等。

（2）选择一个互说意思。

（3）有不理解的吗？

【设计意图：由说寓言名字到意思，难度逐步加大；注重自学反馈，交流提高，让全体学生参与，让学生深度参与，提高自己。】

这些寓言经久不衰，请大家记住这些小故事蕴含的道理。

二、走进寓言

（一）探究寓言作用

那么，为什么会出现寓言，它的作用是什么呢？下面我们就由《螳螂捕蝉》一起走进寓言，探寻小寓言中的大世界。

看课本剧《螳螂捕蝉》，看完后研究几个小题。

1.《螳螂捕蝉》通过什么故事，告诉人一个什么道理？

2.《螳螂捕蝉》中的年轻谋士，为什么要虚构这样一个小故事呢？

3. 为什么年轻谋士不直接告诉吴王这个故事，而在园子寻找机会风餐露宿好几日，好像是无意间遇见吴王，再讲这个故事呢？

小组交流回答。

了解谋士说话的方式和场合及其作用。

【设计意图：通过创设情境，激发学生深度思考，并通过小组交流的方式全体参与，体会寓言的作用，指导学生学会做事。】

（二）洞悉现代意义

《螳螂捕蝉》现代运用环境，老师出示几个句子。

《螳螂捕蝉》这样的寓言流传至今，是因为它有着久长的生命力，到现在仍旧在指导我们如何做事。我们一起来看看。我们身边就有这样的故事。

A. 2008 年北京奥运会上，得牌热点中国与肯尼亚的几名选手把力量用到彼此的较量上，根本不理睬一个赛前不被看好的罗马尼亚选手在这个时候冲出去获得了冠军。真是螳螂捕蝉黄雀在后呀！（这是体育方面的事。）

B. 在南京土地拍卖会场，保利地产在"静观"14 轮竞价之后，突然举牌，并且凭借这"一举"力压朗诗、新城两大开发商，顺利竞得该地块。上演了一幕"螳螂捕蝉黄雀在后"的好戏。（这是商业圈的事情。）

打开你的眼界，你会发现生活中蕴含的道理暗合着诸多寓言的寓意，寓言其运用因而有着广阔而长远的生活背景。

【设计意图：通过现代情境的创设，激发学生将历史和现实结合，深度思考体会寓言的作用，指导学会使用寓言，为下面寓言的使用铺垫。】

三、运用寓言

（一）利用情境运用

A. 人际关系。公司里的老员工看不起刚毕业的大学生，觉得他才是公司里的能人，技术方面无所不能。一次，在技术方面出现一个难题，他使尽浑身解数也解决不了。后来公司中的一个从国外留学回来的研究生小王轻松地解决了问题。作为他的小同事，你给他讲什么故事？在什么样的场合下讲呢？（　　　）

①夜郎自大　　②邯郸学步　　③不学无术

B. 政治事件。钓鱼岛事件后，中国海监船频频赴钓鱼岛海域巡航，航行维权已成为常态。日本措手不及之时，慌忙建立了高规格的"对策室"，其实这也仅是日本最后的小把戏而已。你用哪个词来形容日本的做法。（　　　）

①不可救药　　②班门弄斧　　③黔驴技穷

【设计意图：通过现代情境的创设，激发学生将历史和现实结合，深度思考体会寓言的作用，指导学会使用寓言。】

（二）拓展想象运用

四人小组选择一个寓言说故事。这故事可以是真实发生的，还可以是想象的。一人将运用最独特的故事记录下来，准备汇报。

杯弓蛇影、画蛇添足、掩耳盗铃、亡羊补牢、守株待兔、自相矛盾

小组讨论，选择最佳实例，集体汇报。

【设计意图：难度加大，让学生将历史和现实结合，自己创设寓言使用的现代情境激发学生深度思考，真正学会使用寓言。这个针对的是比较好的学生，以此带动其他学生深度学习。】

四、总结全课，布置作业

今天我们的课堂只是"抛砖引玉"，如果你有兴趣，可以"不遗余力"地学。多看书，"开卷有益"。争取在寓言研究方面"一鸣惊人"。

【设计意图：拓展的不仅是知识，更是学生对人生的认识，还可以成为今后再次研究寓言的动力。】

选作：

A. 编演——小组合作在生活中揭示很重要的道理的寓言。

B. 创作——确定在生活中一个很重要的道理，编写寓言。注意故事性、虚构性、寄托性、哲理性。

五、板书设计

寓言
故事性　虚构性　寄托性　哲理性
特点——作用——运用

从课内向课外拓展　从课外向生活延伸
——《寓言》教学反思

这是一节寓言学习拓展课，第一次接触，这是对自己教学方式的挑战，也是对自己所任教学科的一种开拓。所以，我很想尝试这一种不同于以往的语文课的教法。

以往讲课，翻看语文书，自己喜欢的就会作为讲课内容。可这节传统文化的拓展课，我要带领学生学点什么呢？

一、从课内选材

1.痛苦的选材——"他山之石"点醒梦中人

思考之余，"开始备了吗？""没有。""选材是最难的，选好就快了。"有经验的老师这样帮助我，上网搜搜吧，兴许有可用的东西。键入"语文拓展课"，屏幕上果真出现了许多内容，下载一看，没有什么可用的。顿时，心里更没底了。这次真是丢人了，兴致勃勃地报名，到头来却选材都难成。真正体会了"巧妇难为无米之炊"的意思。

发愁之余，又像以往备课一样打开了课本。北师大版教材每个单元都有主题，何不从中选取，上节说话课。翻来翻去，危急时刻发现单元语文天地的内容最多，而且学生可说的东西也很多，选它吧。可坐下来，认真准备时，却发现这样的说话课会注重科学知识、生活常识等，缺少语文味，这可是"笨贼偷石臼"般的傻事了。不能干！

闲聊之余，同事说："要是我会讲寓言……"寓言古今中外兼有之，它是文学中的一块瑰宝，数千年来以其独特的智慧和艺术魅力历传不衰。这一选材不错，北师大版教材中有很多寓言故事，特别是中国古代寓言故事更是中国传统文化又一经典，五年级下册中就有《郑人买履》《刻舟求剑》。选自教材，本身就是语文课的内容，而且小故事大道理读来也有趣，学生很喜欢。就它了。真是"他山之石"点醒梦中人。

2.大量的筛选——专家引领精挑细选指方向

缺少文化底蕴，只能请教老师了。网络查找，所有与寓言有关的知识、图片统统下载，在众多资料中游走，选取了寓言的定义、别称、特点、作用、故事等简单编排，准备作为讲稿，可怎么看都像讲座。

把无趣的材料拿给组内同事看，"你可以插图片……可以演课本剧……"一个个好点子，让死材料变活了。我们想就寓言再做更深入的体会和运用，使学生对经典文学体裁的寓言在原有基础上进一步了解它丰富的内容。

二、向课外拓展——走近寓言

第一大环节是走近寓言。其中"近"是接近的意思，学生与寓言亲密接触。材料准备好了，有了设计思路，开始写教案。忽然发现所准备的寓言都是学生熟知的，就几个寓言在反复地学，势必会让学生没有趣味，要让内容尽量多样化。在备课中教师精心选取了20则寓言，学生查阅相关资料若干，分配在不同的内容中。有熟知的，也有陌生的，有课本中的，也有课本外的，这样结合起来让所学内容有层次感。

1. 参与的全体性——来自考试的启发

学生考试中往往会有看图填成语、诗句的题目，我们倍受启发。开课，大屏幕上给出一系列的图片，猜寓言的名字，在导学卷中写出寓言的关键字。这样通过"纸上写"这种方式，让全体学生参与，提高参与的深度广度，并提高学生学习的兴趣。其中所涉及的寓言有梯度，给学生一个交流的课堂，让有能力的学生来讲其中有难度的寓言，"生生交流"多起来，发挥优秀学生的引领性，以带动全体学生。

2. 倾听的针对性——听故事发现寓言特点

在优秀学生讲寓言的同时，学生听故事发现寓言特点。

生1：我发现寓言是一个小故事。师：这是寓言的故事性。

生2：我发现寓言暗含着道理，不明说。师：对，这是寓言的寄托性和哲理性。

生3：我发现寓言是依据一些事物编的，不是真实的事。师：对，这是寓言的虚构性。

（课件出示）故事性、虚构性、寄托性、哲理性。

对照这四个特点，学生回忆原来知道几个，现在能说出几个？并同桌互说巩固。这样让全体学生参与，在听中去自己发现寓言的特点，这比给一个定义理解更到位，记忆得更加深刻；通过和原来比，同桌互说提高参与的深度广度，让孩子感受自我进步。

3. 反馈的及时性——举手反馈、同桌互说

引入资料谈及寓言的由来后，探讨寓言经历的五个阶段如何排顺序。其中有时间链条，学生数字标号，全对的举手反馈。这样的例子还有很多，以此来让全体学生及时反馈，了解学习状态，发现学习中存在的问题。这不是学习的结束，在学习后我还让学生说一说为什么这样排，注意提醒学生及时改正，让

学生深度参与，提高教学的针对性。

但若只这样学寓言，了解寓意，也无趣。我们的语文教学难道只教知识？不，语文教学最终的目的是将学生引向会用的境地。我们就要让寓言从语文知识走向生活运用。

三、向生活延伸——走进寓言

这一环节是走进寓言，其中"进"是从外面到里面的意思，学生要深入学习寓言，了解其作用，从而呈现出学习内容的阶梯性。本堂课旨在结合寓言的创作情境，以及学生现实生活，初步体会寓言的作用，并激发学生积累寓言、运用寓言的兴趣，培养学生对经典寓言的热爱和在现实社会生活中适度运用的能力。

1. 注重实践，多方面实践寓言——探究寓言的作用

为什么会出现寓言，它的作用是什么呢？在《螳螂捕蝉》中走进寓言，探寻小寓言中的大世界。看学生自编自演的课本剧《螳螂捕蝉》，思考寓言的作用。通过创设情境，激发学生深度思考，并通过小组交流的方式全体参与，体会寓言的作用，指导学生学会做事。进而学生便会明白：战国时代，谋士阶层兴起，他们奔走于各国，游说诸侯，为了保全自己免于触犯人主，而又达到进谏目的，都必须致力于言谈的技巧，言谈的场合，使寓意更有说服力，使话语说得更婉转，很富有智慧。

螳螂捕蝉这样的寓言流传至今，是因为它有着久长的生命力，到现在仍旧在点醒我们如何做事。接着在通过现代情境的创设，激发学生将历史故事和现实情况结合，深度思考体会寓言的作用，指导学会使用寓言，为下面运用寓言铺垫。

2. 联系生活，培养学生运用寓言的能力——把寓言当参谋，为自己当军师

"让语文走进生活，在生活中学习语文"。学校里、大街上、社会上……到处都有寓言的影子。抓住生活的点点滴滴，眼里有资源，心里有教育，课程资源就无处不在。

选择寓言，创设情境，说小故事。这故事可以是真实发生的，还可以是想象的。这里难度加大，让学生将历史和现实结合，自己创设寓言使用的现代情

境激发学生深度思考,真正学会使用寓言。这个针对的是比较好的学生,以此带动其他学生深度学习。

有了前面的学习,学生们参与的积极性很高,思考的面也很宽。有的组介绍同学间的事:比赛输了,他不敢见教练,于是遇到教练就闭上眼睛,认为这样教练也看不见他。真应了掩耳盗铃这则寓言。其实孩子的世界就是这样。有的组谈自己的观察:现在很多人喜欢往手机上贴膜,但这样会影响手机的散热、触感等方面,真是画蛇添足。睁大眼睛去观察生活,孩子会学到很多。还有的孩子说到了新闻方面的内容:某人在一小区偷盗电动车。五天又"重游"案发地,当场被值勤人员抓获。我要说守株居然真的能待兔。寓言还能活用。班上还有学生打破了老师给的框架选择了其他寓言来说,并且很有时代性、政治性。习主席上任后严抓不法分子,不法分子四处逃避来伪装自己,就像惊弓之鸟。这更加体现了个性化绿色课堂的核心理念。学生一旦在生活中学会这种方式,必会把寓言当参谋,为自己当军师。这样的生活才是有趣的、机智的。

本堂课通过自主、合作、探究的学习方式,走近寓言,体会寓言的文体特点,了解它丰富的内容,体会其在生活中的作用,并激发学生积累寓言、运用寓言的兴趣,培养学生对经典文化寓言的热爱和在现实社会生活中适度运用的能力。

传统文化的拓展是满足学生需要的兴奋剂。学生在拓展中进一步激发了语文学习的兴趣,巩固了知识,体验了成功,更为可贵的是总结了语言的规律,形成了语文运用能力,提升了境界,培养了可贵的运用语言的创新精神。这是每一个"探路者"的愿望,我们在努力!

第三节　《对联的艺术》教学设计及反思

教学基本信息	
教师	周金萍
学段	小学第三学段　六年级
教材出处	义务教育课程标准实验用书《语文》——北京师范大学出版社（2016 年 5 月）

一、指导思想和理论基础

中华人民共和国《教育法》第七条规定："教育应当继承和弘扬中华民族优秀的历史文化传统，吸收人类文明发展的一切优秀成果。"优秀传统文化课程蕴含着十分丰富的、健康向上的道德元素、做人原则、处世态度、民族精神、价值取向，它的基本内涵和核心价值旨在让学生感受祖国优秀传统文化的魅力，接受文化血脉熏陶和文化浸润承传，提高学生内在涵养，即知识素养、人文素养、艺术素养、科学素养和信仰的价值观，并从中积累和培养民族精神、伦理道德和审美情趣，激发文化自信心。

语文课程应通过优秀文化的熏陶感染，要充分开发和利用课程资源，创造性地开展各类活动，增强学生在各种场合和专题下学语文、用语文的意识，培养学生语文综合运用能力、探究精神和合作态度，使语文学习变得更有意思，更有价值，让学生爱学语文，勤于积累，乐于表达，善于思考，用活语文，切实帮助学生提高语文素养，获得语文学习能力的综合发展。

本教学设计是以《完善中华优秀传统文化教育指导纲要》为指导思想，以提高传统文化素养、传承中华民族优秀文化为基本目标，以语文学科为依托，秉承"把中华优秀传统文化教育系统融入课程和教材体系"原则，培养学生文化素养，包括知识素养，人文素养，艺术素养，科学素养和信仰价值观。依托课程整合，开展素养的研究，即开展学科纵向的梳理与整合，树立再创中华民族的辉煌的使命感和责任感，以达学习中华优秀传统文化的本质。

二、教学背景分析

教材分析：

北师大版教材六年级下册第二单元的主题是"遗迹"，其中第一课《长城赞》是当代著名学者所撰的一副对联。"语文天地"的"日积月累"中也介绍了 3 副与遗迹有关的对联。小学的 12 册教材中，"日积月累"板块中频频出现对联，也专门介绍了"对子歌"，也有关于对联的小游戏。于是前一段时间，程永红老师以一节语文实践活动课，带领六年级 12 班的学生《走进对联的世界》。

学生学情分析：

六年级 12 班 38 名学生。热情开朗，愿意表现自己，愿意与别人沟通，愿意接受挑战，但思考问题浅尝辄止的大约占三分之一；有五六位学生学习能力比较弱，常游离于问题之外；有大约五六个孩子因为觉得自己大了，比较羞涩，不好意思举手了；还有三分之一学生能参与、能跟进。

学生对于对联有目的地专题学习分了四个阶段：

1. 课外积累。教师提出作业要求，搜集对联，出外旅游关注楹联。学生对于对联有了一定的感性认识，一定的数量上的积累。

2. 自主展示。教师指导学生策划对联学习方案，并根据学习内容，学生结为小组，准备展示和互动的内容。

3. 课堂互动。在教师指导下，学生充分参与，设计竞赛、评比、奖励等环节，教师引导学生自主学习、互助学习。即将要进行的是第四阶段。

4. 聚焦生成。围绕"欣赏对联"这一内容，学生收集自己最喜欢的，也能让同学经过思考能明白的对联，从初步欣赏到深度欣赏，进一步体会对联的特点，了解它丰富的内容，清楚它多样的手法，体会其美妙的意境，初步学会欣赏对联，并激发学生积累对联的兴趣。

教学方式：自主探究、互动合作、赏析评价。

教学准备：学生：搜集并选择两三句自己喜欢的、文质兼美的对联，并能说出为什么喜欢？

教师：搜集比较典型的文质兼美的对联，引发学生兴趣，便于引导学生赏析。

三、教学目标（含重、难点）

教学目标：通过自主、合作、探究的学习方式，进一步体会对联的特点，了解它丰富的内容，清楚它多样的手法，体会其美妙的意境，初步学会欣赏对联，并激发学生积累对联的兴趣，培养学生对中华传统经典语言艺术的热爱。

教学重点：认识对联的特点，体会它的艺术美，获得赏析对联的方法。

教学难点：能利用情境，拓展想象，尝试创作。

四、教学流程

一、初步赏析对联：1.学生交流收集的对联；2.欣赏老师收集的对联；

二、深度品味名联：1.从技法上进行三赏；2.从背景上进行三赏；

三、创作考查赏析：1.利用情境创作；2.拓展想象创作；

四、学生总结收获

《对联的艺术》教学过程

课前交流：

成语中的对联：

山明水秀——鸟语花香　　望梅止渴——画饼充饥

大禹治水——女娲补天　　精卫填海——愚公移山

古诗中的对联：

两个黄鹂鸣翠柳	一行白鹭上青天	明月松间照	清泉石上流
竹喧归浣女	莲动下渔舟	烽火连三月	家书抵万金
人闲桂花落	夜静春山空	白毛浮绿水	红掌拨清波
感时花溅泪	恨别鸟惊心	远看山有色	近听水无声
春去花还在	人来鸟不惊	万径人踪灭	千山鸟飞绝

一、导入新课

上节对联课，我们初步感受了中华传统经典语言——对联。课虽然结束了，但却引发了很多同学的兴致，回家后欲罢不能，就研究起对联来，我想知道我们有多少同学在课后还在自发地继续关注对联？任何学习浅尝辄止，就难以体会其中的神奇。今天我们不是简单地走进对联的世界，而是要有选择地驻足流连，品味对联艺术。

二、初步赏析对联

（一）学生交流收集的对联

1.同伴合作学习

（1）要求分享：A.正确流利地读；B.一位同学说对联的特点；一位同学说为什么喜欢自己选择的对联；C.注意相互倾听、完善，提出好建议。

（2）要求评价：根据评价表自我评价。

2.全班交流学习：教师行间巡视，记住学号，针对性发言

哪些同学选择说对联特点的起立，抽签组，抽签人，请两位同学发言，其他同学倾听哪位同学将对联特点说全了，哪位同学需要你补充。

出示对联的特点，谁能挑战自我，结合自己的对联，说全对联的特点。

（1）字数相等，断句一致；（2）平仄相对，音调和谐；

（3）词性相对，结构相同；（4）内容相关，没有重复。

哪些同学选择说喜欢原因的起立，抽签组，抽签人，请两位同学发言，其他同学倾听，哪些原因分析得好，你还有哪些补充？

教师注意引导，出示赏析方法：

赏内容——整体看，写了什么；

赏手法——品手法，好在哪里；（三者融合）

赏意境——多联想，体会情意。

总结：刚才同学们利用对联的特点初步体会了对联的艺术魅力，有的还从整体内容，创作手法和表达的情意方面进行赏析了。下面请你试试看能不能运用这些方法欣赏以下三副对联。

【设计意图：每个孩子根据自己选择的对联进行学习，体现适度和个性化学习，体验性复习对联的特点，了解学生的赏析基础，师生互动给予引导，为赏析打下基础。通过交流，展示和完善学生的个性化学习；同伴合作，共同分享和进步；最后自我评价，促进自我学习。抽签式的展示增加课堂学习的情趣和人人参与的意识。】

（二）初步欣赏老师收集的对联

【具体内容】

1. 马过木桥蹄打鼓，

　　鸡啄铜盆嘴敲锣。

写动物，用"打鼓""敲锣"的拟人手法，形象直观地描写了马、鸡它们发出声音的特点，表达一种生活情趣。

2. 青山原不老为雪白头，

　　绿水本无忧因风皱面。

写景物，用"白头""皱面"的拟人手法，写出青山上白雪皑皑，绿水上涟漪片片，展示一种独特的情境。

3. 红面关黑面张白面子龙面面护卫刘先生，

　　奸心曹雄心瑜阴心董卓心心夺取汉江山。

写人物，用"面""心"的反复手法，凝练地写出了三国人物的特点，展示了汉代一段历史。

【自学要求】

（1）正确朗读三副对联；

（2）你喜欢哪一副？试着背诵；

（3）交流喜欢的原因；

（4）试着借助黑板上的赏析方法。

赏内容——整体看，写了什么；

赏手法——品手法，好在哪里；（三者融合）

赏意境——多联想，体会情意。

【评价】

哪一条做得好，或经过学习知道了，有进步的，请画上一颗星。

【设计意图：老师选出的对联包含了较为丰富的内容，尽可能满足学生不同的需求，引导学生初步运用方法，试着自主赏析，看学生是否在前一次指导基础上有方法，有提高，并通过自我评价来进行自我监控和自主学习。】

刚才大家试着用这样的方法来欣赏对联，下面你们就检验一下自己是否能独立运用这些方法，写批注。

三、深度品味名联

（一）主要运用创作方法赏析

【具体要求】

1. 将以下对联读正确；

2. 最少选择其中一副对联，参考一下资料，赏手法，赏内容，赏情境；

3. 简要写上关键词，便于你抓关键词表达：用了什么手法，写了什么？好在哪里？表达了什么？

◆双关法、回文法、顶针法、比拟法

◆比喻法、夸张法、拆字法、反复法

双关：利用汉字的同音异义特点，似说甲，实指乙，一语双关，含而不露。

回文：用回文形式写成的对联，既可顺读，也可倒读，不仅它的意思不变，而且颇具趣味。

顶针：是指对联的前一个分句的句脚字或词，作为后一个分句的句头字或词，使相邻的两个分句，首尾相连，一气呵成。

比拟：或以物拟人，或以人拟物。

比喻：用一个为人们所熟悉的事物或现象去说明，形象直观，生动而贴切。

夸张：把事物故意夸大或缩小，极力渲染。

拆字：把文字拆开，把偏旁组合，构成字面上的对偶关系，进而写成的对联。

反复：为突出某个意思，强调某种感情，让某些词语在句中反复出现。

【具体内容】

1.春风大胆来梳柳，
　　夜雨瞒人去润花。

写的是春天。一个"大胆—梳"，一个"瞒人—润"，均为拟人的手法。春风中柳条像长发一样潇洒飞舞，蒙蒙细雨润物无声地滋养花朵。情景交融，意境优美！写出了春像调皮的孩子一样充满生机，一会儿胆大包天地梳理柳条，一会儿小心翼翼地滋润春花，作者对春天的喜爱之情溢于言表。"春风大胆，夜雨瞒人"换一下可以吗？用词多么精妙！

重点讲解，从内容、手法、表达情感或主旨几个方面思考、批注。

2.咸蛋剖开两叶舟内载黄金白玉，
　　石榴打破一花罐中藏玛瑙珍珠。

写的是食物，运用的是比喻手法，形容其色彩和形状的美好，让人馋涎欲滴。

3.天作棋盘星作子谁人敢下，
　　地当琵琶路当弦哪个能弹。

写的是天地大自然。运用的是比喻兼夸张，表达了大自然的清远寥廓，人的一种阔达豪情，情趣盎然。

4.两船并行橹速不如帆快，
　　八音齐奏笛清难比箫和。

（谐音法）一部历史

"橹速"谐"鲁肃"，"帆快"谐"樊哙"，

"笛清"谐"狄青"，"箫和"谐"萧何"。

表面看写的是橹和帆，笛和箫，实际上将四个历史人物进行了比较。

5.香山碧云寺云碧山香，

　黄山落叶松叶落山黄。

（回文法）一处景观

　　写的是南方的黄山、北方的香山，运用回文的手法，写出了黄山秋日之美，香山天蓝、云白、山色宜人，对比出两种景观。

6.秋月月月月台上赏月，

　夏天天天天井中聊天。

（顶针法）一种悠闲

　　写了秋、夏两个季节人们的休息方式，运用了顶针法，描写人们秋日经常在月台上赏月，夏日经常在井台聊天，展示了一种悠闲生活。

7.移椅倚桐同观月，

　等灯登阁各攻书。

（音近法）一种雅趣

　　写出一个夜晚，梧桐树下，移椅赏月，静静阁楼，挑灯夜读，巧妙利用音近、形近字，渲染环境的宁静、人的专注，展示了一种雅趣。

8.水有虫则浊，水有鱼则渔，水水水，江河湖淼淼。

　木之下为本，木之上为末，木木木，松柏樟森森。

（合字法）一派气象

　　"浊、渔、本、末、淼、森"，运用拆字法，写各种水脉形成的浩渺，各种林木形成的繁茂，展现了自然景观的一派气象。

【交流步骤】

1.断句正确，熟读对联

2.自主选择，用心批注

3.同伴互学，欣赏补充

　　根据选择的内容，分组研讨，确立一名组长，安排人员任务和讨论：一个人主要负责说，一个人纪录修改，其他人补充完善，推荐一个代表发言。

4.全班交流，倾听评价

　　先读，再说。赏内容、赏写法、赏意境。听的人完善自己的批注或补充自己的意见。利用对联的特点，根据自己的赏析，看能否记住其中一副对联？总结主要利用对联的什么创作手法进行赏析。

5.总结对联的创作手法

【设计意图：利用对联特有的创作手法，从扶到放，学会从内容、手法、表达情感或主旨几个方面思考、批注，赏析对联。】

（二）利用故事情境赏对联

【具体内容】

1.韩信庙前的对联"生死一知己，存亡两妇人"是什么意思？

由于萧何的推荐，韩信被拜为大将，也由于萧何的计谋，韩信又惨遭杀害。韩信少时，穷得常常挨饿，"漂母怜而饭之"才得以生存，而最后功成名就又死于吕后之手。此联仅用寥寥十个字，就概括了韩信的一生，可见我们汉语富有何等的表现力！

2.金圣叹是明末清初的文学批评家。1661年，金圣叹因参与"抗粮哭庙案"被判处死刑。临刑前，儿女们来到刑场活祭，哀痛无比，他却非常从容。为了减轻死别时的凄惨气氛，他念出五个字要儿女们对："莲子心中苦。"儿女们止住啼哭，都急于对下联，但由于行刑时间已到，金圣叹只好自补下联："梨儿腹内酸。"你能说出"莲子心中苦，梨儿腹内酸"这副对联在此情此景中的意义吗？（"莲"和"怜"谐音；"梨"和"离"谐音）

【学习要求】

1.同伴商量，可以选择其中一个。

2.据此总结方法：还可以利用什么赏析？

【设计意图：学习联系人物事迹和当时场景赏析对联。】

【教师总结】

对联，小了说能表现一种雅趣、一种悠闲，大了说则呈现一派天地气象，一部人生历史。说它是中华传统经典语言艺术毫不夸张！试问哪一个国家，哪一个民族会有这样的语言艺术？

【选择积累】

刚才展示了很多对联，你能选择一两副你原先不知道的、文质兼美的对联背一背吗？展示。

品味欣赏水平高，也直接影响着创作水准。从创作水准，我们能看出赏析

水平。我们来小试牛刀。

四、创作考查赏析

【具体内容】

1. 利用故事对对子

金圣叹自幼聪慧，一次去应童子试，看见篱笆下开着一朵鲜花，连忙跑去摘下，边走边闻，不知不觉进了考场，忽见主考官（老宗师）坐在堂上，连忙将鲜花藏入袖中，谁知老宗师早已看得一清二楚，随口说道："小童子暗藏春色。"幼小的金圣叹已知事情败露，只好回答："老宗师明察秋毫。"老宗师听到对自己的夸奖，不禁大笑起来。

2. 反复推敲对对子

为下联各加一字作腰：

轻风（　　）细柳　淡月（　　）梅花

轻风摇细柳　淡月照梅花；

轻风舞细柳　淡月隐梅花；

轻风吹细柳　淡月染梅花；

轻风拂细柳　淡月映梅花；

轻风妆细柳　淡月饰梅花；

应该说都相当不错，但还不如：轻风扶细柳，淡月失梅花。"扶""失"都是极普通平常的字，但只要用得恰当，就能给人以丰富的美感。

写什么季节的？如果写一个季节，你怎么改？

【学习要求】

1. 选择一个，自己先考虑

2. 想不出来，或想寻求多种答案，可请教在座的老师

【设计意图：品味欣赏水平高，也直接影响着创作水准。从创作水准，我们能看出赏析水平，同时以此进一步激发学生深度思维，体现学生学习的不同水平。】

五、学生总结学习收获

通过这节课的学习，关于对联你又有什么新的认识？汉语对联是对大自然和谐之美的真正感应，是对社会生活中对称和谐之美的认识表现，为我们创造出了广阔无垠的对称和谐的新天地，可谓异彩纷呈。通过赏析，不仅帮助我们积累了丰富的语言知识，培养敏锐的思维能力，更能增强我们文学修养，滋养我们的稚嫩的心灵。

激发学生延伸自学：今天我们还只是初步赏析对联，如果你要有兴趣，建议你继续学习如对联的节奏、对联的风格等。你要想悟透它真正的艺术魅力，恐怕需要你一生的精力。赠送一组言志联（陶行知）：以宇宙为教室，奉自然作宗师。

【设计意图：鼓励学生读万卷书，行万里路，品丰富人生。】

六、板书设计

品味对联的艺术

赏内容——整体看，写了什么　　特点

赏手法——品字词，好在哪里　　手法

赏意境——多想象，体会情意　　背景

打开语文学习的另一扇窗

——《对联的艺术》教学反思

对联，它作为我国独特的语言文学艺术形式，历史悠久，源远流长，它所涉及的内容包罗万象。然而，随着清末学塾教育的消亡，对联作为一种教育教学方式也消失了。当今的小学生，对对联这一传统文化更是知之甚少，一般人是没有底气上的，因为它需要教师一定要有深厚扎实的文学素养，才能给学生高层次的点化，更需要学生入情入境的体会，真正参与其中，才能深切体会和品味对联的艺术。

一、独特的教学方式让我们耳目一新

在前一节引导这班学生进行对联入门学习的基础之上，我将这节课定位于"赏"，学生在"赏"对联的过程中，不仅陶醉于传统文化，而且充分体验发现新知的乐趣，感悟文学艺术的奇妙，品味创造成功的甘甜。整个教学设计循序渐进、环环相扣，教师运用读、思、赏、说、对等多种学习方式，让学生尽情品味，感悟对联的语言魅力和文化底蕴。孩子们在自主、探究的活动中，感悟到经典的无穷魅力。课堂上，在传统文化的浸润中，在富有诗意的语言引导下，一副副对联恰似一条条彩带，将学生的心连在一起，又像一杯杯陈年佳酿，飘荡着醉人的醇香。

这堂课主要由三大板块组成：

（一）初步赏析对联

我首先组织学生分成学习小组，合作交流自己积累的所喜爱的对联，并明确提出小组合作要求。而我选出的对联包含了较为丰富的内容，是不同角度的经典对联，这个经典既适合学生的理解，又能激发学生的兴趣，还满足了学生不同的需求。教师引导学生试着自主赏析，看学生是否在前一次指导基础上有方法，有提高，并通过自我评价来进行自我监控和自主学习，令学生在无形中感受着语言的魅力，在潜移默化中受到了启迪，真可谓"润物细无声"！

（二）深度品味名联

我精心选择，出示了八副对联，让学生自主选择一副对联，从内容、从手法、从意境，教师引导学生独立运用这些方法，进行赏析，并用心批注。随后，再一次自成小组，同伴互学，欣赏补充。此刻，教师把学习的空间完全交给了学生，孩子们或大声吟诵，或彼此切磋交流体会，他们精彩的评析、铿锵有力地诵读，无不令在场听课的老师啧啧称赞，他们也跟着孩子们一同品味、一同吟诵，徜徉在对联的世界中。此时的教室如同一个巨大的磁场，所有人的心随着经典名联，一起轻舞飞扬……一个季节、一餐美味、一腔豪情、一部历史、一处景观、一种雅趣——孩子们逐步感受到了中国对联的博大精深。

（三）创作考查赏析

有人说，一堂好课应像一篇文章的精彩结尾，要达到"文虽完但意无穷"

之效。一堂课虽然结束了，但它应留给学生更深的思考和长久的兴趣。这堂课的结尾应该有点睛之笔。我引导学生根据一个故事、反复推敲词语对对子，如果遇到困难，还可以和台下听课的老师共同切磋。这一环节的设计，全面调动了学生的积极性，他们个个情绪高涨，把课堂气氛推向了高潮。最后出示一句"轻风（ ）细柳，淡月（ ）梅花"，学生商量，竟然对出上十个妙对：轻风摇细柳，淡月照梅花；轻风舞细柳，淡月隐梅花；轻风吹细柳，淡月染梅花；轻风拂细柳，淡月映梅花；轻风妆细柳，淡月饰梅花；轻风扶细柳，淡月失梅花……孩子们真正感受到对联的意境，此时的他们，完全沉浸在创作的乐趣之中。这样的课，对学生的影响是深远的，这样别出心裁的学习形式，学生学对联怎么会不兴趣盎然呢？

二、诗化的课堂语言带给我们别样的享受

《品味对联的艺术》一课，所涉及的对联前后不下 30 条。这种大容量的课堂，学生非但不觉得累，反而越学越有劲，这源于我备课中对对联的钻研和学习，通过厚实的语文积淀，用诗一般丰富的语言营造了整个课堂。整个过程自然和谐，我始终用微笑和学生亲密接触，注重以学生为主体，关注学生所想、所说，不断用激励性的话语从正面加以引导，每当学生回答问题后，我都给予一定的评价，"你的知识面真丰富""你鉴赏的角度真是与众不同"—— 一句句看似平常的语言却蕴涵着教师对学生的赞赏，也真正做到了把课堂还给学生，让学生在轻松愉快的心情下掌握知识。尤其值得一提的是，从开始到结尾，我为学生提供了精当的点拨、指导，点在思路的开拓处，导在心灵的交流上。优美的语言，如同一块磁铁，吸引学生沉浸其中，震撼学生的心灵。"腹有诗书气自华"，试想，一个自身语言都贫瘠干涸，安于就事论事，墨守成规，照本宣科的教师是无论如何也难把课堂变得有滋有味的。反之，如果一个教师在课堂上往往出口成章，辞藻丰富，旁征博引，妙语连珠，收放自如，这样的课堂又怎能不吸引学生，怎能不是一节精彩的好课呢？

在对这节课的评议中，专家提出环节不要太多，尽可能浓缩一个环节，让学生深度思维，因为深度思维才可能呈现学生潜在的个性化，然而这种深度思维也需有度，针对六年级学生，在前一节课入门学习的基础之上，这节课便定

位于"赏"，每个学生"赏"的方法、"赏"的层次、"赏"的情趣不一样，但不管如何，都能使学生对中华传统经典语言艺术——对联有进一步的了解，在原有基础上进一步了解它丰富的内容，清楚它多样的手法，体会其美妙的意境，初步学会欣赏对联，并激发学生积累对联的兴趣，培养学生对中华传统经典语言艺术的热爱。

这节课，学生自始至终浸润在传统文化的氛围中，孩子们在教师的引领下学会以新的眼光，自觉地、主动地感受着母语文化、母语人文情怀、母语的审美特点，民族文化的精粹深深地印入学生的脑海中。丰富多彩的对联，为学生语文学习打开了一扇清新自然、色彩斑斓的窗子。

第四节 《一字褒贬》教学设计及反思

教学基本信息	
教师及指导教师	张迎春、李群
学段	小学第三学段　五年级
教材出处	《中华优秀传统文化》——北京师范大学出版社（2015 年 12 月）
一、指导思想和理论基础	

"我们期待这套教材能够帮助青少年儿童打开国学的大门，在祖先留下的浩如烟海的国学经典中吸取精粹，获得人生的启蒙，进而热爱经典，传承经典，用经典启迪智慧、厚积底蕴。"（教材编者的话）

国学教育的核心是精神和理想的教育。它不仅仅是教中国传统的知识和技艺，更是要传承中华传统文化的世界观、社会观和人生观。

二、教学背景分析

（一）教材分析

"文史典章"是北师大版中华优秀传统文化三年级上册的第三单元。包括《二十四史》《修史大家》《一字褒贬》《稗官野史》四课。从内容上看，先介绍所谓中国的"正史"包括哪些，二十四史对历史的指导意义，再以司马迁为例介绍如何修史，接着介绍中国历史中史官的两种修史方法：秉笔直书与春秋笔法。最后说明稗官野史是正史的补充。四课书形成对"文史典章"的完整介绍。

（二）学生情况分析

本课导读：孔子作春秋而乱臣贼子惧，直指经典原文。

经典原文：杜预对于《春秋》的评价和特点的总结。其中褒/衮/贬/斧钺是学生阅读的障碍。学生可以根据简析大致理解，但对于"华衮"的理解能更好帮助学生理解《春秋》中一个字的分量。进而了解为什么"孔子作春秋而乱臣贼子惧"。

拓展园地：这个栏目选用的是《秉笔直书》的历史故事。白话文，学生可以自己读通。其中"暴病而亡""崔杼弑君"需帮助理解。故事浅显，学生一读之下就能感受到几位史官宁可牺牲自己的生命也要坚持自己的信念——按照事实记录的伟大之处。对"直"字背后的分量感知却不足，需打通"事件——生命"之间的难得之处。

思考实践：介绍褒义词和贬义词，并积累褒义词和贬义词。与本单元"文史典章"的主题关系不大。

诗词长廊：李白的古风之一，选用最后四句"我志在删述，垂辉映千春。希圣如有立，绝笔于获麟。"这几句诗表达了自己愿意在有生之年，努力在文学上有所建树的愿望。内容上与本课内容有关联，但关联不紧密。采用学生自学的方式可以看到全诗，更好地理解诗句的意思。

汉字寻根：介绍汉字"贬"，这个字学生理解起来比较容易，而且只讲了"贬"的本义，对于学生的理解经典原文并无多大帮助，反而会旁生枝节。在研读教材的环节，我觉得"秉笔直书"一词中的"直"颇费思量，是那种似乎能明白，但是说不清楚的内容，因此请教专家，试图把这个字讲清楚。

三、教学目标（含重、难点）
教学目标： 1.读懂"经典原文"，理解《春秋》一字褒贬的含义。 2.通过秉笔直书的故事，理解史官为了维护历史的真实宁可献出生命。 3.感受史学家的风骨与正史的巨大影响，激发读史的兴趣。
四、教学流程图
（一）读《秉笔直书》，认识史官的信念 （二）读经典原文，知道孔子持严谨的态度做史书 　　1.学习理解经典原文 　　2.举例理解"一字褒贬" 　　3.体会"孔子作春秋而乱臣贼子惧" 　　4.理解今天的"一字褒贬" （三）拓宽视野，认识史官这一类人

《一字褒贬》教学过程

一、读《秉笔直书》，认识史官的信念

1.以《秉笔直书》的故事开头，激发阅读兴趣。

2.学生读故事。

3.叙述故事大意，知道有三位史官为了如实记录史实被杀，最后崔杼没辙了，让太史季回去了。

4.请学生谈谈对这个故事的看法。引导学生理解史官的信念"历史不能胡编乱造，应该按照事实记录"。

5.讲解"直"字，进一步理解成语"秉笔直书"及几位史官对于记录历史的态度。

【设计意图：从故事入手，更符合三年级孩子的特点。用故事激发学生对史官这一类人物的研究兴趣。对"直"字字源的引入，加深学生对"秉笔直

书"的态度的印象。】

二、读经典原文，知道孔子持严谨的态度做史书

1. 过渡，引出和介绍孔子。

2. 自己读经典原文。

出示注音版，解决读音问题——读简析后再读原文——展示读原文，检查句读是否正确——互相检查，能否读正确——解释意思——学生质疑，有没有想更深探究的字。理解"华衮""斧钺"。

【设计意图：对重点字的学习帮助学生理解春秋中一个字的分量。】

3. 说说孔子是怎样作《春秋》的。

4. 以《郑伯克段于鄢》的历史记录解释春秋如何一字褒贬。

5. 再读经典原文，体会"孔子作春秋而乱臣贼子惧"。

6. 理解成语"一字褒贬"。

【设计意图：对重点字的学习帮助学生理解春秋中一个字的分量。用一个历史故事"郑伯克段于鄢"帮助学生了解《春秋》是如何以一字见褒贬的，"孔子作春秋而乱臣贼子惧"表现的是古人对史书的敬畏，今人可能难以理解，也应该是学生理解的难点，让学生充分讨论，理解《春秋》的分量。】

三、把视野从一部《春秋》，几位史官，扩展到二十四史

1. 列举二十四史，直观史书之繁。

2. 借助词典后面的年代表，感受历史之长，史书之全。

3. 想象，史官们是抱着怎样的信念来记录历史的。

【设计意图：以史书之多引到史官之多，理解史官这一类人情怀。】

四、讨　论

借助时下的历史剧引发讨论，引导学生看正史，对电视剧中的历史要甄别，不能盲目相信。

五、布置作业

1. 积累褒义词和贬义词。

2. 朗读背诵《古风》查找资料理解诗意。

3. 推荐阅读林汉达的《中国历史故事集》。

六、板书设计

一字褒贬

史官

秉笔直书　　　　　　　　一字褒贬

真实反映　　　　　　　　惩恶劝善

史书

《一字褒贬》教学反思

一、少依赖网络，多回归经典——立好学习传统文化的根

在研究本课的时候，我查找了大量的资料。我查找资料分为两个阶段。一是依赖于网络查找的阶段。网上有大量的关于春秋的一字褒贬的资料，我从这个网页追到那个网页，一条一条的读，把自己认为有用的内容都摘下来，不仅读了网上的学术论文，还读了一些大的论坛中某些历史爱好者的长篇大论。第二个阶段，我抛下网络，拿起家里的《史记》，阅读了我课堂上涉及的所有篇目：《礼书第一》《齐太公世家第二》《鲁周公世家第三》《郑世家第十二》《孔子世家第十七》，读着读着，我就找到了网上那些评论的出处，我不用再看别人的对历史的看法，我已有了自己的看法。

网络得到资料很容易，搜索引擎的强大功能导致只有我们想不出的关键词，没有它找不到的相关内容。作为相关查找用，网络有它的优势。但是网上的东西或重复冗余，或标新立异，还是要谨慎使用。经典的阅读固然需要大量

的时间，需要自己从大量的文字中提取相关信息，但得到的是经过检验的比较权威的内容，更有利于我们自己的开发创造。

二、结合学情对教学内容进行筛选，能激发孩子的学习兴趣——立好孩子接受传统文化的根

我觉得这个内容对三年级的学生来说太难了。第一次，我把我自己找到的材料经过简单的筛检讲给学生听，学生坐在那里被动接受。第二次备课，我心中总是想着教学对象，想着这个内容我怎样才能让小孩子想听想学，想着学生在学习中可能会遇到什么样的困难，我应该提供怎样的帮助才能帮助学生进入下一步的学习，学生能就自己知道的内容发表自己的看法，课堂气氛活跃多了，也有很多的孩子真的开始对所学内容感兴趣，表示要回家继续学习。对学习的内容感兴趣，才能立好孩子接受传统文化的根。

第五节　《文学翘楚》教学设计及反思

教学基本信息	
教师	李红
学段	小学第三学段　六年级
教材	《中华优秀传统文化》——北京师范大学出版社（2015 年 8 月）

一、指导思想与理论依据

本教学设计是以《完善中华优秀传统文化教育指导纲要》为指导思想，以提高传统文化素养、传承中华民族优秀文化为基本目标，以语文学科为依托，秉承"把中华优秀传统文化教育系统融入课程和教材体系"的原则，培养学生文化素养，包括知识素养，人文素养，艺术素养，科学素养和信仰价值观。依托课程整合，开展素养的研究，即开展学科纵向的梳理与整合，"知人论世"。树立再创中华民族的辉煌的使命感，担负起"为往圣继绝学，为万世开太平"的责任和使命，以达学习中华优秀传统文化的本质。

二、教学背景分析

教材分析：

本套教材共分 8 个单元。其中 3—6 年级"科教篇"单元，分别为："教育智慧""数学奥妙""杏林春暖""天文历法"四个课时。六年级价值篇人文彪炳。包括：政坛英杰、文学翘楚、名仕风流和仁人志士四课。

本教学设计的课题是：价值篇《文学翘楚》。本课原典选自《唐才子传》，介绍唐代浪漫主义诗人李白从出生到"放归"时段的传记，"经典原文"由两部分组成，第一部分介绍了李白的出生、籍贯、履历等基本信息，第二部分介绍李白的个性"天才赡逸""任侠""日沉吟"与"傲放"的品性。重点聚焦诗人在长安时的经历。

原典之前是"经典导读"，之后编有"文华雅苑"和"拓展园地"补充介绍评价李白的《天才与奇才》与杜甫的《饮中八仙歌》，在"思考实践"中设置"挑选一首，说说你喜欢的理由"；"汉字寻根"栏介绍了"楚"字的起源，这些资源补充了"经典原文"，增加了原典的深度。

学情分析：

学生已有知识：经过课前学情调研组织翠微小学六年级一个班的学生梳理归纳李白诗歌作品，小学阶段共学习其古诗近 10 首，《小学生必备古诗 70 首》中包括李白诗句近 10 首，在第一学段就学习了《铁杵磨成针》等故事，对李白与酒，李白与朋友，李白的理想，李白与山水有了比较多的作品接触，所有的记叙都从诗中找到依据。

学生可能出现问题：

1. 其作品从学生竹马弄青梅时期就曾诵读"小时不识月，呼作白玉盘"等经典诗句，时至六年级，学生不足以根据原点与学过的诗句建立"知人论世"的联系，学生还不能从诗句中感受原典刻画的"任侠"与"豪气"，"天资聪颖""益傲放"与后世成就之间的联系，还难以主动从诗句、人生履历、性格进行大胆佐证！

2.学生难以了解人们崇拜李白的深层次原因：只有精神解放的民族才有希望，李白狂放不羁追求自由、平等的精神正是人们的追求；李白诗歌的想象力对中庸的中华民族是多么可贵，他为民族，为每个人提出了一个完全不同的样板："人可以这样活着！"

教学方式：本课拟以原典学习为主，根据原典内容，归纳梳理学过的诗句，建立诗与原典的联系。

教学手段：研读、分析、欣赏、诵读、归纳。

教学准备：自制教学课件、多媒体教学设备、学生研究资料等。

三、教学目标（含重、难点）

教学目标：

1.学习"经典原文"，了解李白基本履历，性格特点，赏析相关诗句，深刻理解李白是中国的"文学翘楚"。

2.建立作品与传记之间的联系，了解李白对中国文化的贡献。

3.学习"汉字寻根"，进行"日积月累"，积累"诗词长廊"，赏析"拓展园地"。

教学重点：学习"经典原文"《唐才子传》，了解李白履历与特点。

教学难点：李白被称为"文学翘楚"的独特贡献。

四、教学流程图

《文学翘楚》教学过程

一、整体感知，导入新课

1."经典导读"，导入新课。

2.解析"翘楚"，理解深意。

3.赏析余光中《梦李白》诗句。

【出示】酒入豪肠，七分酿成了月光，余下的三分啸成剑气，绣口一吐，就半个盛唐。

【设计意图：通过经典导读、文字解析后人的评价使学生初步感知李白在中国文学史上的崇高地位和伟大影响，创设情境使学生卷入"经典原文"，引发探究兴趣。】

二、新授内容，形成认知

（一）"《唐才子传》原典"学习

1. 教师范读"《唐才子传》原典"，解析基本内容。

2. 学生聚焦《唐才子传》李白履历。

【设计意图：了解、诵读"《唐才子传》原典"，了解原典内容，提高学生对文言的阅读理解能力和对李白人生履历的初步认知。】

（二）《唐才子传》内容学习

1. 了解本原典记叙的是李白从出生到"放归"的人生阶段。

出生→自蜀至长安→放归

2. 了解原典对李白特点、性格的描写，以诗佐证。

（1）日沉饮

①理解字面意思——"沉"。

②以"长安"为临界点，了解两个阶段"沉饮"状态。

【出示】第一阶段：

饮酒量大：

自己说：三百六十日，日日醉如泥。（《赠内》）

自己算：百年三万六千日，一日须倾三百杯。

自己讲故事：襄阳小儿齐拍手，拦街争唱《白铜鞮》。旁人借问笑何事，笑杀山公醉如泥。

自己的理论依据：天若不爱酒，酒星不在天。（《月下独酌四首》）

喝酒的形式多：

独酌：花间一壶酒，独酌无相亲。

对酌：两人对酌山花开，一杯一杯复一杯。

一群人喝：岑夫子，丹丘生，将进酒，杯莫停。

【推荐资料】

高兴喝：好鞍好马乞与人。

痛苦喝：但愿长醉不复醒。

有钱喝：十千五千旋沽酒。

没钱去朋友那里喝：主人为何言少钱？

【出示】第二阶段：供奉翰林以后

聚焦经典原文内容：大醉上前，草诏，使高力士脱靴。

资料引入：《旧唐书》白既嗜酒，日与饮徒醉于酒肆。玄宗度曲，欲造乐府新词，亟召白，白已卧于酒肆矣。召入，以水洒面，即令秉笔，顷之成十余章，帝颇嘉之。

（2）任侠

①"以文解文"，理解"任侠"意思。

【出示】任，士损己而益所为也。——《墨子·经上》

任，为身之所恶（è）以成人之所急。——《墨子·经说上》

②理解"任侠"在李白心中分量。

【出示】感君恩重许君命，太山一掷轻鸿毛。

③李白讲任侠的故事。

介绍自我经验：脱身白刃里，杀人红尘中。当朝揖高义，举世称英雄。

介绍父亲事迹：《侠客行》。

介绍女侠故事：《秦女休行》。

教师小结：李白心中的英雄就是一诺千金的刺客，是仗义行侠的侠客，是知恩图报的义士。这就是侠肝义胆。

【设计意图：从历史和李白自己对"任侠"的定义了解何为任侠，从李白自己的故事、父亲的故事、女侠的故事三个维度窥见任侠植根于李白的血液中，诗人与侠客合为一体。】

（3）傲放

①理解"经典原文"中的"傲放"。

②从高力士态度的对比中和对杨贵妃的评价中感受傲放。

【出示】"李白，狂士也。方高力士用事，公卿大夫争事之，而太白使脱靴

殿上，固已气盖天下矣。"——《李太白碑阴记》苏轼

"雍容揄扬，特见褒赏。为贱臣诈诡，遂放归山。"——《为宋中丞自荐表》

诗文《古朗月行》

【设计意图：通过权臣、皇亲国戚对高力士的谄媚之态与李白公然称其为"贱臣"，以及对杨贵妃兄妹的"蟾蜍"评价中了解李白对权贵、权臣的蔑视。】

③在难以理解的嬉笑怒骂诗句中感受傲放。

推荐朗读《笑歌行》《悲歌行》。

小结：时儿笑，时而哭，这笑，是冷嘲热讽，是狂歌当哭。

（4）天才赡逸

①回顾李白《铁杵磨成针》的故事，感受其刻苦。

②"以文解文"在唐汉两个天才对比中了解其"赡逸"的天才。

【出示自荐信】少长江汉，五岁诵六甲，十岁观百家。轩辕以来，颇得闻矣。常横经籍书，制作不倦，迄于今三十春矣。——《上安州裴长史书》

【出示汉天才】八岁入小学，学六甲五方书计之事。——《汉书·食货志》

欢年六七岁，知六甲。——《南齐书·高逸·顾欢传》

小结：李白做什么都是这样，要么不做，做就很认真、很投入。要么不喝酒，喝酒就喝个烂醉；要么就不写诗，写诗就一鸣惊人。要么就不读书，读书就非常投入。后来他获罪入狱，在牢里还写诗，读书。

【设计意图：从原典中提取信息后，用学过的或教师介绍推荐的相关内容诗句加以佐证，使学生了解诗句就是诗人情感心路的写照，建立人与诗的联系。】

（三）建立性格与翘楚的联系，引发深层次追问

1.归纳总结李白的性格和天分与文学翘楚中的必然联系。

2.归纳总结李白的诗句对中华民族的影响。

问题：从李白的性格特点发现其在中华民族的独特之处。

提示：为什么中国只有一个李白？

【出示】《己亥杂诗》龚自珍

【设计意图：通过诗人龚自珍对"万马齐喑"的悲哀和呼唤"不拘一格降人才"的渴望，对比李白的傲然传世是源于包容的"盛唐气象"，进而感悟到社会的文明程度高才能涌现更多的人才。】

3. 总结归纳其"创新"思想。

梁启超《少年中国》呼唤的是"豪气，进取，日新，破格"精神。

【设计意图：通过对李白精神的树立，理解只有盛唐气象的包容情怀才能有这样伟大的艺术形式出现，进而引发学生的思考，产生再造盛唐的使命感。】

4. 在诗歌中定论李白。

【出示】昔年有狂客，号尔谪仙人。笔落惊风雨，诗成泣鬼神。（杜甫《寄李十二白二十韵》）

三、作业：根据自己的爱好选择其中之一深度阅读

1.《唐才子传》全文。

2.《梦李白》（余光中）。

3. 杜甫《寄李十二白二十韵》。

4. 书后"文华雅苑""思考实践""拓展原地"推荐内容。

《文学翘楚》教学反思

一、依托语文学科开展中华传统文化的研究

传统文化传承实践研究各个学科都有所涉及，语文学科探索较为丰富。《义务教育语文课程标准》明确"语文课程对继承和弘扬中华民族优秀文化传统和革命传统，增强民族文化认同感，增强民族凝聚力和创造力，具有不可替代的优势"。《语文课程标准》指出："语文课程应致力于学生语文素养的形成与发展。"其中"语文素养"以其广泛的范围，丰富的内涵，与传统经典的文化品位和文化修养形成了高度的契合。本课在授课前，学生已经掌握大量的李白诗歌和李白其人等学习材料，本课以"经典原文"的《唐才子传》的节选

内容为支点，帮助学生厘清了李白从出生到"放归"阶段的人生履历、性格特征，为学生掌握的已有的诗歌和性格内容进行归纳，是学生了解作品体现的是李白的哪些性格特点，形成了语文诗歌的学习和传统文化学习的高度互相印证与补充。

二、充分发掘教材内外的资源聚焦人物形象

《中华优秀传统文化》教材从"经典导读""经典原文""拓展原地""诗词长廊""思考与实践""文化雅苑"及"汉字寻根"等多板块内容组成。在教学中，教师将教材内容进行整合，以"经典导读"引入，运用"汉字寻根"中的"说文解字"和"汉字起源"探寻"翘楚"的意思。当学生理解"翘楚"是对李白文学成就的高度评价时，教师引入台湾诗人余光中《梦李白》的评价展开探究——为什么李白"绣口一吐就半个盛唐"，引导学生走进"经典原文"发现李白的性格与其成就之间的必然联系。原典从"天才赡逸""喜纵横""任侠""傲放"四个方面介绍李白，在每一个方面，教师都引入大量的李白诗篇加以佐证。比如，当讲到"日沉吟"的时候，教师将李白各类诗歌进行分类，划归成"自己算""自己说""自己讲醉酒的故事"等，并推荐饮酒的形式"独酌""对饮""群饮"等类型的诗句，进而推衍到春夏秋冬喜怒死乐都"沉饮"其中，李白饮酒的形象顿时跃然眼前；再比如，讲到李白"傲放"时引入苏轼、唐玄宗传及李白的书信等说明其"不事权贵"的性格。通过前人的记叙，后人的评价，自己的述说等多种形式，把抽象的概括和定义具化到事件、诗句上，内容落位深入浅出。

在教学流程后期，以作业的形式，将概览李白引向一首诗看李白的深度，一群人看盛唐的广度，把课堂教学从课堂引向课外。

三、注重人与诗人与社会的深度追问

以往的教学中，往往有两个盲点。第一，或聚焦李白，或聚焦李白的诗歌，缺乏李白性格与诗歌之间建立联系。本课就从"经典原文"入手，先让学生谈一谈对李白诗歌的印象，学生都认为自由、奔放、想象力是核心词语。在教学中，通过"经典原文"对李白的性格的客观呈现，以"以文解文"的形

式，建立了诗歌与性格之间的联系，进而理解，正是这样的性格才造就了这样的诗歌风格，对诗人、诗歌形成了纵向的架构。

以往教学的另一个盲点是缺乏为什么看李白，李白给中华民族带来的精神文化是什么的追问。在本课的教学中，教师深度追问了李白现象的根源，学生在老师的讲解下了解，这是思想高度包容的"盛唐气象"造就了唐代一大批优秀诗人，又以清代龚自珍《己亥杂诗》表达的对人才的渴求，思考不是没有人才，而是社会的包容度的问题，潜移默化地使学生树立了再造盛唐的使命感。

此外，本课属于文学范畴，小学生没有足够的知识储备和资料归纳的能力，因此，本课教师不回避讲授形式展开教学，呈现的是真汲取，去"伪互动"的课堂现象。

第六节　《小说荟萃》教学设计及反思

教学基本信息	
教师	于爱民
学段	小学第二学段　三年级
教材出处	《中华优秀传统文化》——北京师范大学出版社（2015年12月）
一、指导思想和理论基础	

习近平主席指出：一个国家、一个民族的强盛，总是以文化兴盛为支撑的，中华民族伟大复兴需要以中华文化发展繁荣为条件。《中华优秀传统文化》教材及每一位执教者都背负着民族的希望——弘扬中华优秀传统文化。

本教学设计为贯彻落实教育部《完善中华优秀传统文化教育指导纲要》，借助教材，借助多学科的整合，以文化课堂的建构实现对学生核心素养的培养，达到文化育人的目的。

"小说荟萃"这个主题太大了，一节课40分钟如何承载？"弱水三千只取一瓢"。我以《四大名著》当中的《三国演义》为突破口谈古论今；以学生乐于接受的教学方式丰富课程资源，从海量信息当中筛选与本节课相关的内容，意在启蒙、教化学生，为他们今后走近中华优秀传统文化奠定基础。

二、教学背景分析

教材分析：

三年级下册教材共四个单元，分别为礼俗篇、文史篇、社会篇、思想篇。本课选自文史篇"古典文学"主题单元下的第三篇主体课文——《小说荟萃》。"荟萃"是会集、聚集的意思。"弱水三千只取一瓢"。教师在统观教材的基础上，寻求牵一发而动全身的作品——《三国演义》。在课堂上，充分发挥多媒体直观、形象、生动的优势丰富课程资源，借助学生喜闻乐见的形式——微视频、评书选段、演唱、书法作品、精美的图片等与之互动，使学生能够多角度了解小说的本质、特征、创作过程、发展规律等相关理论，并借助《三国演义》的推介方法解决学生当中存在的怎样选书、怎样读书的问题；通过教学让学生利用获得的方法阅读、赏析其他文学作品，使中国古典文学特有的诗情与智慧的光芒影响广大青少年。

学生情况分析：

1. 经过课前学情调研知道翠微小学三年级学生对中国古代小说有浅显的了解。他们在二年级上学期语文学科第8单元"书的世界"中认识了中国的四大名著。部分学生或通过阅读少儿版的书籍；或借助影视作品；或通过评书、相声等文艺形式对部分作品有接触并对古典文学感兴趣。

2. 学生的学识所限，对文言阅读有较大的困难，对文字所表达的意思更加难懂。因此，在课堂上借助教师讲解，多媒体课件辅助教学，帮助学生感受古典文学的魅力，使学生自觉成为传承中华优秀传统文化的小使者。

三、教学目标（含重、难点）
教学目标： 　1.学习教材中"经典原文"，感受"三国事"在民间的影响力。 　2.学习"汉字寻根"，领略"诗词长廊"，了解"经典导读"，参与"思考实践"，自主"拓展园地"。 　3.借助小说了解中国灿烂的古典文学及相关理论，自觉成为传承中华优秀传统文化的小使者。 教学重点与难点： 　1.教学重点：学习"经典原文"《东坡志林》，感受"三国事"在民间的影响力。 　2.教学难点：借助小说了解中国灿烂的古典文学及相关理论。

四、教学流程图

一、话说三国	了解三国关键事	
	引出小说的概念	
	引出"经典原文"	
	探究题材来源	
二、戏说三国	汉字寻根，理解"说"字	
	播微视频，呼应经典原文	
三、正说三国	引用资料，评价历史人物	
	引导学生，评价历史人物	
	出示年表，了解小说创作	
	根据纪年，梳理创作过程	
	史书小说，对比感受魅力	
	评书选段，参与思考实践	
	填写表格，比较它们异同	
	探究小说，拥刘反曹成因	
	分析小说，了解写作特点	
	汉字寻根，进行关联学习	
	关联三国，欣赏其他艺术	
	比较优势，推荐四大名著	

《小说荟萃》教学过程

一、话说三国

1.通过"诗词长廊"引出中国的四大名著之一——《三国演义》，借助小说当中的精彩片段了解三国事。

出示：

诗词长廊

临江仙·滚滚长江东逝水

[明]　杨慎

滚滚长江东逝水，浪花淘尽英雄。是非成败转头空。青山依旧在，几度夕阳红。

白发渔樵江渚（zhǔ）上，惯看秋月春风。一壶浊酒喜相逢。古今多少事，都付笑谈中。

读过小说的学生知道《临江仙·滚滚长江东逝水》出现在《三国演义》的篇首。教师手绘三国时期的地图，让学生了解小说的三要素之一——环境。

板书：

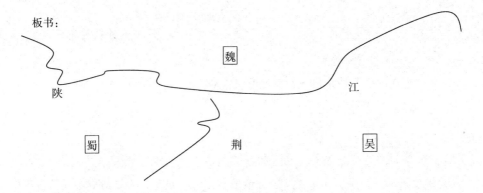

教师在学生简述《三国演义》精彩片段的基础上补充，让学生了解小说的三要素之——情节、人物。

依次板书：

桃园结义、旁敲侧击、三顾茅庐、舌战群儒、单刀赴会、刮骨疗毒

2. 由《三国演义》引出小说的概念，解读晦涩难懂的词句。

出示:

"小说"一词最早出现于《庄子·外物》。庄子认为琐屑浅薄的言论与小道理皆微不足道,故谓之"小说"。

到了东汉,桓谭在中认为《新论》小说仍然是"治身理家"的短书,而不是为政化民的"大道"。

班固在《汉书·艺文志》中认为小说是"街谈巷语、道听途说者之所造也",触及小说讲求虚构,植根于生活的特点。

3. 由小说概念中的关键词引出"经典原文",教师解读。

涂巷中小儿薄劣,其家所厌苦,辄与钱,令聚坐听说古话。至说三国事,闻刘玄德败,颦蹙(píncù)有出涕者,闻曹操败,即喜唱快。以是知君子小人之泽,百世不斩。

——苏轼《东坡志林》

4. "经典原文"情景再现,探究题材来源。

出示:

【说书】㈠汉成帝时召郑宽中张禹说尚书论语于金华殿中,为说书之始。宋有崇政殿说书,景祐元年置,掌进读书史,讲释经意,备顾问应对,相当于后世经筵讲官。参阅宋史艺文志二。㈡旧时艺人在庙宇、茶肆中讲史或说故事,俗称为说书。宋缺名西湖老人繁胜录瓦市:"常是两座勾栏,专说史书。"

【设计意图:通过"诗词长廊"引出教学主题——小说,借助板书呈现小说三要素并积累相应成语;追根溯源了解小说的概念;借助"经典原文"感知三国事在民间的影响力,为进一步学习小说的相关理论打基础。】

二、戏说三国

1.汉字寻根。

出示：

汉字寻根

shuō
说（説）——用话来表达意思。

| 篆书 | 隶书 | 楷书 |

2.播微视频《三国演义》片段，呼应"经典原文"中的语句。

涂巷中小儿薄劣，其家所厌苦，辄与钱，令聚坐听说古话。至说三国事，闻刘玄德败，颦蹙（píncù）有出涕者，闻曹操败，即喜唱快。以是知君子小人之泽，百世不斩。

——苏轼《东坡志林》

儒家思想认为君子是人格高尚、道德品行兼好之人。

涂巷中小儿薄劣，其家所厌苦，辄与钱，令聚坐听说古话。至说三国事，闻刘玄德败，颦蹙（píncù）有出涕者，闻曹操败，即喜唱快。以是知君子小人之泽，百世不斩。

——苏轼《东坡志林》

儒家思想认为君子是人格高尚、道德品行兼好之人。

《三国志·蜀志·诸葛亮传》："亲贤臣，远小人，此先汉所以兴隆也；亲小人，远贤臣，此后汉所以倾颓也。"

【设计意图：通过"汉字寻根"中的"说"字调动学生课堂参与的积极性，让学生从"经典原文"中找"说"的内容——三国事，感受三国事深受百姓喜爱，借助"经典原文"中的文字及微视频了解苏轼生活的北宋时期，民间对于三国人物的评价，为接下来理解罗贯中"拥刘反曹"做准备。】

三、正说三国

1. 出示百度百科资料，客观评价历史人物。

出示：

曹操是东汉末年杰出的<u>政治家、军事家、文学家</u>，三国中曹魏政权奠（diàn）基人。

曹操<u>精兵法，善诗歌、散文</u>，开启并繁荣了建安文学，史称<u>建安风骨</u>。鲁迅评价其为<u>"改造文章的祖师"</u>。

刘备：三国时期蜀汉开国皇帝、政治家。史家又称他为先主。

孙权：三国时代东吴的建立者，亦善书。

2. 解读评语，补充部分曹操作品及成语典故，引导学生客观评价历史人物。

曹操的文学作品主要是一些诗歌比较出名：如《薤露行》《蒿里行》《苦寒行》《步出夏门行》《度关山》《对酒》《短歌行》等。很多已经被选入中学课本，有众多的莘莘学子在诵读曹操的作品。

板书：割发代首

3. 出示历史纪年表，了解小说的创作过程。

出示：

部分朝代		起讫年代	三国故事对后世的影响
汉	西汉	公元 206—公元 25 年	
	东汉	公元 25 年—220 年	黄巾起义开始
三国		公元 220—280 年	刘备、曹操、孙权夺天下
晋朝		公元 265—420 年	陈寿写史书《三国志》
南北朝		公元 420—589 年	裴松之为《三国志》作注
宋	北宋	公元 960—1127 年	苏轼《东坡志林》
	南宋	公元 1127—1279 年	
元朝		公元 1206—1368 年	罗贯中写小说《三国演义》
明朝		公元 1368—1644 年	罗贯中写小说《三国演义》

4.学生根据历史纪年表梳理出小说的创作过程。

生排列：三国事、《三国志》《裴注》《三国演义》

5.借助史书的记载与小说情节的对比感受小说的魅力。

出示：

（1）成功地塑造了众多的人物形象。全书写了四百多人，其中主要人物都是性格鲜明、形象生动的艺术典型。

（2）长于描述战争。全书共写大小战争四十多次，展现了一幕幕惊心动魄的战争场面。

（3）结构宏伟壮阔而又严密精巧。时间跨度长达百年。

（4）语言精练畅达，明白如话。

……

6. 通过评书选段参与"思考实践"。

播放音频《三国演义》片段——三顾茅庐

出示："思考实践"

我要讲的三国故事	
故事名称	
关键人物	
发生地点	
具体事件	
我的感受	

7.展示学生填写的表格，比较小说与史书的异同。

8.了解小说中"拥刘反曹"的成因。

梳理板书：改变板书中桃园结义、旁敲侧击、舌战群儒、单刀赴会的位置。

板书：仁、智、义

9. 了解《三国演义》的写作特点。

板书：七实三虚

出示：艺术的真实非即历史上的真实。——鲁迅

10. 由《三国演义》引出"四大名著"。

11. 汉字寻根。

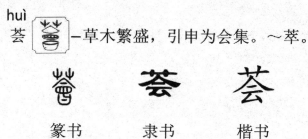

汉字寻根

huì

荟 ［图］—草木繁盛，引申为会集。～萃。

篆书　　　隶书　　　楷书

12. 欣赏明清时期插图本《三国演义》及"诗词长廊"的唱词、书法作品。

13. 感受小说强大的生命力。

出示：

小说：以刻画人物形象为中心，通过完整的故事情节和环境描写来反映社会生活的文学体裁。

小说：按照篇幅及容量可分为长篇、中篇、短篇和微型小说。

小说：按照表现的内容可分为科幻、公案、传奇、武侠、言情、同人、官宦等。

小说：按照体制可分为章回体小说、日记体小说、书信体小说、自传体小说。

小说：按照语言形式可分为文言小说和白话小说。

小说刻画人物的方法：心理描写、动作描写、语言描写、外貌描写、神态描写。

小说与诗歌、散文、戏剧，并称"四大文学体裁"。

14. 教师比较史书与小说的各自优势，推荐"四大名著"。

后世人研究历史依据史书。

良史 以实录直书为贵

——［唐］刘知几《史通·惑经》

《史记》西汉·司马迁（130 卷）

《汉书》东汉·班固（100 卷）

《后汉书》南朝宋·范晔（120 卷）

《三国志》南晋·陈寿（65 卷）

《晋书》唐朝·房玄龄等（130 卷）

《宋书》南梁·沈约（100 卷）

《南齐书》南梁·萧子显（59 卷）

《梁书》唐朝·姚思廉（56 卷）

《陈书》唐朝·姚思廉（36 卷）

《魏书》北齐·魏收（114 卷）

《北齐书》唐朝·李白药（50 卷）

《周书》唐朝·令狐德棻等（50 卷）

《隋书》唐朝·魏征等（85 卷）

《南史》唐朝·李延寿（80 卷）

《北史》唐朝·李延寿（100 卷）

《旧唐书》后晋·刘昫等（200 卷）

《新唐书》北宋·欧阳修、北宋·宋祁（225 卷）

《旧五代史》北宋·薛居正等（150 卷）

《新五代史》北宋·欧阳修（74 卷）

《宋史》元朝·脱脱等（496 卷）

《辽史》元朝·脱脱等（116 卷）

《金史》元朝·脱脱等（135 卷）

《元史》明朝·宋濂等（210 卷）

《新元史》民国·柯邵忞（257 卷）

《明史》清朝·张廷玉等（332 卷）

【设计意图：通过丰富的课程资源让学生明白小说是文学体裁之一，精辟、

典雅、形象的文艺理论可以帮助学生了解中国灿烂的古典文学，呼唤学生走近中华优秀传统文化，自主阅读名著。】

四、板书设计

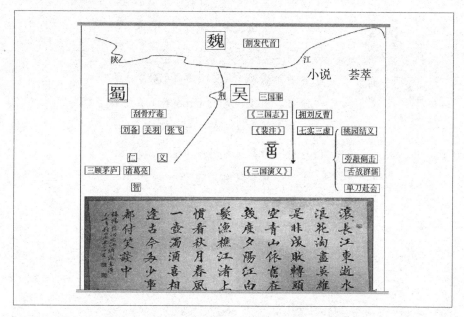

《小说荟萃》教学反思

中华传统文化是中华文明成果根本的创造力，是民族历史上道德传承、各种文化思想、精神观念形态的总体。首先应该包括思想、文字、语言，之后是六艺，再后是生活富足之后衍生出来的书法、音乐、武术、曲艺、棋类、节日、民俗等。传统文化与我们生活息息相关，融入我们的生活。

习近平主席指出，培育和弘扬社会主义核心价值观必须立足中华优秀传统文化。他说，博大精深的中华优秀传统文化是我们在世界文化激荡中站稳脚跟的根基；深入挖掘和阐发中华优秀传统文化讲仁爱、重民本、守诚信、崇正义、尚和合、求大同的时代价值。（2014年2月24日）学习和掌握其中的各种思想精华，对树立正确的世界观、人生观、价值观很有益处。学史可以看成败、鉴得失、知兴替；学诗可以情飞扬、志高昂、人灵秀；学伦理可以知廉耻、懂荣辱、辨是非……（2013 年 3 月 7 日在中央党校建校 80 周年庆祝大会暨 2013 年春季学期开学典礼上的讲话）我很不赞成把古代经典诗词和散文从课本中去掉，"去中国化"是很悲哀的。应该把这些经典嵌在学生脑子里，成为中华民族文化的基因。（2014 年 9 月 9 日，习近平主席到北师大看望教师时说）几天后，在出访途中万米高空的专机上，习近平与记者交谈说："古诗文经典已融入中华民族的血脉，成了我们的基因。我们现在一说话就蹦出来的那些东西，都是小时候记下的。语文课应该学古诗文经典，把中华民族优秀传统文化不断传承下去。"

可喜的是北京师范大学出版社出版了系列教材——《中华优秀传统文化》，从小学阶段到高中毕业一以贯之地向学生传播传统文化，培育核心素养。

一、板书浓缩主题的精华

教师将教学板书设计成思维导图。将 40 分钟传递的信息量浓缩成板书。学生借助板书就可以明晰这节课的思维轨迹，领悟教材传递的文化内涵。

二、将教材安排的各个板块有机融入教学中

1."思考实践"中读小说，学成语板块以散点式分布在教学进程中，活用教材。

2."经典原文"反复出现，帮助学生由浅入深地研读，并成为串联各个板块的魂。

3."经典导读""拓展园地"中的内容高、大、上，在学生真正进入"小说荟萃"这个氛围时再出现是最佳时机。

4."思考实践"虽是讲三国故事填写表格，但同时是让学生拿史书与小说进行对比，感受五个字与三千多个字的区别。一个环节多个目的性。

5."诗词长廊"首尾呼应，使课堂结构严谨。入课出"诗词长廊"是因为它为小说《三国演义》定调了，结课出现是为学生欣赏唱词、书法作品服务。别小看这短短的一两分钟，学生可能就此爱上了诗词，爱上了书法。

6."汉字寻根"再开发，补充了教材以外的"言、荟"两字，为主题服务。

三、充分调动学生的课堂参与度，借助各个教学环节与之互动

1. 由学生口中说出三国的人或事；听学生谈对小说的看法；创设情景引发学生想象……

2. 听评书提取主要信息，师生互动、生生互动，深度了解小说情节。

3. 梳理史实，借助历史纪年表还原历史真相。

四、思辨的思想，正确的价值观

1. 对曹操这个人物的处理。让学生更加客观地去评价历史人物，不要因为小说而误判了古人。

2. 古今对比，各有千秋——《三国志》《三国演义》满足不同人群，没有谁好谁不好之说。

3. 对小说概念的认识——由古之轻视到今之客观。

4. 对《三国演义》故事情节的再认识——允许有虚构成分，因为它是一种文学体裁之一。

五、补教师的文化空白——读中华书局的《三国志》

总之，通过多学科（文、史、哲、地理、书法、音乐、美术、艺术、逻辑推理、影视欣赏）融合给学生强大的震撼力！抓住学生的心，相信他就会自觉地走近传统文化，同时为中华优秀传统文化骄傲，为自己是中国人自豪！

引用贾平凹的一段话———一切都在与历史对话，调整我的时空存在，圆满我的生命状态。

第六章　经验总结

中国传统文化源远流长，一以贯之；无数文化著作如同浩瀚宇宙中的璀璨繁星，仰之弥高，钻之弥坚。它们蕴含的为人之道，或高同灯塔，或低如灶台，远如通天神明，近若人间烟火，登朝堂，穿陌巷，启示后人，钩深致远。

中华优秀传统文化当今被提到一个前所未有的崭新高度，北京市海淀区翠微小学肩负使命、因势利导，引领老师们带着问题读书钻研，力求将其间道理以喜闻乐见的方式传达、感染给学生。本章节主要是教师在传统文化学习培训、课堂实践中的感受认知，既尊重经典要义，又有自己独特阐发，既有独自学习，也有讨论交流，还有传道授业，深入浅出地将各种国学精粹融会贯通、发蒙启蔽。

首先，周金萍副校长从课程管理的角度阐发了传统文化在学校的推进，引领教师在传统文化"主题探究"的课堂教学策略的研究中，以《大国工匠》为蓝本，提出了崭新思路：对接人格发展，明确教学价值——追问研讨；切入现实话题，提出探究方向——现象发掘；聚焦整合资源，探究发现本质——纵横对比；例子举一反三，获得灵动智慧——情境创设。通过传统文化课程延展，使学生们形成知、情、意、行的统一。让教师在课程架构的基础上聚焦课例研究，使课程真正落地生根，也给教师教学提供强有力的拐杖，举一反三，受益终身。

如何通过古诗词的积累和吟诵，学生育心养性呢？周金萍副校长强调这是人生关键期极有眼光的精神投资。面对当今环境中诗教面临的历史与现实的问题：师资缺、碎片化、兴趣淡、课时紧等一系列难题，学校从四个方面进行了尝试，破解这些难题。如，编写教材，评价激励；固化时间，专时专用；师资培训，方式多样；活动促进，平台展示。采用多种形式，让师生共同在积累诵读中修身养性，厚实积淀，学以致用，富有美德、美性、美行、美言，达到习总书记所阐述的"学诗可以情飞扬、志高昂、人灵秀……"

书法和篆刻是传统文化传承中动手操作的技艺。这是翠微小学校本课程的内容。王浩老师在书法课堂上推陈出新，自主研发了《翠锦心画——硬笔楷书入门》的校本，通过硬笔校本教材开发的重新解读、硬笔课程开发的价值取向、发挥学生的自主性和培养学生做练习的兴趣四个方面，结合小学生特点，展现教师教学个性特长，融会学校别具一格的办学特色，让同学们在笔走龙蛇间，深切体会国粹带给内心的恬幅无华、纸上春风。

王朋老师从篆刻的特点出发，进行学生作业作品的改革，设计了搜集性作业、书写性作业、默写性作业、选择性作业、实用性作业，通过多样化、个性化的作业形式，鼓励学生通过搜集资料、研习书法、临摹印文、多重选择、亲自设计等多种手段，于精雕细琢间磨砺品性、焕发性灵。

如果说古诗词言简意赅，古典诗词则是另一种高度凝练的寄情文体，它之所以动人，在于其背后蕴涵的美好人性，对学生们情感熏陶、精神升华、品格塑造起到无可替代与无法估量的润物细无声的作用。周金萍副校长通过阐述优良的品格与古典诗词的关系，以及如何用古典诗词进行品格教育两大方面，列举大量的实例来说明，如何引导学生通过咏诗、感受、想象，结合现在的生活，体会各种情境，学以致用，达到一种精神层面的升华与享受。

此外，许多描写传统习俗的诗词亦流传于世，成为传统文化的宝贵财富。洪晓雪老师以描写清明的古诗词为切入点，引出其衍生出的吃冷食、祭坟、踏青等习俗，教会学生以诗识节，以节窥礼，通过参与其中去解读华夏民族千年积淀的丰厚情感，让华夏古国悠悠千年文脉传承弘扬，绵延不绝。

《论语》作为国学经典，地位至高无上。翠微小学传统文化阅读沙龙小组的诸位老师就《论语心读》中的教育专题，围绕"教育目的（君子之教）""教育对象（有教无类与因材施教）"和"教育时机（不愤不启、不悱不发）"三项主题展开了研讨，站在专业教师的角度，结合当代学生特点，通过呈现传统教育理念，提出现实教育困惑，深度互动研讨解疑，对这部必传之作进行了深刻解读。《论语》中的许多小故事，引发了老师们深深的共鸣，并将这些思考引入课堂，去关注每一个孩子德行的养成，教会他们明晰黑白、知行合一。

所谓孔孟不分家，通过习读《孟子》，我们看到一位游学四方，劝行王道的忧国之士。张迎春老师撰写的《孟子治国思想与外儒内法》从三个方面交流了学习《孟子》后的体会：儒家思想在封建统治时期的尴尬地位——外儒内法；儒家对人的要求太高是儒家思想停留在治国表面的根源；儒家对人的要求高是统治者需要以儒家为表的根本。虽然理想与现实并不能完全契合，但我们依然要引导学生研习孔孟之道，于小言之是进德齐家，于大言之则是修业治国。

同为儒家经典，《中庸》则是一部道德哲学专著，它告诫人们至诚至性，行乎当行，止乎当止。周金萍副校长力求通过"合道而教、与情绪共舞、天性与教化的二元一体"三个方面，努力去找每一个孩子的平衡点，贯穿于教育当中，就是要修道为教，对不同天性的孩子进行不同的调整，以达到契合；力求中和，让学生学会自我调剂情绪；"诚""明"一体，让学生在能力与内心的修为中真正认清本我。

传统文化是一个国家、一个民族的精神内核，身为一名小学教师，作为知识的传承与宣讲者，捍卫传统文化，我们义不容辞！我们之所以如此执着地守护着传统文化这一方净土，就是源于对文化传承的尊重，源于对学生重要启蒙期的责任！我们希望自己能成为孩子们与传统文化之间的营养纽带，看到传统不息、代代相传！

北京市海淀区翠微小学　周金萍

感知精神内核 获得人生智慧

——传统文化"主题探究"的课堂教学策略的研究

北京市海淀区翠微小学 周金萍

文化主题探究类的课堂实践，小学涉及比较少，但我们认为很重要，尤其在五六年级开始形成抽象思维的阶段，必须有对人生本质探究的渗透，这颗种子需要埋下。我们做了一系列课例研究，"工匠精神""中庸之道""日行一善""比德于玉""实用主义""义利之辨""敬以直内"……并形成了这类型课的基本思路和策略方法，以一个课例《大国工匠》来阐述其策略方法。即，

对接人格发展，明确教学价值——追问研讨；

切入现实话题，提出探究方向——现象发掘；

聚焦整合资源，探究发现本质——纵横对比；

例子举一反三，获得灵动智慧——情境创设。

一、对接人格发展，明确教学价值

人格发展是永恒持久的价值，更是我们教学价值所在。这个价值从哪里来？我们的方式就是追问研讨。比如《大国工匠》的学习意义在哪里？仅仅是让学生查阅资料，知晓历史？仅仅是让学生认识中国传统技艺及大师？仅仅是知道学习大国工匠精益求精？我们觉得这远远不够，我们要追问大国工匠其精神内核是什么？如"不断精进"，如何精进？在继承中不断超越，其目的是什么？完成完美的人生诉求，这种人生诉求是什么？就是个人价值与社会价值高度融合的最大化。就这样我们通过不断追问研讨，并拿出相应的例子和证据充分确认。对于《大国工匠》来说，它的教育价值在追问中不断凸现，从中感知工匠精神：

执着专注，艰苦卓绝，精益求精；

挖掘继承，超越创新，追求极致；

个人社会，价值融合，完美人生。

但如何让学生感兴趣，探究、体会、汲取这些精神内核？我们要从孩子感兴趣的、现有经验和认知出发！

二、对接现实话题，提出探究方向

我们从学生生活视野出发，从大国工匠的大格局出发，从当今生活现象发掘。有些同学们和家长爱出去旅游，每到一个国家，就喜欢购置这个国家的产品。说到钟表，大家会提起瑞典；说到高端化妆品，大家会提到韩国；说到制造工具，大家会提到德国，那我们中国，代表我国高水准的传统商品是什么？学生不假思索回答——丝绸、瓷器。为什么它们能代表国家形象？切入现实话题，提出探究方向。丝绸和瓷器是怎么达到精美绝伦的程度的？其发展的历史是什么？在当时的价值，以及穿插小故事；现阶段我们中国向世界推销的是什么？为什么能够推销出去？传统和现代推销的产品，它们之间有什么关系？学生多感兴趣，又有充足的资料，学生就能够去探究、比较和发现。

三、聚焦整合资源，探究发现本质

资料那么多，到底聚焦在哪里？应该聚焦在我们本质的探讨上，就是大国工匠的精神内核。从现象到本质的探究，纵横对比，即产品好在哪里？为什么这么好，怎么创造出来的？你从中发现了什么？

学生从丝绸和瓷器发展史中发现一个个朝代延续改良，不断发展、不断传承创新；从反复的工序、和一道工序的复杂发现每一件产品都是精工细作而来。经过二十多道复杂的工序成就这样的产品，大工匠把自己制作的产品看得跟他们的生命一样重要，甚至比命还要重要。

而从现代高铁、计算机技术中，孩子们看到一次次的试验探究，一次次科学技术革新，最强大脑一次次面临挑战。其艰苦卓绝程度不亚于传统产品，但科技含量高，高效益、高回报。这就是科技创新的力量。虽然产品不同，手工制作和机器制造、人工智能不一样，但是其精神是一致的，孩子们在比较同与不同中体会到，大工匠执着专注，艰苦卓绝，精益求精；挖掘继承，超越创新，追求极致；个人社会，价值融合，完美人生。

四、例子举一反三，获得灵动智慧

学生的探究不能止于此，还要探究新的问题，获得举一反三的运用，需要情境创设。我们用了真实的情境，让学生辨析"中国航天科工集团公司透露，他们开展了将超声速飞行技术与轨道交通技术相结合的研究，研制利用超导磁悬浮技术和真空管道，实现超音速的'近地飞行'。中国航天科工的'高速飞行列车'最高速度可达 4000 公里 / 小时。你们觉得这个梦想能实现吗？说说理由？"进一步挑战学生对人与自然的关系、继承与创新的关系的思考。

　　这样的文化主题探究会根本提升学生对传统文化精神的认知，并和自己产生关联，获得人生智慧。其实"工匠精神"主题探究课可以继续向其他另三类传统文化课程延展，可以有工匠的专题知识介绍，有工匠的特长能力学习，有工匠的综合体验，形成一组单元课程，形成知、情、意、行的统一，"身入""心入""情入"，真正感知精神内核，获得人生智慧。还可以成为一个主题贯穿各个年级，四种课型，尊重学生的认知规律，由浅入深、由易到难安排课程型态活动内容和方法的层级设计，采用跨学科、跨年级的管理办法。

主题	大国工匠精神		
目标	在各年级、各学科学习中渗透，由浅入深，由易到难，最后形成清晰的认知，并能初步知道、做到知行合一，奠定做人做事的态度和能力的基础。		
年级要求	低年级	中年级	高年级
	在实践中感知 在行动中学习	在实践中感知 在反思中行动	在实践中感知 有清晰的认知 努力知行合一
课型	特长技能类	专题知识类 特长技能类	特长技能类 专题渗透类 主题探究类 项目学习类
教学方式	做中学	做中学，总结反思，获得粗浅认知。	做中学，专题学习，活动体验，多种方式结合。
评价	从知识和技能角度评价	小组学习评价量规	层级评价细目表

　　我们现在还在这样的探讨，如《岁寒三友》主题探究成为学生最喜欢的大课，多个课例在海淀区、北京市获得奖项和展示。我们学校有 8 位教师荣幸成为中华书局聘请的编辑，参与编写山东、江西的传统文化教材，拥有了一支传统文化教育的专业团队。

　　总之，中华优秀传统文化教育的最后一公里要在课堂教学实践落实，我们在课程架构的基础上要聚焦课例研究，使课程落地生根，使教师教学有强有力的拐杖，能举一反三。

古诗词积累校本课程的推进策略

北京市海淀区翠微小学　周金萍

中华优秀传统文化是中国人历代沉淀下来的优秀文化基因，这基因随着历史长河漫延，依旧在现今中国人的血脉里延续，同时也在变异，无论是延续还是变异，我们希望这种基因越来越优秀，优秀的标准是什么？是人的自我完善和人类社会的文明进步。奔着这样的追求，翠微小学在六十年发展历程中从来没有停止过中华传统文化对学生的熏陶、浸染。相关的课程日趋完善，尤其是近两年来更为系统，更为精细。中华传统体艺课程（技艺类），它让学生专注静心，身心进入空灵状态，沉浸于艺术的创造和身心的陶冶；中华传统节日课程（体验类），它让学生在节日的典故、风俗中体味中国人美好的情感与生活；中华传统经典课程（知识类），它让学生在积累诵读中有深厚的文化底蕴、深刻的社会认知、高雅的情韵气质。而在真正的实施中，这三类课程又融为一体，各有侧重。

中国在历史上是堪称"诗教"国家，从古到今，哪一家的孩子不会念几首诗词呢？但这就是诗教吗？孔夫子说："不学诗，无以言。"他说："诗，可以兴，可以观，可以群，可以怨，迩之事父，远之事君。"只有当诗词不仅能抒发性灵、慰藉人心，还能规范伦理、教化人心，教给孩子们如何看待宇宙、世界、自然、生活的时候，才称得上是诗教。

问题是我们现在的教育内容和体例，教育环境跟古代完全不同，我们如何进行诗教？小学是学生记忆的黄金时段，是人生道理的懵懂阶段，首先需要的是大量积累，需要的是兴趣激发，需要的是师长引导，需要的是时间发酵。但我们面临很多问题，概括起来有以下5个：师资缺，涵养浅；碎片化，不系统；兴趣淡，重知识；课时紧，难安排；有活动，不持久。

如何破解这些难题？

我们开始从以下四个方面进行了尝试。编写教材，评价激励；固化时间，专时专用；师资培训，方式多样；活动促进，平台展示。

一、编写教材，评价激励

编写教材。我们结合教材、学生认知规律、诗文内容，与专家一道精选确定了每个年级不同的诵读篇目，用了大约四年的时间，反复磋商、不断增补删改，制作成精美的诵读教材，读本分低、中、高三个年级段，每个年级段分年级、分学期、分寒暑假，包含了经典诗词、国学、特色语言、现代诗歌四个方面的内容。每个孩子一本，贯穿小学六年的学习，在教材建设上解决诵读内容和诗教持续性的问题。

配套教材的资源建设。配合教材，我们请文化公司和专家协作，进行教学视频、音频制作和诗文标注三个方面的内容建设，降低了教师教学的难度，从模仿开始，人人能迈进门槛，部分地解决了师资能力不够的问题。

证书考级。我们还开发设计了高年级"小博士"、中年级"小硕士"、低年级"小学士"获奖证书，每一种证书分为上下两个学期，每学期应该掌握的诗文目录都呈现证书上，证书制作精美，值得收藏，学生掌握了证书上的诗文就能得到一张证书，并且在全校大会上颁发，他们感到骄傲自豪！六年后毕业，学生将积攒十二张精美证书，这是学生宝贵的精神财富和珍贵的学习生活纪念。我们将一以贯之，持久坚守，以此奠定翠微小学孩子做人的格局、气象。（一定程度上解决碎片化，不系统，不持久，师资水平和学生兴趣的问题。）

二、固化时间，专时专用

确定短课诵读。12个学期的诗文吟诵积累如何完成？每周我们安排两次各20分钟的诵读课。开学初，在年级教研组长的带领下，各个年级根据诵读篇目，制定年级组的诵读计划。基本是每周一首，每月一回顾。

插空零星时间。每个班主任都关注本班经典诵读的进度和学生的状态，晨读时分、放学时刻、诸多活动前的热身，老师和学生特别善于运用，还有等人候车、亲朋好友相聚、睡前半小时……在一些休闲零星时光，配上一幅画，和上一段音乐，适时适景地吟诵一段，非常惬意。

延伸家庭课外。家长很支持这一项工作，我们因势利导，倡议家长进行"在家 10 分钟——亲子诵读"。学生每天放学回家后，自找时间，和家长一起诵读 10~15 分钟。家长们还挖掘自身资源的优势，和中央电视台联手，组织很多学生成功参与央视传统经典吟诵节目。（一定程度上解决课时紧，难安排，以及家庭传统文化教育的问题。）

三、师资培训，各有侧重

选择课程专家。我们充分调研出色的培训内容和优秀的专家。首先作为领导要参与学习，才能把关。学校发展中心的相关领导参加过海淀区教育科学研究院、中华书局、首都师范大学国学研究院等开办的培训班，结合我校的特点，从中选择经典的课程。我们前后派出近 20 位教师参加了中华书局的"中华诗文素读"培训班、首都师范大学国学研究院"古诗文教学提升班"，这些班都是系统连贯的超过 100 课时以上的培训，聘请的是国内外知名的国学大家，课程设置好，个人魅力强，每个培训的老师参与进去，兴致很高，觉得品质高，受益大，虽然时间长，但是都坚持下来了。可见好的培训老师们是愿意参加的。

骨干示范引领。培训的老师率先在自己的教学中开始实践，成为学校诗教的排头兵，他们现学现卖，进行课堂教学尝试，于立君老师在自己的班长期进行吟唱的熏陶感染，诵读课、早读课、午休时间，学生一年下来，吟唱了长短不一的 50 多首诗文，边唱边表演，收放自如，自然优雅，美不胜收。她及其徒弟给老师们示范，吸引更多的老师有情有趣地主动参与。

常景凤主任亲自进行了《声调的秘密》研究课。孩子们兴趣盎然，各小组成员共同努力，有的小组同唱一首歌，能力强的同学还唱自己的歌，在小组唱歌时，孩子们还创造性地设计了轮唱。当时真的给了听课老师们一个太大的惊喜！很多老师在自己的班中也进行了不同形式的实践活动。每个年级都有带动的班级，从而推进了全校的诗文吟诵。

网上培训跟进。以上都是现场学习，但毕竟人数少。我们更多地利用网上资源和购买相关素材供给教师。中华书局、首都师范大学国学研究院提供了100G 的电子资源和教材资源，为我们诗文吟诵服务。这些资源随想随学，方便高效。谷建芬老师的《新学堂歌》，全国最知名的吟诵专家陈琴和徐建顺教授声情并茂的吟诵，品质高，诗情画意，展示诗文隽永动人的内涵，极大地激发了教师诗文吟唱的热情。（一定程度上解决师资缺，涵养浅，以及培训时间的问题。）

四、活动促进，平台展示

各个班级、年级、校区组织丰富多彩地吟诵活动，成为班级文化、年级特色，校区建设的重要内容。每天一早学生到校时，开始播放古诗文的名家朗诵音频、视频，学生随音乐节奏共同吟诵古诗词，学生感其声，动其情，悟其义。放学时，孩子们走在校园又宽又长的路上，一路诵读一路歌，经典的声音传遍校园。

班级还有"经典诵读小火车"，每个月都会有代表四首诗词的"车厢"贴在墙上。每个月一展示，只要有人起头，孩子们都能脱口而出接着吟诵。期末以教研组为单位，师生对诵、男女生对诵、接龙读、擂台诵、诗词诵读大比拼等，生动活泼，汇报展示。

每学期，各校区都有各年级全体学生的操场展示，统一一个主题气势磅礴，振奋人心。如，本校1500名学生参与的"家国情怀"诗词诵读，气势磅礴、震撼全场，让听众体会到了家与国如何敲击和挺直中国人的脊梁。还有体现"人与自然"主题，各年级诵读吟唱，画面、音乐，美轮美奂，学生吟诵表演情真意切，入耳入心，体会中国人天人合一之趣、之情、之理。

这是人生关键期极有眼光的精神投资，它受时空限制，往往"过了这个村，就没了这个店"；它需要细水长流，渐进式逐日积累，而非一蹴而就；它需要因材施教，富有层次，要求各异，而非一刀切；它需要顺应孩子的特性，采用多种喜闻乐见的方式，而非强逼硬灌；它需要穿越时代，学以致用，表达对现实生活和自然的种种感受，而非照本宣科。

在什么环境下，你会吟诵什么？一句诗词，你可以在哪些情况下吟诵？当学生登上高耸的大山，能借景抒情"会当凌绝顶，一览众山小"；面对和煦的春风，能脱口而出"沾衣欲湿杏花雨，吹面不寒杨柳风"；表达自己一份独特的心情，能直抒胸臆"长风破浪会有时，直挂云帆济沧海"……当我们的孩子能够"独自闲行独自吟"的时候，诗教才能丰富和升华中国人的情感，高尚和高贵中国人的灵魂！

"微言微行微力量"，在翠微学子未来的培养中，孩子通过文质兼美的经典诵读积累，修身养性，厚实积淀，学以致用，富有美德、美性、美行、美言，达到习总书记所阐述的"学诗可以情飞扬、志高昂、人灵秀……"

尊重诗歌特点　唤醒美好人性
——古典诗词与品格教育

北京市海淀区翠微小学　周金萍

一、优良的品格与古典诗词的关系

1.优良品格是什么

最好的品格就是美好的人性，它展现出做人的品位和格调，是上天赋予我们的本能，而不是什么大而化之的道德标签。就像爱国，我们需要聚焦和定位到民族的自尊、民族的自信、民族的自强。自尊、自信、自强是人的本性，才会引发人的趋同感。

这也使我联想到英国著名的古典经济学家亚当.斯密在他著名的《道德情操论》（比他的《国富论》一书更有价值）曾说过"优良的品质就是给自己带来幸福，给他人带来幸福。"而从中国传统文化的角度看，就是"修身齐家治国平天下"。"修身、齐家"是给自己带来幸福，"治国、平天下"是给他人带来幸福。这是一个晋级台阶，但不管哪一级台阶，修身是最根本的。没有修身，所谓齐家、治国、平天下，或是徒有其名，没有实质的措施；或是好高骛远，难达目标；或是身败名裂，出大问题。修身即让人成为真正的人，就是美好人性的焕发。每一个人都有自己美好的人性，但关键这个美好的人性是被世事磨灭了，还是被教育唤醒了？而唤醒美好的人性，古诗词的熏陶是一个重要的途径和方式。

2. 古典诗词的唤醒

古典诗词为什么能唤醒美好的人性？进行人自我的修身？

我国著名美学家朱光潜先生在《诗论》中提到"诗是人生世相的返照""诗的起源都是以人类天性为基础的"。因此它是人们认识世界的有效方式，诗歌通过具体的情境的描述来领悟普遍的抽象道理；它也是人们表达意旨的有效方式。除诗歌外，没有什么语言形态可以更简洁、更完整地表达人类对命运的深沉慨叹和对人生的深刻认识（人性）。我们来看古典诗词，说它能够修身，是因为它基本包含了以下四个方面：

分类	人生定位	解读	古诗词
社会变迁 价值选择	家国情怀 重义轻利 义利合一	君子爱财，取之有道。 正其谊不谋其利， 明其道不计其功。	苟利国家生死以，岂因祸福避趋之。 人生自古谁无死，留取丹心照汗青。
人与自然 天地宇宙	道法自然 天人合一 同生共荣	人要"与天地相应， 与四时相符"。	人有悲欢离合，月有阴晴圆缺，此事古难全，但愿人长久，千里共婵娟。 野火烧不尽，春风吹又生。 飞来山上千寻塔，闻说鸡鸣见日升。 千山鸟飞绝，万径人踪灭。 岁寒三友的诗词
人道伦常 他人众生	礼制秩序 和而不同 修身养性	五轮关系和谐：夫唱妇随、父慈子孝、兄友弟恭、君礼臣忠、朋友有信	十年生死两茫茫，不思量，自难忘。 遥知兄弟登高处，遍插茱萸少一人。 本是同根生，相煎何太急。 洛阳亲友如相问，一片冰心在玉壶。
人与自我 自我世界	志向通达 锐意进取 恬淡中和	知人者智，自知者明。	老骥伏枥，志在千里； 烈士暮年，壮心不已。 少无适俗韵，性本爱丘山。 误落尘网中，一去三十年。 结庐在人境，而无车马喧。 问君何能尔，心远地自偏。

美好人性、人的修身与诗歌天然地融合在一起，既是中国的，也是世界的，是通达天下的传统文化。我们有时候为什么喜欢看奥斯卡获奖影片（最好找到影片封面对应——《水形物语》《月光男孩》《聚焦》《鸟人》《血战钢锯岭》，还有早年的《美丽心灵》《勇敢的心》《辛德勒名单》等），因为它以完美的艺术方式唤醒我们人类的这些共性。但孩子们诵读积累古典诗词，并不能

天然地获得这些精神滋养。它需要在导师（书籍、老师）的诱发下，感悟这样深刻的认知和美好的人性。

二、如何用古典诗词进行品格教育

我们要充分尊重古诗词的特点，利用它的主题、内容、艺术手法，引导学生诵读、发现、思考、感悟，并能和自己的生活勾连，传承创新到当下的现实中，提升认知，丰富情感。

（一）发掘诗歌主题，凝练精神内核，获得理性的认知的真

明代哲学家、政治家、军事家、陆王心学之集大成者王阳明先生强调知行一体，知便是行，能行便是真知。行不达，是因为知不透。而我们通常是通过行来看人的品格，其实如果思维不提升，认知不通透，认识不提升，没有大视野和大格局，品格也不会好到哪里。

诗教最核心的深层内涵取决于诗歌的主题，主题中包含着诗人认识世界的方式和表达意旨的方式，这两种方式中流淌着中国人立身处世的精神甘泉。首都师范大学国学院徐建顺教授做过系统梳理，提炼了十四个主题：

怀才不遇，不平而鸣；求学悟道，哲思玄言；

人生苦短，及时行乐；伤春怀人，悲秋思归；

咏物言志，状景抒情；避世隐居，任性自然；

征夫行役，思妇怀人；唱和酬答，同道互励；

咏古伤怀，功业成空；刺时叹世，全身远害；

羁旅情愁，思乡怀归；美颂教化，德行天下；

乐府民歌，体察民情；礼乐应制，实用典常。

这十四个主题的意义归类为：自我世界、天地宇宙、他人众生、社会变迁，展示万物一体、同生共荣，最终聚焦到一个灵魂，即中国传统文化精神。它可以凝练成"我对万事万物的关系"，体现在如何看待宇宙自然、社会变迁、他人众生、自我世界四个领域，最终能有"健康的自我意识"，能"肯定、珍爱和敬畏生命"，有能力在万事万物的相处中建立"自我的主体性"，培育自我的"生命理想"的人。即归于自我修身，如此，受其熏陶的人才会有清醒的理性，对不同领域、不同事物自有一番态度、法则，才会有平静的内心，认同

的坚守，独到的见识，传承中的创新，不至于湮没在纷繁复杂的世界，乱花迷眼，才能有能力永续优秀的精神和博大的智慧，正确运行着自己、家族、团队、地域、民族、国家、地球的大道。

比如看"人与自然""家国情怀"在学生诵读中是最能打动他们的。但不能局限于此，我们要透过这些主题，看背后传达的最实质的精神。比如"人与自然"主题下的词：

渔歌子

［唐］　张志和

西塞山前白鹭飞，桃花流水鳜鱼肥。青箬笠，绿蓑衣，斜风细雨不须归。

乍看起来是人与自然和谐相处。是这样的吗？我们查到史料，渔歌子的另三首：

青草湖中月正圆，巴陵渔父棹歌还。钓车子，橛头船，乐在风波不用仙。

松江蟹舍主人欢，菰饮莼羹亦共餐。枫叶落，荻花干，醉宿渔舟不觉寒。

雪溪湾里钓渔翁，舴艋为家西复东。江上雪，浦边风，笑著荷衣不叹穷。

组合起来发现，写了春夏秋冬、春闲夏乐、秋醉冬笑，真的是陶醉于山水。

但我们追问作者为什么陶醉于山水，写一组这样的诗？写作背景如何？

我们发现史料记载：张志和，从小才华过人，十六岁中了举人，唐肃宗封他做了大官，后被贬。于是，他干脆辞官归隐，隐居在太湖一带，整日垂钓，过着悠闲自在的渔家生活。真的就是这样吗？我们又查到：志和居江湖，自称"烟波钓徒"。每垂钓，不设饵，志不在鱼也。——《唐书·张志和传》

我们不禁想：渔家生活悠闲自在好像也是表面的，志在哪里呢？勾连姜太公垂钓，我们是不是可以怀疑：渔家生活对于他并不是那么悠闲自在，它是生命美丽、忧伤、痛苦、希冀的融合，"豁达者在悲剧中参透人生世相，他的淡泊出入于至性深情"，这个深情就不能简单地说渔家生活悠闲自在，是苏东坡、柳宗元他们的诗词皆是如此。这就传达出中国人的处世哲学——达则兼济天下，穷则独善其身。它启示学生显达时不能忘乎所有，而要承担更多的责任；困顿时，寄情于山水，获得自我的修身，而不能自暴自弃，突破底线。像中国社会有一段时间，穷则愤世嫉俗，报复社会，伤天害理；达则耀武扬威，处处摆谱，目空一切。张志和寄情山水，豁达看待，这种修身方式勾连学生自我遭遇的问题，无疑对他们是一个智慧的启示。

所以我们不要简单地只让学生体会表达了什么情感，需要不断追问，建立关联，获得通透的认知，不断探究诗词所展现的那时、那景、那人所有的故事。我们才能不断发现和发掘这十四个主题蕴含着的品格元素，给予学生生命的智慧。这是品格教育的实质。像苏轼的《水调歌头》："人有悲欢离合，月有阴晴圆缺，此事古难全，但愿人长久，千里共婵娟。"王安石的《登飞来峰》："不畏浮云遮望眼，只缘身在最高层。"高上的站位、宏阔的境界抚慰和启发了多少代人？这就是一种品格！

同时诗词也成为很多有识之士的志向和情感的出口，是一种自我对话、自我调侃、自我安慰。对我们教师自身也是一个启示，你在工作之余也需要有一个健康的爱好。否则困顿时何以解忧？其实古代那些入世的儒士哪一个不会几样——琴棋书画，给予缓解和疏导。

（二）想象诗歌情境，升华情感世界，体会感性的情感的善

从十四个主题的梳理，我们可以看出，古诗词具有丰富的情感元素，举凡人在社会生活中的各种情感，酸甜苦辣、悲欣交集，无一不在诗词中得到表现，每一首诗歌都是作者心声的流露，情感的积淀，它通过具体的情境得以展现。

但同时古诗词具有语言凝练、篇幅短小、内涵丰富、句与句之间意思跳跃性很强的特点。它需要学生利用想象把大脑中记忆的各种意象进行再造组合，进行补充和创造，把不连贯的地方连贯起来，在大脑中创造一个新的画面，体会诗词意犹未尽之韵，体会饱含的情感。即品味、联想、感悟和勾连，品味关键词句、联想具体画面、感悟人物情感、勾连自我生活。

墨竹图题诗

［清］　郑燮

衙斋卧听萧萧竹，疑是民间疾苦声。

些小吾曹州县吏，一枝一叶总关情。

学生初读就感受到郑板桥"关爱百姓"之情。这远远不够，这是道德的标签。我们需要引领学生在品读中发现关键词句："卧听、萧萧、疑、疾苦、些

小、一枝一叶总关情"，想象画面：当时的环境，你看到、听到、想到什么？体会诗人的心情，由此你要读出什么？孩子们紧扣词句，联系诗画欣赏的时代背景，通过设身处地地联想，感悟到老百姓衣食住行毫无依托，忍饥号寒，卖儿卖女，体会到郑板桥夜不能寐，为灾民着急、难过、焦虑的情感，体会到在官职和百姓生命面前，选择的纠结，最终毅然决然、开仓放粮。

"关爱百姓"再也不是一个道德标签，而是跟人物的情感紧紧相连，不只是如此，我们还要让学生自我勾连，如果你就是郑板桥，你会怎么做？孩子们说如果在老百姓朝不保夕、饿殍四野的情况下，自己也要宁愿丢掉乌纱帽，救人于水火之中。只有通过这样的品位、联想和勾连，孩子们才能明白郑板桥面对灾情的辗转反侧、焦灼无奈与决然行动，展现一位儒士、一个君子、一个县官悲悯的情怀和责任担当，孩子们从中才会得到情感的升华，知道面对什么要糊涂，面对什么要清醒，体会到一个地方官"情为民所系，利为民所谋，权为民所用"的大义。

"一枝一叶总关情"这样充满深情的语言，我们还要发掘它当下的力量。表述了郑板桥和山东灾民的关系，结合现在的生活，你觉得这句诗还可以恰当地运用于什么关系？请写几句话，用上这句诗。

今天张珊是怎么了？一早进教室就没精打采的，眼睛好像有些肿，时不时还咳嗽一两声，王老师不由自主地走近她，低声询问，还用手摸了摸她的额头……王老师就是这样细心，哪一个学生她会忽略呢？哪一个细节她会漏掉呢？可谓"一枝一叶总关情"啊！

师生情、母子情、闺蜜情……虽然情境运用有高下之分，但这样的表达和运用就是无形的教化，达到育人的功能。

借助语言文字，感受和想象。身临其境去想象、体悟、感受、运用，触摸最细腻的情感，感受其复杂、矛盾、纠结，善于在情感冲突中感悟诗人最真切的情感，探究其情感的复杂性和细腻性，并穿越时代，勾连当下，获得自我生命的成长——世事洞明，自由超脱，人性独立。这就是一种品格！

（三）立足意象韵律，体会审美意境，提升情与理交融的美

以美育德。因为美能增进人的积极情感，营造良好心境。古典诗歌的美在于它丰富的意象，优美的韵律。

1.丰富的意象，归类对比的探究

不同古诗中有反复提到的形象，我们需要关注，它是文化密码。由一个到一组，探究不同时代，不同诗人笔下的共有之物，归类对比，体会它背后的意义和不同形象。意象有看得见的物——柳、燕、莲……，有看不见的情——萧萧、杳杳、依依……作者的意识与外界的物象相交会，经过观察、审思与美的酿造，成为有意境的景象。它借自然景物在你的内心迸发一种感发感动的力量。

即使是同一个意象，如梅花，傲雪迎霜，气质清俊，美丽绽放，也会在不同的诗歌、不同人的笔下赋予独属于自己的节操情感，物我合一，焕发不一样的风采。

"……俏也不争春，只把春来报，待到山花烂漫时，她在丛中笑。"毛泽东诗中的"梅"充满生命的蓬勃和张扬的个性，展示一种果敢斗争；"驿外断桥边，寂寞开无主，已是黄昏独自愁，更著风和雨……零落成泥碾作尘，只有香如故"。陆游笔下的"梅"凄风苦雨，零落成泥，展示一种默默无闻、孤独寂寞。在比较中探究共有的意象，在共有意象中比较诗人不同的情怀，各有各的美。壮美、幽美，风格不一，格调不同。

再如萧萧的意象则表现的是凄凉、悲凉的氛围，"挥手自兹去，萧萧班马鸣"——朋友依依相别的凄凉；"风萧萧兮易水寒，壮士一去兮不复返"——知己慷慨永诀的悲壮；"车辚辚，马萧萧……牵衣顿足拦道哭，哭声直上干云霄"——亲人生死离别的悲惨；"衙斋卧听萧萧竹，疑是民间疾苦声"——百姓啼饥号寒的悲凉；"无边落木萧萧下，不尽长江滚滚来"——世态辗转变迁的炎凉。凡是出现"萧萧"一词，绝没有惬意、欢畅之情。

朋友情、血缘情、家国情，人的感情寄予这自然界的种种萧萧之声，物我共情，心领神会。丰富的意象传达真切形象的情感，鲜明逼真、活泼生新、传神动人，唤醒人性的美好，引发你对生命的深度体切——伤春的消逝，岁月已老；喜夏的葱茏，生命蓬勃；悲秋的寂寥，仕途艰辛；欣冬的纯洁，卓尔不群。万物一体，同生共荣，悲欣交集。这就是一种品格！

2.优美的韵律，体切入心的吟诵

《书》云："诗言志"，志便是乐的本。"'歌咏言'，歌便是作乐的本。'声依永，律和声'，律只要和声，和声便是制律的本。何尝求之于外？""凡习礼歌诗之数，皆所以常存童子之心，使其乐习不倦，而无暇及于邪僻。"

中国的古典诗词，平仄相间，琅琅上口，意味隽永。它原本就不是拿来看的，而是拿来吟诵的。叶嘉莹教授也说："吟诵之目的不是为了吟给别人听，而是为了使自己的心灵与作品中诗人的心灵，借着吟诵的声音，达到一种更为密切的交流与感应。"这种交流会潜移默化地起到教化心灵的作用，荡涤乖戾之气，让人心灵变得细腻体切，温柔敦厚，纯洁崇高。

这是因为：①吟诵的曲调就是整首诗的感情基调；②音节的顿挫、节奏的铿锵，又让人感受到诗人情感的波动与变化；③腔音的运用，诗人在余音绕梁中体会诗歌的韵味，品味诗人的感情。在吟诵时，学生根据字词的平仄、韵律的整齐感受到古诗词语言的精妙，根据语速的缓急来感悟诗人情绪的变化，根据声调的起伏来探寻诗歌意境的深远。通过吟诵，可以使今天的中国人感悟到真正的中国文化。

举例：

《渔歌子》——悠然超然（遗世独立、寄情江湖、物我两忘、至性深情）；

《闻官军收河南河北》——真诚博大（国家大幸、悲欣交集、青春作伴、家园纵归）；

《诗经·蒹葭》——温柔敦厚（端严持重、典雅悠然、温婉清新、敦诚厚重）。

古典诗词蕴含着这些美好的人性，温柔敦厚的举止心性、悠然超然的入世出世、真诚博大的情怀境界，是中国文化中最鲜明的人文精神体现，可以说，它涵盖了天地间世事万物，所有能用语言或无法用语言直接来描述的事物、情感、理趣。对小学生们情感的熏陶、精神的提携、品格的塑造起到无可替代与无法估量的润物细无声的作用。小学生正处在人生的初级阶段，他们学习、背诵古典诗词，用这些脍炙人口的名篇佳作来涵养自己，用其中的名言警句启迪人生，塑做人的底，著文化的色，这就是一种品格！

古诗词中的清明节习俗概览

北京市海淀区翠微小学　洪晓雪

作为中华民族传统节日之一的清明节有着悠久的历史，其文化内涵传承了中华民族独特的精神积淀与情感寄托。它是汉民族数个大节日中，绝无仅有的以节气为节日印记的全民性大节日。古往今来，清明节作为中国忠孝文化的载体，对祖先的信仰，对家庭的维护，对血脉责任的认同，使其在我国民俗节日体系中具有不可替代的地位。其实，清明节的习俗随着时间的演变，逐渐融合了古代寒食节与上巳节这两个节日的习俗，因此，清明节既有寒食节的吃冷食、祭扫坟墓的习俗，又继承了上巳节踏青游乐的习俗。

一、清明节习俗之吃冷食

这一习俗起源于清明节的前身——寒食节。寒食节由来已久，传说是在春秋时期为纪念晋国的忠义之臣介子推而设立的。《荆楚岁时记》注中说："介子推三月五日为火所焚，国人哀之，每岁暮春，为不举火，谓之'禁烟'，犯则雨雹伤田。"晋文公曾把烧山逼介子推出山的这一天定为介子推的祭日，要求这一天全部禁火，以示对这名忠臣的敬仰。

其实，从客观的历史事实来看，禁火冷食主要沿袭了中国古人改火习俗的惯制。早在原始社会，改火与换取新火是人们生活中的一件大事。阳春三月正值改火的时节，人们在新火未到之时，要禁止生火。这个习俗从先秦就开始流传，代代沿袭，遂成风俗。唐代诗人韩翃的《寒食》有生动描写："春城无处不飞花，寒食东风御柳斜。日暮汉宫传蜡烛，轻烟散入五侯家。"说的就是寒食节这天平民百姓家不得生火，到了晚上由宫中首先点燃烛火，再将火种传至皇亲国戚家中。与之类似的还有孟云卿的《寒食》："二月江南花满枝，他乡寒食远堪悲。贫居往往无烟火，不独明朝为子推。"由此看来，为纪念介子推而禁火寒食的说法多是附会。正如大部分的中国传统节日一样，或多或少都会和某个名人或名人故事传说附会在一起，以增加节日的纪念意义，增强节日的传播力，表达人们美好的愿望和敬仰之情，也更有益于人们铭记在心。

由于寒食节期间禁止生火做饭，就需准备一些事先做好的冷熟食，以备禁火期间食用。寒食节的食物南北方各有特色，北方习惯用白面蒸大馍，中间夹有核桃、枣儿、豆子，外面盘成龙形，龙身中间扎一个鸡蛋，名为"子福"。还有些地方吃鸡蛋、冷饽饽、冷高粱米饭等。南方以上海为代表的典型寒食便是青团。将雀麦草汁和糯米一起春合，使青汁和米粉相互融合，然后包上豆沙、枣泥等馅料，用芦叶垫底，放到蒸笼内。蒸熟出笼的青团色泽鲜绿，香气扑鼻，是本地清明节最有特色的节令食品。

二、清明节习俗之扫墓

中国向来是礼仪之邦，对祖先的忠孝与崇拜深深地印刻在一代又一代国人心中，古往今来，代代如此。祭扫坟墓是向祖先表达敬意和怀念的隆重仪式。早在春秋时期，孔子就提倡墓祭作为"慎终追远"的一种仪式。孔子认为对父母孝，要做到"生，事之以礼；死，葬之以礼。"父母在世时的事奉、死后的安葬、安葬以后的祭祀，都要按照"礼"的标准进行。"慎终"，谨慎地对待父母的死亡，即必须以诚信、忠善的态度待之，不要有任何后悔。"追远"，要以恭敬的态度进行祭祀，以表达对父母的恩情。

其实，祭扫坟墓的习俗也是从寒食节沿袭而来的，上古时期，多在宗庙进行，战国时期，墓祭之风逐渐浓厚起来，秦汉时代，祭扫坟墓的风气更盛。到了唐代，寒食节扫墓普遍被视为返本追宗的节日，在民间流行起来。由于清明距寒食节很近，人们常常将扫墓延至清明。宋代高翥的《清明日对酒》开头便写："南北山头多墓田，清明祭扫各纷然。"可见宋代祭扫早已蔚然成风。宋代黄庭坚的《清明》："佳节清明桃李笑，野田荒冢只生愁。"笼罩着浓浓的愁绪，类似的还有张先的《青门引·春思》："乍暖还轻冷。风雨晚来方定。庭轩寂寞近清明，残花中酒，又是去年病。"清代词人纳兰性德的《红月·燕归花谢》："燕归花谢，早因循、又过清明。"等都为清明时节的祭祖扫墓覆盖了一层肃穆、哀伤的色调。

而清明雨更是这个时节无法抹去的特有景观，宋代柳永的《木兰花慢·拆桐花烂漫》："拆桐花烂漫，乍疏雨、洗清明。"赵令畤的《蝶恋花·欲减罗衣寒未去》："欲减罗衣寒未去，不卷珠帘，人在深深处。残杏枝头花几许。啼红正恨清明雨。"晏几道的《浣溪沙·二月和风到碧城》:"万条千缕绿相迎。舞烟眠雨过清明。"这缱绻绵柔的细雨中饱含了诗人多少无处诉说的诗情。而那首耳熟能详的清明诗,则勾画出了一幅美丽忧伤的水墨画,春雨、牧童、酒家,诗人匆匆的步履牵引着一代文人对清明的无限感慨。

三、清明节习俗之踏青

在春光明媚的清明前后,到郊外踏青,游山玩水,尽情地亲近自然,这是清明节的另一项重要活动。旧时,清明时节众人春游的场景是非常盛大热闹的。这与另一个古老的节日——上巳节密切关联。上巳节形成于春秋末期,开始是在农历三月上旬的巳日,魏晋以后改为三月三日。上巳节早期最重要的节俗内容是祓禊,这种活动不仅是一种祛邪求占的巫术仪式,更是一种自由快活的春游。

上巳节诗句流传至今非常之多。因其历来是文人雅士聚会吟诗的好时节,自古便有临水饮宴、曲水流觞的雅风,有借上巳节春光无限而描绘风光的,如唐代王维的《奉和圣制与太子诸王三月三日龙池春禊应制》:"苑树浮宫阙,天池照冕旒。宸章在云表,垂象满皇州。"唐代卢纶的《上巳日陪齐相公花楼宴》:"持杯凝远睇,触物结幽情。树色参差绿,湖光潋滟明。"描绘了一派广阔无边、生机盎然的自然图景;有借此抒发忧国忧民之心的,杜甫在《丽人行》中写道:"炙手可热势绝伦,慎莫近前丞相嗔。"唐代宋之问的《寒食江州满塘驿》:"吴洲春草兰杜芳,感物思归怀故乡。驿骑明朝发何处?猿声今夜断君肠。"字字句句道出家国之思、离乡之痛。从中我们体会到了古时的文人雅士在上巳节抒怀的畅意之感。更多的,我们感受到的是祭扫坟墓的沉重之后的轻松愉悦。

在融合了寒食节的吃冷食和扫墓,以及上巳节的郊外踏青这三项习俗后,清明节的节日符号越加凸显——以户外活动为主,兼有肃穆、悲伤与轻松、欢乐两种情感氛围,让人们在明媚的春光里怀念过去,亲近自然,放眼未来;也让更多人浸润在传统文化的温泉里,滋养内心,塑造品格;更让华夏古国悠悠千年文脉传承弘扬,绵延不绝。

《论语》新读对话篇

翠微小学传统文化阅读沙龙小组成员

教师在工作中如何回溯中国传统教育，寻觅根本，找到现代教育与传统文化的契合点，用传统文化精华点醒人生智慧，解决现实工作中的部分问题？我校青年教师结合教师共读书籍《论语心读》中的教育专题，围绕"教育目的""教育对象""教育时机"三项主题进行了研讨，在研讨中体会坚守和传承什么？变通和创新什么？通过呈现传统教育理念，提出现实教育困惑，深度互动研讨解疑，在传承中新解《论语》。

对话之一　教育目的
孔子的教育追求——君子之教

洪晓雪老师：孔子，这位万世师表的圣贤的教育追求究竟是什么？而他的思想能传承至今，我想一定是符合当下的社会诉求，能解决现实中人们的困境，从而推动社会文明进程的。

张彬老师：正是如此。传统的价值是古为今用，用到实处，用到创造自身和人类美好幸福的生活中去。教育是一种有目的的行为，作为伟大的教育家孔子，是十分重视教育的目的性的。孔子的教育目的就是要培养他理想的人才，为当时新兴的社会力量找到政治的地位和保障。他主张"举贤才"，不论出身，有贤则举，孔子的大半生就是为培养这种"贤才"而努力。

刘茜老师：对，在《论语》这本书中，孔子提到了"圣人""仁者""知者"等，都可以归为一类人，那就是夫子所认为的理想人才——"君子"。

洪晓雪老师：说到君子，在《论语》中，"君子"是孔子及弟子谈论最多的一个话题，我初步统计了一下，书中论及"君子"者共86章，总计为121次。可见，君子之教是孔子最主体的教育目的。

张彬老师：从孔子在《论语》中的具体论述，我们可以看到，君子包括非常丰富的内涵。大概说来，君子的品格可分为三个方面：对己能"修己"，对人能"安人"、对国能"安百姓"。

刘茜老师：其实这与儒家的修身、齐家、治国、平天下的理念是一以贯之的。今天，我们就把目光聚焦到儒家最重视的"修身"之教上。如何提高自身的道德修养，达到"内圣外王"的境界，是孔子极其关注的。

洪晓雪老师：何为君子？下一个定义倒不如举一个例子。孔子在《论语》中举了三个人："殷有三仁焉，微子去之，箕子为之奴，比干谏而死。"微子远离暴君，远离是非，保全有用之躯，是君子；箕子在国将不国时，没有出逃，而是忍辱负重，保全仁人之躯，最后造福一方，是君子；比干心忧苍生，以死为谏，是君子。这三个人以不同的方式诠释了儒家对君子的定义：为民立心、立命、立言。

张彬老师：勾连到现在的教育中，我们完全可以把这些最淳朴、真实的君子故事传递给孩子，来增加我们教育的厚度和深度。其实，教育是很细致、很精微的，点点滴滴渗入孩子的心灵。当我们教师在心中确立了一个教育目的，并一如既往按照这个教育理想行走，所追求的东西必然会在无形或有形中印刻在学生身上。

洪晓雪老师：对，我比较有感触的是五年级的一篇文章《修鞋姑娘》，文章讲述了一位来自异乡的修鞋姑娘用物超所值的服务为我修好了鞋，并毫不在意我没带够钱。这是一个踏实做事、真诚待人的小人物，她身上没有我们生活中高昂的"英雄主义"色彩，而正是这朵无名小花，她的朴实、她的真诚、她的善良，才能如此接地气儿的与学生日常生活发生连接，传达出最普世的价值观，让孩子懂得自己首先得是一名合格的公民，坚守最基本的道德底线。

刘茜老师：无独有偶，北师大版四年级上册语文书中规则主题单元里有一篇美国作家写的《钓鱼的启示》，你们有印象吗？

张彬老师：我记得那篇文章，大概是说年幼的我和爸爸独自去钓鱼，当时离捕捞鲈鱼的时间还差两小时，爸爸要求我把好不容易钓到的又大又漂亮的鲈鱼放回水里，我很不理解，但还是按照爸爸的要求这样做了，34年后我成为一名著名的建筑工程师，从自身的经历中深深地体会到了父亲的用意。

刘茜老师：其实在这篇文章中，作者给这个年幼的孩子设定了一个两难的处境：一边是心爱的好不容易钓上来的鲈鱼，而另一边是规则。最大的矛盾是周围除了父亲就无其他人在场了，那么很容易就受到外界因素的干扰被眼前的利益所诱惑。使得面对诱惑，我们成年人都未必敢说能坚持自己的原则遵守规则，更何况一个年幼的孩童了。

张彬老师：这个跟儒家的一个重要概念"慎独"有很大关联，"慎独"讲究个人道德水平的修养，看重个人品行的操守，是个人风范的最高境界，一个人在独处之时，无人注意的状态下仍能保持自己的行为谨慎不苟，这就是君子自我修养的一种表现，高度的道德自律。

洪晓雪老师：纵观这两个例子，我们发现所谓的君子之德是没有国界的，是为全人类所普遍认同和推崇的，所以万世师表的"世"不仅是世世代代，也含有在全世界都可称道的意味。

刘茜老师：说到"慎独"，说到在无人得知的情况下，严格要求自己表里如一，我也想起这么一个例子：杨震调任东莱太守，途经王密任县令的昌邑，王密拜会杨震，从怀中捧出黄金。却被杨震义正词严地拒绝了。杨震诚勉自律，真正做到了公正廉洁、清白一生。

张彬老师：杨震为官一方，在丰衣足食的情况下能不为金钱所诱惑，而孔子则在颠沛流离、食不果腹之时依旧坚守仁道：《卫灵公》篇记载，孔子周游列国时，因坚持以人治国的理念，不为卫灵公所用，到了陈国境内绝粮，跟随他的学生都饿得站不起来，子路就很生气地来见孔子："君子也有这样穷困的时候吗？"孔子说："君子固穷，小人穷斯烂矣！"意思为，君子虽然穷困，但还是坚持原则，不似小人在困穷的时候就胡作非为了。

刘茜老师：是啊，孟子也说过："生，亦我所欲也，义，亦我所欲也。二者不可得兼，舍生而取义者也。"这是一种坚定的道德坚守，是真正内在的自我修养，更是社会文明进程的推力剂。

洪晓雪老师：听了你们两个人说的例子让我觉得孔子所言的君子形象瞬间变得高大而神圣了！那这种君子做起来是不是难度很大呢？这与我们刚刚聊到的普世性是否矛盾呢？

刘茜老师：其实不然。君子不一定只能乐善好施，在适当的情境下，君子也可以并且应该去收取回报，从而达到更好的影响效果。《吕氏春秋》记载了"子贡赎人"和"子路受牛"这样两个故事。鲁国有一道法律，如果鲁国人在外国见到同胞遭遇不幸，沦落为奴隶，只要能够把这些人赎回来帮助他们恢复自由，就可以从国家获得金钱的补偿和奖励。孔子的学生子贡，把鲁国人从外国赎回来，但不向国家领取金钱。孔子说："赐，你错了！圣人做的事，可用来改变民风世俗，教导可以传授给百姓，不仅仅是有利于自己的行为。现在鲁国富人少穷人多，向国家领取补偿金，对你没有任何损失；但不领取补偿金，鲁国就没有人再去赎回自己遇难的同胞了。"孔子的另一个学生子路救起一名溺水者，那人感谢他送了一头牛，子路收下了。孔子高兴地说："鲁国人从此一定会勇于救落水者了。"

张彬老师：从表面上看，两人都做了好事，以平常的观念来说，子贡不领赏金是德行高尚，似乎更加接近我们传统教育中的无私奉献精神；相比而下，子路就逊色得多，子路接受赠牛是施恩图报，离我们所颂扬的高尚道德品质自然相去甚远。然而，孔子对他们的行为的评价则是恰恰相反。因为在孔子看来，你不要赎金，那别人也不好意思要，这样就再也没有人愿意白花钱去救自己的同胞了。相反，孔子却表扬了子路，说鲁国人一定会勇于救落水者了。因为在孔子看来，一个肯救，一个肯谢，则酿成风气。救的人拿得心安理得，谢的人也给得真心实意。在孔子看来，子路受人以劝德，子贡谦让而止善。

刘茜老师：所以子贡看似"高尚"的道德行为，很可能造成道德的整体滑坡。过分强调"英雄"，只能使"英雄"离我们远去。而把道德的标准无限拔高，或者把个人的私德当作公德，两种做法只会得到一个结果，这就是让道德尴尬，让普通民众闻道德而色变进而远道德而去！

洪晓雪老师：这样看来，孔子所倡导的君子德行的对象是芸芸众生中的你我他，是"人人皆可为尧舜"，即使用些物质化的激励手段也无妨，重要的是，这份君子之德可以传承下去，让更多人去效仿和学习，实施仁行。

刘茜老师：这不免让人想起了我们的学校德育。一直以来，我们都在致力于提高德育的实效性，但培养出的很多孩子仍是思想的巨人，行动的矮子。也许我们犯了和子贡类似的错误，无形当中拔高了道德的标准，使得原本学生人人可以做到的"道德"行为，变成大部分人遥不可及的"道德"高标。

张彬老师：事实上德育的过程就是培养孩子从一开始的受外部激励作用，转为把外化的道德意识变为最后形成自觉的、内在的道德自律的过程。这个正

如《第 56 号教室的奇迹》一书中提到的"道德发展六个阶段":

第一阶段:我不想惹麻烦;

第二阶段:我想要奖赏;

第三阶段:我想取悦某人;

第四阶段:我要遵守规则;

第五阶段:我能体贴别人;

第六阶段:我有自己的行为准则并奉行不悖。

这里有个小故事:一次,雷夫老师请假外出,第二天上课时,有位女子走了进来,她说,前一天她就读于一年级的儿子在走路回家时遭人殴打。其他学生看到不是袖手旁观,就是若无其事地从旁经过。但有一位路过的小女孩将他扶到路边,带他到喷水池梳洗,并且一路送他安全到家。男孩的母亲在当天上午走访了各教室,希望能找到帮助她儿子的女孩,对她说声谢谢。雷夫老师问全班是否有人知道此事,大家都说不知道。雷夫老师注意到班上的孩子议论纷纷,在全班 32 个孩子里,有 31 个人加入讨论,只有布兰达低着头继续做着她的数学习题。在非常短暂的片刻,她抬起头,没察觉到雷夫老师正注视着她。直到他俩的眼神瞬间交会,她眯着双眼,严肃地对雷夫摇摇头,"什么都别问,也别把你心里想的事情说出口。"布兰达已经到达第六阶段,没人知道她做了什么。

刘茜老师:像布兰达这种做了好事不留名的事迹,即使在学生中也不新鲜,有的学生为班级服务真是发自内心的。有时候,老师的表扬对有些人是多余的,甚至是讨嫌的,因为她不需要,她已经摆脱了名利之网。

洪晓雪老师:我们看,从想要奖赏这样外部的激励到最终的我有自己的行为准则并奉行不悖,这是一个自我道德意识逐渐加强和内化的过程,作为教育者,我们所能做的就是在前几个阶段恰当的施加影响,帮助其尽快构建自我行为准则,达到一种自我健康、明德笃行的境界。

张彬老师:今天再来审视孔老夫子的教育追求时,才发现这位万世师表带给我们的思考是那么深刻,那么发人深省,还是得循着夫子的足迹,且行且思。

对话之二 教育对象
有教无类与因材施教

文亚老师：解读《论语》，不同的人有着不同的视角，不同的视角也激发出了不同的启发和感悟。前不久，学校开展了共读《论语心读》的活动，我们小组三个人都很关注《论语》中关于教育对象的相关论述和做法，并对此展开了讨论交流。要说论语中关于教育对象的论述，"因材施教"是不能绕过的话题。《论语》当中是如何论述的？

张艳苹老师：孔子近乎完美地实行"因材施教"，但并没有说过"因材施教"这样的话，只是后人根据孔子的一些事情概括出来的，比较经典的是这样一段对白：

子路问："闻斯行诸？"

子曰："有父兄在，如之何其闻斯行之！"

冉有问："闻斯行诸？"

子曰："闻斯行之！"

公西华曰："由也问'闻斯行诸'，子曰'有父兄在'；求也问'闻斯行诸'子曰'闻斯行之'。赤也惑，敢问？"

子曰："求也退，故进之；由也兼人，故退之"。

《论语·先进篇第十一》

冉有与子路都分别问过"闻斯行诸"，即听到一个道理是不是要马上去实行呢？孔子的回答因人而不同。由于子路个性过于"兼人"，即争强好胜，就设法以"退之"，让他先请示父兄再说；而冉有个性过于"退"，即办事不果断，就设法以"进之"，让他马上实行。同样的问题，孔子因为子路、冉有个性的差异或激励、或劝诫，可谓"因材施教"。

文亚老师：我读《论语心读》的时候，发现好多类似的例子。不同的人向孔子问礼，得到了不同的答案；不同的人向孔子问政，同样得到了不同的答案。孔子在实际的教育行动中都践行了因材施教的思想和理念。

张艳苹老师：是的，后儒朱熹在《论语集注》中进一步概括："圣贤施教，各因其才，小以小成，大以大成，无人弃也。"从而使得孔子"因材施教"的教育思想成为经典教学原则。

曹汐老师：其实，《论语》中类似的故事还有很多。我们大家都知道，孔子有三千弟子，其中精通六艺者有七十二人，称为"七十二贤人"。其实，这七十二人之中，孔子最为得意的有那么十多个。像我们熟悉的子路、颜回、子贡、冉求（子有）、宰予，等等。他的学生应该是各有特点，那么，孔子所谓的"因材施教"，因的是什么材呢？

文亚老师：作为一种教育思想，它注重在人的差异基础上通过不同的教育方法，促进每个人的发展，是科学求实的，是孔子留给后世的弥足珍贵的教育思想财富。无论时空怎么转换，到几千年后的今天，我们一样也是在实践因材施教，我们需要了解每一个学生，需要琢磨教学方法。只不过我们是结合我们当下的教育现实来进行研究。

张艳萍老师：时代不同，也赋予"因材施教"更新的涵义。加德纳的多元智能理论就把学生自身优势分成更多的智能领域。例如，我国著名的数学家陈景润沉默寡言，但他是一个自我认知智能很强的人，数学天分让他对数学研究产生了一种强烈的内动力、一种生命的意愿和热爱。可是毕业后他却被分配到北京四中当数学教师，他从小不善于说话，使得时常在课堂上只讲20分钟就没有话说了，学校见他没有"真才实学"准备辞退他。这让陈景润的老校长厦门大学的王亚南校长知道了，他了解陈景润，自然不同意四中领导的意见，他马上决定让陈景润重回厦门大学，并安排陈景润在厦大图书馆当管理员，却不让他管理图书，只让他专心研究数学。王亚南不愧为政治经济学的专家，他懂得价值论，懂得人的价值应该如何显现，陈景润也没有辜负老校长的期望。

自我认知智能发达的人，多半喜欢写作，巴金就是这样的人，所以他成了作家。从某种意义上讲，陈景润也是一个作家，只不过他是一个用数字来写作的人。《哥德巴赫猜想》就是他创作的不朽的（数学）作品。

作为一名教育者，只有对学生的才能、兴趣了然于胸，才能针对某项特定的学习或工作选择适合的人选，追求人与知、人与事的和谐统一。正所谓"人尽其才，物尽其用"，这样才能让学生成为"三百六十行中的状元"。

曹汐老师：您说的例子中，陈景润为什么在前面的中学被认为没有真才实学？其实也跟我们的评价有关系。当然了，不同的职业有不同的诉求，所以会有不同的评价标准。被认为没有真才实学，说明他并不适合教师这一职业，被学校拒绝，理所当然。陈景润很幸运，被拒绝之后，王亚南校长慧眼识金，把他调入了厦门大学，数学研究天赋得以展现。但是，在教育领域，无论一个孩子在众人眼中是多么的不堪，我们能说拒绝他、放弃他吗？不能。那么，怎么办？我想，我们的评价可能就需要多一把尺子了。李希贵说："评价的尺子越多，好学生也就越多，多一把尺子，就会多出一批好学生。"有针对性的评价是因材施教的前提。

文亚老师：我们常说，一把钥匙开一把锁，每个孩子可能都因为自己性格气质的差异，需要不同的教育对待。但前提是每个孩子的天赋秉性、气质性格，作为教育者我们都要做到心中有数。那么，问题就来了。孔子时代，更多的教育形式还是个别化的教育，孔子经常和他的学生们讨论问题，据《论语·先进》记载，有一次，子路、曾皙、冉有、公西华四人就陪孔子坐在大树下，干什么呢？讨论各自将来想干什么。虽然形式上也是一对多，但是，这种讨论谈话式的教育与我们今天的班级授课制已经大相径庭了。

我们如今班级授课制下的班级规模已经达到了每班 40 多人的班额，并且要统一考试，参加统一的质量评估。那么，如此规模下，我们如何因材施教？况且，因为教育的规模发生了变化，教育的对象也发生了变化，因材施教的内涵也应该随之进行扩展和深化。

曹汐老师：今天这个大数据时代，我们的教育适当地引入现代科技，利用大数据分析，来准确地分析优势与长处，短板与不足，这其实就是一种因材施教。比如，我们班至今有好几位同学参加了学校组织的领读计划。大家都知道学生阅读很重要，我们也经常跟学生和家长强调孩子要多读书。但是具体怎么读？需不需要方法引导？实践告诉我们太需要了。但是，问题是谁来做呢？学校聘请了专业的阅读团队，每个年级固定阅读书目，固定学员组成，建立微信群，通过线上线下互动活动，既组织了年级为单位的大规模的日常阅读活动，同时又因为微信交流方式的便利，使得这种大规模的组织非常有效。因为我也在群里，所以经常看到很多学员与领读老师的互动非常频繁，而且也非常有效。

文亚老师：是的。每个学生都是独立的个体，我们不能以一个标准要求他们，每一个学生都渴望得到别人的认可，都想展示自己。不同的学生有着不同的需要和期待，信息化工具就给我们创造了很好的平台。

曹汐老师：对，比如我们班，我借助微信群为学生们搭建一个舞台。班级有每日路队长一职，这个路队长不仅负责每天的整队、放学，还要在微信群里讲一个小故事。第一期的主题：我给大家讲故事；第二期的主题：我最感兴趣的事；第三期的主题：我的名字。学生和老师都会对每天的路队长讲的故事进行点评，孩子们就在每天讲故事、听故事、点评别人故事的过程中互相学习，互相认可。每个路队长最爱听的就是老师和同学们的点评。

张艳萍老师：再比如，我们学校"桥"的项目学习，虽然看似是很宏观的活动，但实际上就是因材施教的很好的实践。同样的项目任务，因每一个孩子的成长敏感领域不同，所谓"知者乐水，仁者乐山；知者动，仁者静"，而呈现出来的成果也不同。比如有的擅长文学，就用演说和诵读来展现有关桥的历史和文学作品；有的擅长音乐，就用音乐来表达小桥流水的温婉和立交桥的恢宏；有的擅长舞蹈，就用肢体语言来展现不同桥的样子；有的擅长绘画，就走近桥观察桥进行实地写生；有的擅长科技，就用各种材料来搭建桥，展现桥的力与美……

文亚老师：其实说到底，我们如今的教育，就因材施教这个话题来讲，可能要做的不是取长补短，而是鼓励长处，扬长避短。不同的孩子，因为特长不一样，那他们参与的程度或者说参与的方面就是不一样的，获得的发展也是不一样的。但是，一样的是，他们都能够获得属于自己的发展，这就足够了。比如，我们的课程现在越来越注重选择性，基于选择的课程，孩子往往是爱学的、乐学的、学习动力足、效率高。那么，我们就要在课程的可选择性上下功夫。再比如，孩子的学习水平是不一样的，课堂的需求也是各有千秋，那么，我们的课堂就要注重分层的评价策略。

提到分层评价，我作为一位年轻教师，就经常遭遇这样的困惑：面对40分钟的课堂，面对40多位学生，我如何做到因材施教呢？首先，对于每一篇课文如何讲明白？我需要细细研磨，尤其是刚上班的时候，有时候课堂上就无暇顾及学生，而且，就是现在，虽然懂得课堂上捕捉生成，适时地关注孩子的盲点，但是，也不是很能顾及所有孩子。这就出现了矛盾，即关注教学进度和关注不同个体需求。现场的观众朋友能给我们出出招儿吗？

面对 40 分钟的课堂，如何做到因材施教、现场互动？

文亚老师：观众朋友的智慧贡献，我想，无论是怎样，因材施教的理念和原则是我们应该坚持的，面临着 40 多人的教学班额，我们所采取的方式和方法也许会和尊师孔子的不太一样，但是，殊途同归。我想，只要我们方向是对的，无论形式发生什么变化，我们总能到达心中的那个彼岸。

对话之三　教育时机
不愤不启 不悱不发

彭绍航老师：刚刚她们探讨的是孔子教育生涯中很重要的两个思想——"因材施教"以及"君子之教"。但在具体实践中，想要获得最佳的效果，这就涉及另一个很值得去探讨的主题，那就是"教育时机"。

刘安逸老师：不错，孔子曾说过"不愤不启，不悱不发"。也就是说，不到学生冥思苦想而依然迷茫的时候，不去开导他；不到他欲说不能欲罢不忍的时候，不去启发他。说的就是教育时机。

王硕老师：我自己的亲身经历，课堂上学生回答问题，刚刚冒出个头，我就赶紧抓住，替学生回答了后面的话。

刘安逸老师：不光是这样，有时学生回答错误，我马上就插嘴纠正，过分的着急或者关心。

彭绍航老师：长此以往，学生很难有完整、深入的思考，很难获得探究的乐趣。教师不合时宜地干涉，于自己也变成了一种负担。

王硕老师：这就需要我们在教育的过程中多一份等待。

刘安逸老师：但如果等待了很久依然没有结果呢？课堂如何进行下去呢？何时我们才应该去启发学生呢？

王硕老师：在实际操作过程中最难拿捏的就是在实际操作中如何去自如地运用。启发早了，条件不成熟，达不到预期的目的；启发晚了，有时候又失去了教育的作用。

彭绍航老师：我们许多青年教师容易在上课时过分关注教学设计中活动的实施，而忽视了眼前的学生，不注意倾听学生的回答，不注意对学生情绪状态的关注，导致错过了许多黄金的教育时机。

王硕老师：而许多经验丰富的老教师能够将全部的心思放在学生的微妙变化中，加上他们对教材准确的把握，使得他们在课堂上处变不惊。

刘安逸老师：作为一名教师，尤其是青年教师怎样才能及时抓住转瞬即逝的教育时机呢？

王硕老师：首先应具有细致入微的洞察力。孔子说过，教学生要"视其所以，观其所由，察其所安"。这样才能"知其心，然后能救其失也"。

彭绍航老师：没错，在课堂教学过程中，学生的所思所想大都通过一定的语言、表情、动作表现出来。一句小声嘀咕，也许是学生思想疙瘩的流露；一个困惑的眼神，可能说明了他们学习中的疑难。

王硕老师：学生的举手投足，一颦一笑，无不反映出他们的内心世界。

刘安逸老师：但这些信号，我们都要迅速地抓住吗？那课堂 40 分钟并不一定够使啊？

王硕老师：并不是所有的细节都要抓住，要抓住和我们课堂紧密相关的细节，这些都需要老师深厚的专业功底。

彭绍航老师：而有些细节和我们的课堂并不紧密相关就不需要太过注重，因此功底不仅放在课前的教学设计中，同时在课堂的动态推进中，围绕教学目标，将学情与教学目标有力结合，灵活处理，万变不离其宗。

刘安逸老师：这就需要我们教师，尤其是青年教师不断地去扎实自身的基本功。抓住关键的教育时机是门神奇的艺术，曾经看到这样一个例子给我很大触动。

某学校新生班的班主任王老师早早来到教室，准备迎接学生的到来。第一个报到的学生一步跨进教室。王老师便通过观察捕捉该学生的特点判断出他是谁。"你是张同学，对吗？"他十分惊讶："您认识我？"王老师避而不答："我还知道你很聪明，数学学得很好，可是一上语文课就打瞌睡。"他不好意思地笑了。"上中学了，要重新起步，做到全面发展。学语文要有困难，我帮你。""好！"学生痛快地答道。同学们陆续地来了，王老师一一叫出他们的名字，亲切地招呼，对每个人都有针对性地提出一点希望。这一天，他和同学们都一起说说笑笑，拘束陌生的感觉全没了，好像老朋友重逢一样。

新生第一次到校是最佳教育时机，班主任必须充分利用这个机会，实施一些特殊教育，有利于日后教育工作的开展，我们切不可忽视这种神奇的"认识效应"的作用。

彭绍航老师：何止是对几十个学生课堂上要注意把握教育时机。有时课下、生活中也有许多教育时机需要去把握。龙应台在《孩子，你慢慢来》这本书中她对只有 5 岁还不太会绕蝴蝶结的孩子说："我愿意等上一辈子的时间，让他从从容容地把这个蝴蝶结扎好，用他五岁的手指。"

王硕老师：这就跳出了课堂教学，从而到了一个更广的层面教育。

彭绍航老师：孩子，你慢慢来。这个"慢"字我很喜欢，现代教育开始强调等待，教育需要等待，而这种等待并不是消极的，而是有心无痕的期待。

王硕老师：这让我想到论语中这句话，子曰："吾与回言终日，不违如愚。退而省其私，亦足以发，回也不愚。"就是孔子说："我整天给颜回讲学，他从不提反对意见和疑问，就像个愚钝者。等到课后，我再考察他的言行，才发现他把我讲的内容给予了很好的发挥，可见，颜回并不愚钝。"

刘安逸老师：孔子并没有急于批评或者训斥，而是有一种等待更好的时机在里面，这种等待可以是课堂上，也可以是课下。这其实是在等待恰当的"教育时机"。

王硕老师：有时当孩子犯了错误时，我当时的确很生气，但我知道此时并不是恰当的时机，不能劈头盖脸一顿批评。这个时候没有恰当的时机怎么办？这就需要我们去创造时机。于是我就给孩子留出一定的时间，让孩子平静下来。到了午休的时候，我带着孩子们到操场玩，借助这个机会我叫来上午犯了错的孩子，和他们一起坐在草地上，聊一聊上午发生的事，我发现这个时候，对孩子进行教育真的是事半功倍，孩子的心情放松了，可以接受更多的劝解和道理，教育也就变得更加得心应手。

刘安逸老师：你这样恰恰从等待教育时机转变为了激发，彭老师，你在教育过程中有这样的案例吗？

彭绍航老师：当然，有次上"自定义动画"这节课。孩子很喜欢运用各种动画把画面弄得特别"炫"，那个鸟在那儿来回转，但实际这并不是我作为教师想要的，因为它不具有合理性。于是一开始备课我就会在学生操作前大量苦口婆心地提醒，这样做不对。结果实际操作还是有这样做的，自己也很头疼。仔细想来这个年龄段的孩子，第一次尝试"动画"，肯定会出于好奇去试，这就是他成长过程中一个很好的教育时机。于是我改变思路，只是操作前点了一下要注意合理性，结果有的孩子虽然也操作，可是他和周围的孩子笑笑也就改了，最后课堂效果很好。他满足了他的好奇，也完成了我的教学目标。

刘安逸老师：《学记》大学之法中"此四者，教之所由兴也"中的"禁于未发之谓豫，当其可之谓时"。意思是说，在不合正道的事发生之前加以禁止，叫作预先防备；在适当的时候加以教导，叫作合乎时宜。

彭绍航老师：还有"此六者，教之所由废也"中的"发然后禁，则扞格而不胜；时过然后学，则勤苦而难成；杂施而不孙，则坏乱而不修"。什么意思呢？事情发生以后才禁止，就会遇到障碍而难以克服；过了适当时机才去学习，虽然勤勉努力，也难以有成就；杂乱施教而不按顺序学习，就会使学生头脑混乱而无法补救。

刘安逸老师：这些都是告诉我们教育学生不是任何时候的任何场所都会有效的，如果不注意时机的选择，随时随地都拿出"教育"的武器来对待学生，就容易造成适得其反、事与愿违的结局。

彭绍航老师：我对于魏书生提出的"运用人体生物钟"就非常感兴趣，他说："我喜欢给一届又一届的学生讲生物钟奥秘，特别是关于学习方面的生物钟，通过养成习惯，可达到调节生物钟的目的。尽可能地使学生一天的生活有规律。天天如此，月月照旧，日久天长，生物钟会帮助人提高学习效率。"

王硕老师：这其实是很高明的，让学生能够自省，自觉地去把握自己的学习时机，获得科学、有效的成长。

刘安逸老师：我国的传统文化中的二十四节气，一直被用来指导农事。例如"谷雨"前后，则适宜种瓜点豆，而"芒种"时，则表示有芒的谷类作物已经成熟。春生夏长秋收冬藏，古人依二十四节气安排生产生活，每一颗种子的播种、生长、成熟都有着适当的时机，太早或太晚都不行。

彭绍航老师：每一个孩子都是一颗种子，每个人的花期不同，有的花，一开始就灿烂绽放，有的花，则需要漫长的等待。由此可见。人的教育是农业，不是工业制造，得尊重生命成长的规律。

王硕老师：你们知道吗，美国心理学家布鲁纳经过研究也同样认为，从出生到 5 岁是智力发展最快的时期。如果把 17 岁达到的普通水平看作 100% 的话，那么从出生到 4 岁就获得 50% 的智力；4 岁到 8 岁又获得 30%；最后 20% 的智力则在 8 至 17 岁获得。

彭绍航老师：是啊，一个人的成长过程依据"天时、地利、人和"，讲的就是时机，作为教育者，我们要学会依时而动，把握恰当的时机对学生进行适当的教育，才能"春种一粒粟，秋收万颗籽"。

刘安逸老师："人不是一件东西，他是一个置身于不断发展过程中的生命体，在生命的每一时刻，他都正在成为却永远尚未成为他能够成为的那个人。"

王硕老师：马克思的这句话说明了教育过程是永无止境的，也揭示了教育是不能急功近利的道理。和我国古代二十四节气异曲同工，都遵循着大自然的规律。

刘安逸老师：实践证明，教育是一个过程，是一个不断需要教育，不断需要期待进步的过程，这种"教育、期待、再教育、再期待"的循环往复的过程是需要教育工作者的耐心、细心和爱心的，是需要智慧，需要等待，需要寻找最佳教育时机的。

王硕老师：人们常说，弱者错失良机，愚者等待时机，智者捕捉时机，而强者善于创造时机。

彭绍航老师：现在再回想孔子那句"不愤不启，不悱不发"，真是多了一层感悟啊。

王硕老师：我想到了论语中的另一句，子曰："吾十有五，而志于学，三十而立，四十而不惑，五十而知天命，六十而耳顺，七十而从心所欲，不逾矩。"这应该算是"教育时机"所带来的一种美好的结果。

彭绍航老师：孔子善于启发，他根据不同时机、不同对象、不同情境，采用不同的语言、方法，如春风化雨般地启发诱导学生，使他的教学情趣盎然。

刘安逸老师：难怪颜渊会感叹"仰之弥高，钻之弥坚，瞻之在前，忽焉在后。夫子循循然善诱人"，无论社会环境怎样变化，方式怎样变，但这种精神是不变的！

孟子治国思想与外儒内法

北京市海淀区翠微小学　张迎春

感谢敬德书院给了我们一个学习《孟子》的机会。与学习《论语》时的状态不同，在学习《孟子》的过程中，我开始觉得儒家思想真的是只能作为治国理政的指导思想，而不可能被全盘接受。中国封建社会的外儒内法的统治术，是经过统治者调整的比较可以推行的方法。

我的学识浅薄，见识不多，但是还是决定梳理自己的思路，努力把自己的思考写出来。记得在学习中，一次课堂争论的时候，老师说还是要把孟子的思想还原到孟子的时代来理解，但是孔孟的思想是要在今天发挥作用的，而且在经过了诸多的思想洗礼的我们，可以还原到孟子的时代去理解，却不可能只还原理解，还必须加上自己的人生经验，学习体会。

一、儒家思想在封建统治时期的尴尬地位——外儒内法

外儒内法是一种中国从汉代到清代长时间内国家政权实行的一系列国家政策的内在指导思想。即表面上推崇儒家思想，但是实际操作上也依赖法家的思想，往往是儒法结合、儒法互济。政治事功与伦理劝导，是历代统治者稳固其统治的两大核心手段，也是构成外儒内法这一中华文化的重要成因。一般而言，儒学重仁政，讲究以伦理劝导实施统治，而法家讲法制，重在政治事功。但这两种思想在汉代时即彼此糅杂，形成了互补的统治术。

二、儒家对人的要求太高是儒家思想停留在治国表面的根源

孟子一生劝行王道。他用往圣为例："以力假仁者霸，霸必有大国。以德行仁者王，王不待大：汤以七十里，文王以百里。以力服人者，非心服也，力不赡也。以德服人者，中心悦而诚服也，如七十子之服孔子也，诗云：'自西自东，自南自北。'此之谓也。"（孟子公孙丑下）用"无思不服"劝行王道。

他说行王道是很简单的事情："不违农时，谷不可胜食也；数罟不入洿池，鱼鳖不可胜食也；斧斤以时入山林，材木不可胜用也。谷与鱼鳖不可胜食，材

木不可胜用，是使民养生丧死无憾也。养生丧死无憾，王道之始也。"

万民来朝，百姓安居乐业，这是很美好的画卷，但行王道之人呢？按照孟子的说法，是要放弃物质上的享受，而追求精神的满足，从此，不再以"立于沼上，顾鸿雁麋鹿"为乐，而是以民欢乐为乐。从心里认为"民为贵，社稷次之，君为轻"。而且，大王您可以好色，但请"与百姓同之"。这一系列的要求生生地把作为君王的特权完全剥夺了。

这还不够，孟子还告诉君王"四境之内不治"则弃之。切国君不可偏信，要考察贤能任用贤能。要求君王"灭人欲存天下"，有哪个君王愿意施行？但是又有哪个君王敢说我不愿意施行，我做王就是要自己享乐，我根本不管臣民的死活？所以国君们不约而同扛起了一柄儒家"仁政"的大旗迷人眼目。

三、儒家对人的要求高是统治者需要以儒家为表的根本

儒家"仁政"的大旗挥着，不仅仅是迷人眼目，也是统治者的需要。

《孟子》一书，只是要正人心，教人存心养性，收其放心。至论仁、义、礼、智，则以恻隐、羞恶、辞让、是非之心为之端。论邪说之害，则曰：'生于其心，害于其政。'论事君，曰：'格君心之非。''一正君而国定。'千变万化，只说从心上来。人能正心，则事无足为者矣。（宋·杨时）

统治者固然不想自己践行孟子所说的"君道"，但一定会愿意自己的臣民行"臣道、民道"。孟子告诉读书人，要修炼自身以成圣为目标，遇到什么事情要"反求诸己"，"穷则独善其身，达则兼济天下"。也就是说，不要对外部社会制度有所诉求，不要求外部制度对肉身的保障而要完善自己的精神层次，沉浸在精神的快乐之中。

孟子多谈对自我的要求，这自我的要求之高，若落在为君之人身上，固然不好受，但若落在别人的身上，我想为君的一定会乐见其成，所以，统治者们不仅要挥舞儒家的大旗，还要挥得好，舞得漂亮。

造成内儒外法的根本性原因我觉得是儒家对于人性的看法太乐观了。有儒家学说中有诸多对"修己"的要求，但缺少具体的措施，比如一味地反求诸己，如果偏偏有人就不反求诸己我们该怎么办呢？等着"天厌之天弃之"显然是消极无力的，还是需要有力的手段来帮助他"反求诸己"。

写这样一篇四不像的东西出来不是我在否定儒家的学说，相反在详细学习《论语》《孟子》之后，我深切地感受到了虽然没有这样通读过儒家的经典，我受儒家的思想教化还是很深的，但是在见识过形形色色的人等、花花绿绿的大千世界后，我知道，仅有反求诸己是不够的。

《中庸》学习札记

北京市海淀区翠微小学　周金萍

四书我自己也读过，但是未曾受过系统的经典教育，自读时没有师友研讨，好多地方想不太清楚。今春有幸在海淀区敬德书院听老师讲解四书，辨字源、析经义、谈现实，这个过程里对书中内容逐渐有了些新的理解。点滴感悟，不成体系，故谨以札记记之。

一、合道而教

【中庸原文】

天命之谓性，率性之谓道，修道之谓教。道也者，不可须臾离也，可离非道也。

天命指人生而就有的先天气质倾向。并不是我们通常听到的那种宿命的意思，简单一点讲，每个人来到这个世界，是带着一定的人生目标和功课而来，围绕这个功课，也就产生了人生蓝图，这个蓝图包括先天的长相、身材，也同时包括先天具备的气质。比如，有的孩子生来嗓门就大，有的孩子生来就乖巧懂事，这与父母本身的教养模式、老师的教育方式可能并没有太大的关系。

先天的气质倾向也就决定了一个孩子的性情，天生内向的孩子也许长大了会变得开朗，但是与先天开朗的孩子表现会不大一样。

如何能够按照先天的性格倾向做事做人，就是"道"的意思。可惜我们在教育中往往很拧巴——大家心目中都有一套标准化的做事做人的方法，于是我们从很小的时候就开始背"道"而驰，在标准化的教育中完成一切拧巴，长大了，在社会的标准化要求中继续拧巴。

比如，在孩子开始走路学说话后，我们会鼓励他接触安全的外界，跟遇到的人打招呼。有的孩子很外向，喜欢接触外界，喜欢看到陌生的人，并大声打着好玩的招呼，在课堂上也表现得很机灵主动，我相信，这很符合大家心目中的可爱孩子标准。但有些孩子就很内向，他们接触外界时，表现得非常谨慎并且露怯，甚至不愿意跟陌生人打招呼，甚至会讨厌陌生人，在课堂上表现得也不那么活跃。我听到很多家长对这种孩子的强迫和对别人抱歉时对孩子的责备。

合乎"道"的方式，如何呢？带他慢慢接触外界，对于害怕的东西，先从熟悉开始，每天一米一米地接近，足够的时间，足够的熟悉，这类孩子便会慢慢接纳这些陌生的东西，甚至最后的表现与其他孩子无异。不幸的是，我看到很多相反情况，这类孩子大多在初中开始出现严重问题。反其道而行之是非常糟糕的。

修道为教，所以"教"就是要教会自己，也教会孩子发现、接纳、善用自己的天性，而不是追求一个标准化的目标，不是修剪自己、跟自己拧巴。修道，其实是合乎规律的实际操练。这种实际操练的过程也是一个人的成长过程，既受教于人，也教于人，一生至此。修是一个动词，而且是一个连续动作的词。这个动词带有时间性，并且是有层次的。修道一词，横向持续整个生命周期，纵向贯穿行为心理和灵魂，所以，修是一生的事情，而且存在于每个当下，也就是每个时间节点。

所以，道在平时的一言一行中，在举手投足中，在心念起伏中，每时每刻，无处不在。因此，每时每刻，每动每念，时时警醒，俱是修道。

二、与情绪共舞

【中庸原文】

喜怒哀乐之未发，谓之中；发而皆中节，谓之和。中也者，天下之大本也；

和也者，天下之达道也。致中和，天地位焉，万物育焉。

有些流行的解释说：喜怒哀乐没有表现出来的时候，叫作"中"，表现出来以后符合节度，叫作"和"。而我更喜欢的解释是：喜怒哀乐这些情绪没有发生的状态，叫作"中"，发生以后能够有适当的调节，叫作"和"。两者的区别在于，前者可能把人引向压抑、伪善的路上去，后者则是能教人与情绪和谐共处，诚实地面对自己的内心，达到"诚"的境界。所谓"中"，是自然界与人最基本的状态，所谓"和"，是自然界与人最和谐的法则和规律。能够达到中和的状态，则天地各在其位，万物生长繁育。

这一段话是讲一个人的心理状态和对自己情绪的调整能力。"中"的状态是一个人不偏不倚、原本应该有的状态，所以叫作天下之大本，即超个人心理学中所说的高层自我，与佛学中的自性比较接近。通俗一点，也可以解释为本性或者天性的状态，每个人的天性是不一样的，所以每个人"中"的状态也是不一样的，后期儒家弄出标准的道德行为参考是违背《中庸》原本的意思了。

将自己的各种情绪调节到合适的度，自己也舒服，周围环境也舒服，才是"达道"所讲的境界。这里有很大的误解，将"中节"的意思搞成了节制，有情绪还要隐忍，表面没什么，实则内心恨意难平，完全违背了中和的本意。

一个人如果能达到中和的境界，这个人可以与宇宙同步，做什么都能成事，后面的"天地位焉，万物育焉"，指的是一个人做事的状态和呈现，用天地万物来象征这种做事的感觉而已。

中庸的思想呈现中，天人合一是非常重要的脉络，内心的修为可以与周围环境相互映衬。所以，中庸完全针对的是个人内心世界的表现而述说，而我看到的解释版本中，大多站在被人监视的角度，所有修行都是为了在人前如何呈现，这一点完全违背中庸思想。真君子修的是自己，与他人无关，伪君子修的是如何在别人面前表现得像个君子，所以，有时候，伪君子在人前比真君子还更像君子，明代之后，这样的面具君子大量存在，甚而成为正派时尚。

三、天性与教化的二元一体

【中庸原文】

自诚明，谓之性；自明诚，谓之教。诚则明矣；明则诚矣。

以前自读中庸时，最困惑的地方就在于对"诚"的论述。此次研读，似乎比原来明白些了，简单地记录如下：

由表达对内心的真实感知而达到内在的光明，这是归功于天性本身；由内在的光明而做到对内心真实感知的表达，这是后天教育的结果。如果能做到表达内心真实感知，就能够达到内在的光明；如果能够达到内在的光明，就能够做到表达内心真实的感知。

"诚"字的解释在后期越来越有评判性，真诚，诚信，诚实等，这个评判是带有道德约束力的，因为有道德约束力，所以大家都拼命往上靠，于是"诚"的品质也越来越变得行为化，而且似乎是可以标准化了。孔子所说的"诚"，更多是与中庸思想的对应，天地万物和人内心原本应该有的样子称为"中"，表达内心真实的感受称为"诚"，按照中庸思想的理解，这个字本身不可能带有任何倾向性和评判性。

可惜的是，那时候没有潜意识这一说，所以孔子只能用"心""性"等词来表达深层潜意识活动。实际上，孔子对人性的很多解释完全符合精神分析理论，而且叙述更加透彻。

很多时候，我们会误以为自己很明了自己内心的真实感知，实际情况并不如此，如同海上的冰山，水面以上能够被我们看到的是我们的意识，而水下巨大的深深扎根在海底的部分，我们很难觉察到，所以基本上大多数人意识不到它的存在。比如，一个在学校各方面表现优秀的学生，却往往可能有严重的胃病，这个胃病是焦虑情绪引发的，可是她自己却完全感觉不到焦虑。再比如，有的学生在课堂上总是反驳我，其实并不是完全不认可我的言论，他只是不能接受自己的紧张和对权威的服从，所以要用斗争的方式使自己获得力量感。如果此时我能有足够的反省和觉察，我会感受到他深深隐藏的恐惧和委屈，如果我能够接纳他的挑衅，反而针对他的恐惧和委屈进行承载和支持，他同样会做到相应的反省与自知，这个过程便是修"诚"的过程。但是，要知道，这个过程非常非常痛苦，因为里面隐藏着大量的负面情绪，释放不是那么简单就能够处理的。所以，真诚也不是那么容易能够做到的。

"诚"是一种能力，并不是简单的品质，更不是道德的力量真的能够约束的行为模式。

"明"是一种状态，日月同辉，照亮白天暗夜，内心的修为需要阴阳的融合，显意识与潜意识，内在与外在，男性与女性，等等，对于二元世界的圆满融合，亦完全符合《易经》的思想。

自诚而明，是一种自内而外的成长力量；自明而诚，则是一种由外而内化的教化力量。二者在极致处实为一体，在未达极致境界之前又可相互作用，这样的二元一体的思考方式在中国的古典思维里随处可见。

中国智慧为系统化思维模式，使用定性衡量，而西方思维为分类化思维模式，使用定量测评，中国智慧由深度扩充至广度，西方思维由广度推进至深度，结果同而过程逆，具体执行程序亦不同，一本《中庸》，道尽管理之法，中国智慧，亦可行天下也。

夯实基础　砥砺前行
——《翠锦心画》硬笔课程实施的案例分析

北京市海淀区翠微小学　王　浩

汉字是中华民族的优秀文化瑰宝，特别讲究形体美和书写艺术。原小学语文教学大纲指出："写字是一项重要的语文基本功，写好字对于提高学生的文化素养起着重要作用。"新颁布的《语文课程标准》同样把写字作为一个重要任务对待，每一学段的阶段目标中均对写字提出了具体的要求。随着《书法教育指导纲要》的颁布更是将书法教育提到一个新的高度。然而，时至今日，随着电脑时代的来临，硬笔书法教学却越来越容易被忽视，很多老师和学生的字都是问题多多。鉴于此，翠微小学从十年前开始对硬笔书法教学进行实践研究，经过近十年的教学实践，课程开发已初见成效。一系列具有针对性的硬笔训练与教学实践，让很多学生都从中受益良多。所以《翠锦心画——硬笔楷书入门》集结成册，并由北师大出版社正式出版发行。这本书是十年实践的提炼，同时也是对小学书法教育的一次延伸探究，改进完善。目标定位在学生能用的硬笔书法校本课程教材的开发与研究上，旨在通过针对性的研究，形成自己的特色教材，让广大师生受益。写字是书法的基础，书法是艺术性的写字，两者联系紧密，所以在实施中一定掌握技巧方有所成。

一、硬笔校本教材开发的重新解读

何谓"校本"？校本即为"以学校为本""以学校为基础"，它包含三方面的含义：一是为了学校，二是在学校中，三是基于学校。我们为发展硬笔书法教育特色所做的一切努力都是紧紧围绕"校本"而进行的，目前《翠锦心画——硬笔楷书入门》特色课程教材的开发研究，又是一次新的突破与飞跃。

本课程的实施以兴趣课程为基础，由教师和学生作为参与的主体，辅之以课程专家学者、社区的有识之士与家长一起共同参与。从学校实际出发，对国家课程、地方课程进行选择，目标是促使学生个性潜能优势得到充分发挥，促进学生的个性全面发展、教师的教学特长有效展现和学校的办学特色成果凸现。

二、硬笔课程开发的价值取向

《翠锦心画——硬笔楷书入门》开发的目的是为了更好地体现学校的办学特色，发展并培养学生的个性特长，同时也充分地开发和展现教师教学个性特长，更好地贯彻落实国家的教育方针，更有效地促进个体和社会的健康发展，它的价值追求在于"个性化"。

事实上，每所学校都有独特的文化历史背景、外部条件和内部条件，这些条件的综合就形成了该校的具有自己特色的办学传统和校风。办学传统是该校在办学历程中所积淀的学校文化结晶。翠微小学早在 15 年前就提出"以艺术教育为龙头，全面推进素质教育"的理念，学生的艺术水平得到较高的发展。2016 年我校又以"一校一特质，一园一特色，一师一特点，一生一特长"即"四特"，作为新的五年的发展目标，把艺术教育推向新的高度。所以硬笔书法也要适应新的发展目标，学生进入中高年级，要关注其书写规范和流畅程度，也要尊重他们的个性化审美趣味。因此翠微小学硬笔课程的实施，既看重硬笔书法特长生的提高，又关注全体学生的进步；既要重视写字水平的提高，也要重视写字习惯的培养。书法呈现的形式也要多样化，如选送优秀作品参赛、选拔尖子生参加现场展示、所有学生参加的班级书法展示、写字姿势评比、优秀作业本展评，等等。同时，翠微小学还努力营造写字氛围，开辟学校书法长廊、班级书法专栏，张贴优秀书法作品，举办学生书法作品展等形式，让学生在浓郁的写字氛围中受教育、受启发，激励每一位学生把字写好。

三、充分发挥学生的自主性，让学生做练习的主人

学生是教育的主体，也是课堂活动的主体，硬笔课堂练习作业是课堂教学活动发展的必然过程，同时也是学生身心发展的客观需要。在教学活动过程中，只有唤起学生的主体意识，调动学生的自主力量，才能促使全体学生自主学习。教育的核心是让学生学会学习、学会做人，教师作为练习设计的策划者，必须尊重学生，充分发挥学生的主体作用，让学生做练习的主人，做自己的"练习"。实践证明并不是每一个学生对于相同的练习都能有同样优秀的反馈，因此，《翠锦心画——硬笔楷书入门》在练习设计考虑到不同层次的学生的学习需求，尊重差异。有描红，有对临，再结合创作与知识拓展，尽可能地设计不同层次、不同功能的练习内容，以供学生自主选择练习的方式，引导学生积极思维，掌握知识，形成技能、技巧，促进每一位学生通过自己的努力都能跳一跳摘到"果子"，得到主动发展。

四、注意趣味性，培养学生做练习的兴趣

儿童的心理特点是好奇、好动、好玩。设计练习时要考虑到儿童的心理特点，所以要从新的练习形式、新的题型、新的要求出发，避免陈旧、呆板、单调重复的练习模式，保持练习的形式新颖，生动有趣。硬笔书法亦是如此，重复练习是必不可少的，但要避免出现机械地重复，每个练习的环节都要兼顾不同的目的，要让学生做练习的主人。设计悖例环节：让学生当教师，评判究竟哪里出现问题了。设计判断题：让学生当法官，选择正确的笔画与偏旁完成范字。设计评价方案：调动学生各个感官参与练习，让学生真正懂得如何才是完美的硬笔书法。教学方法可以根据学生年龄和心理特点，从学生的生活经验出发，设计生动有趣、直观形象的教学练习，如运用猜字谜、讲书法家的故事、巧用基本型概括、做小游戏、直观演示等进行书法知识的讲解。这种游戏性、趣味性、竞赛性的练习，既能激发学生的求知欲望，培养学生练习硬笔书法的兴趣，又能取得满意的练习效果，使学生在轻松、愉快的氛围中完成练习。

总之，通过对小学硬笔书法课程教材的开发与实施，加上在此之前的实践，我们拥有了自身的办学思想、培养目标、课程教材、评价体系和运作机

制，并继续指导着我们继续实践与完善硬笔书法课程。翠微小学所追求的也不是一般意义上的"写好字"，而将视角始终放在为学生的发展上、为教师乃至学校的发展上。得到真正意义上的社会认同之时，这才是我们真正的成功！

小学中年级篆刻学科个性化作业的研究

北京市海淀区翠微小学　王　朋

篆刻学科教学与其他学科相比，学生学习的兴趣更浓。篆刻的作业设计，直接影响着教学效果，也关系到学生对篆刻基本知识与技能掌握方面的发展。

由于在小学开展篆刻教育没有足够多的经验可以借鉴，更没有引起人们的足够重视，小学篆刻作业往往只是机械临摹，对篆刻的源流、演变、用途、欣赏等的教学缺乏应有的认识。其实篆刻作业远不是临摹一方古代印章所能代替的，只有采取灵活多样的作业方式，才能使学生发现美、表现美、创造美的能力得到培养与发展。我试图在传统的作业形式上变得更为多样化，尝试设计过几类个性化作业。

一、搜集性作业

我在篆刻教学时经常不失时机地插入一段段精彩的篆刻家的故事，作为教师自当是津津乐道，而听讲的学生们更是乐此不疲、意犹未尽。有时在课余与同学们攀谈，他们耳濡目染竟也能说上好几个甚至十几个篆刻家的名字，我自然感到很欣慰。

学生之所以喜欢篆刻，能够说出许多篆刻家的名字自然是兴趣所致。因此我在为学生设计作业时也会经常安排一些收集性的作业。

例如，让学生通过网络、书籍等途径收集与篆刻家有关的简介、资料、趣闻轶事，使学生能够亲近古今篆刻名家，与篆刻作品零距离接触。古语有云："亲其师，才能信其道。"其实在篆刻、书法乃至艺术学科经典作品，作者本身就是最好的老师。

再如，让学生通过网络或手中的相机收集我们生活中的篆刻。收集后经过整理，让学生运用多媒体在课上展示成果与同学分享。学生们的观察不能说不仔细：人民币上面有印章；店铺的标志、牌匾、印章，宣武区的居民楼单元门口有印章……

收集性作业充分调动了学生的积极性，养成了学生留心课外、生活中的篆刻作品、随时欣赏的好习惯，把课内、课外结合起来，不断提高学生篆刻艺术素养。

二、书写性作业

篆刻从不同的角度分类可以归入美术学科、书法学科、硬笔书法学科，不管怎样分类，印文内容是先书写出来后再用刻刀镌刻出来。很多篆刻家认为是"七分篆，三分刻"。书写性作业可以提高学生对篆刻作品创作的全面把握与提升的能力。

篆刻不能仅限于"刻"，更重要的是"篆"。这里的"篆"，狭义的理解仅仅是篆体汉字。而我讲的恰恰是广义的"篆"，包括印文写法、印文设计乃至印外之功的书法。

在小学阶段对学生篆刻作品要求印外之功表面看就好像有点高深了。但我认为这是一种意识的培养。通过教学学生们了解到从古至今的篆刻家都是书法家，书法、篆刻不分家。让学生意识到篆刻与书法密不可分，与其说是"印外之功"倒不如说是"印内之功"。

因此，我在为学生设计作业时一般是在课上安排先"刻"，有一定基础后再"篆"。自始至终鼓励、提倡学有余力的学生们学好书法，以涵养篆刻。我给这门课程的定位是"篆刻与书法"。

三、默写性作业

篆刻教学中从来没有听说过有默写作业。而我在篆刻教学时就尝试着安排过这样的作业练习。

例如，在篆刻教学中对古代篆刻经典作品临摹时对待不同的学生有不同的要求。要求所有学生都要在纸上用铅笔对临印文内容，这样不但可以让学生了解印文本身，还可以让学生理解印文的书写过程，也就是"篆""设计"的过程。而对一些篆刻水平相对较高或兴趣浓厚的同学还要求他们再默写几遍印文内容，这样不仅能提高学生对印文内容的理解，让学生更深入地感知篆刻就是"以刀代笔"，更能提高学生"识篆"与"书篆"的能力。对今后的篆刻作品创作大有益处。

四、选择性作业

在小学篆刻教学中"千人一印"的作业练习内容早已不符合现代教育理念的要求。更不利于学生个性化发展的成长。因此我在教学时为学生尽量多地准备符合要求的作品范例，给学生提供更多的选择与创作空间

例如，在讲"清秀匀整的细白文"一课时，为学生提供了5方汉印作品、6方近现代篆刻家作品、6方学生作品供学生选择临摹借鉴。待到学生完成作业时，我们看到的是"百花争艳"的良好效果。

五、实用性作业

有些简单机械性的作业内容，可能学生会感到枯燥乏味。但如果变通一下就可以充分调动学生的学习兴趣，激发学生的学习热情。现阶段小学篆刻教材中的篆刻作业不外乎临摹古今名家名作，时间长了学生会感到缺乏挑战性。如果把所学的内容运用到实践中，就能得到学生的积极响应，并可以出色地完成。

例如，在设计作业时让学生在教师节、母亲节或亲朋好友生日等特定时间为老师、家人或朋友设计、篆刻一枚印章作为礼物，接受礼物的人一定会感到非常别致、意义非凡。

再如，在设计作业时可以让学生为小组同学或老师设计、篆刻印章。

又如，可以与家长沟通，让学生为他们创作篆刻作品。

实践证明，这样的作业形式学生不但很愿意接受，更多的同学还能够出色地完成。我的学生中已经有很多同学接受来自家长、亲人、朋友求刻印章的任务，在完成这样的作业的同时，使自己的"篆""刻"素养也得到了全面提升。

总之，作业的设计是教学中极重要的环节，灵活多样的作业设计，能取得事半功倍的教学效果。

后　记

　　回首来时路，感慨心中起。"太不容易了！"这是所有参与研究、投入实践、提炼提升的干部和教师共同的感受。

　　中华传统文化课程在翠微小学系统建构和整理是近十年的事情。特别是在学校"明德至翠，笃行于微"的新校训确立以后，我们深感中国传统文化是我们中国人成长的历史，成长是不能割裂历史的，而其中精华和精粹是中国人优秀的文化基因，不能让它在时势变迁中遗失，在纷繁改革中变异！传承它，就是要让中国人有文化的自信、自觉，让中国人生活得优雅、高贵，让中国人与自己、与他人、与环境、与世界和谐共处，又个性独立。

　　而这依靠的是中国优秀传统文化的"育心养性，明德修身"。中国传统文化理想是以每个人之内心"情感""心性""德行"为核心的。有此核心，才有"人皆可以为尧舜"，人人皆可为圣人。这"情感""心性""德行"从何而来？在明德修身。"大学之道在明明德，在止于至善"，即明晰万事万物运行规律，尊重规律，按规律处理好自己与自我，自己与他人，自己与自然，自己与社会之间的关系，最终达到修身育人，培养君子人格，富有君子风范，通透明亮地认识世界万事万物，心领神会地敬畏地球上一切生命，欣欣然尊重和珍惜美好的情感，使其中的人、人类社会永久地行进在和谐幸福的旅程中……

　　翠微小学的校训"明德至翠，笃行于微"充分体现了中国传统文化精神。回眸翠微小学六十多年的历史，深长繁茂的根系绵延到今天翠微的枝叶，我们发现有一条脉络贯穿始终，那就是"明德至翠，笃行于微"。"明德""笃行"一直是翠微小学立校之基和育人之本；比德于玉、君子风范的"翠"一直是翠微小学的教育追求和教育境界；无微不至、积微成翠的"微"一直是翠微小学的教育风格和教育气质。

可以说，中华优秀文化的历史传承在翠微小学的六十年血脉中生生不息，相关的课程近十年日趋完善，老师们精心编写的传统文化教材由北京师范大学出版社正式出版，并真正纳入学校的课程体系。

我们在北京课程中心的指导下深入探究传统文化的课堂教学，在中华书局的帮助下，展开诗词吟诵教学的研究。

特别是在海淀区教科院传统文化课题研究的引领下，呈现"育心养性，明德修身"传统文化的深入研究，由知识、技艺的教学进一步聚焦在了"育人"上，引导学生将传统优秀文化和当下自己的生活勾连，学会明理明德、践行笃行、意情愉悦、健康自我。

科学系统的传统文化课程体系开始形成。中华传统体艺课程（技艺类），如面塑、书法、国画、篆刻、武术等，它让学生专注精心，身心进入空灵状态，沉浸于艺术的创造和身心的陶冶；中华传统经典课程（知识类），如国学积淀、诗词诵读、知识介绍等，它让学生在积累诵读中有深厚的文化底蕴、深刻的社会认知、高雅的情韵气质；中华传统节日课程（体验类），如春节、清明节、端午节、中秋节等，它让学生在节日的典故、风俗中体味中国人美好的情感与生活。

在诗词诵读上，我们认为小学是人记忆的黄金时段，是人生道理的懵懂阶段，要避免过多地解读道理，而侧重于诗文的诵读积累。我们编制了小学 6 个阶段的诗文积累手册，每周安排诵读课，每学期各种形式的展示，并颁发达标同学的精美证书给予收藏。我们围绕诗词中"人与自然"的主题，体会中国人"天人合一"之趣、之情、之理，围绕"家国情怀"，体会家与国如何敲击和挺直中国人的脊梁，激发情志，在诗教中丰富和升华学子的情感，即"情飞扬，人灵秀，志高昂"！我们将一以贯之，持久坚守，奠定翠微小学孩子做人的格局、气象。

我们还每年利用寒暑假开展"春节""灯谜""对联""饺子"等传统文化的项目学习，获得北京市课程建设优秀成果奖；围绕中华传统艺术技艺，我们筹备举办了"北京市美术教师基本功展示"，呈现了书法、篆刻、面塑、纸艺等传统文化课程的历年荟萃；围绕"以课程润泽生命，以文化滋养心灵"，我们筹备举办了北京市传统文化教育现场会——翠微小学中华优秀传统文化与学校课程一体化建设的实践。

"微言微行微力量",在翠微学子未来的培养中,我们将系统、细节地落实中华优秀传统文化的传承,扎实进行我校传统文化的课题研究,以修身作起点,在一切课程和细节教育中注重精神陶冶、人格修养,"苟日新,日日新,又日新……"终极境界达于"平天下"。让中国人在这个世界、这个星球,和诸多民族和国家优雅、高贵的生活,进而为了世界的和谐,为了人类光明的未来!

北京市海淀区翠微小学　周金萍